U0127973

贛文化通典

——民俗卷　第一冊

目錄

第一章 | 總論

第五章 | 服飾民俗

第六章 | 飲食民俗

第八章 | 家庭與宗族民俗

第十一章 | 民間信仰

第十二章│民間藝術

第十三章 | 結語

總論

　　民俗，是民間習俗的總稱，涵蓋了民眾生活的各方面內容，是人們在長期社會生產和生活過程中積累的約定俗成的事象。由於民俗反映了長期以來人類社會發展的歷程，是我們了解和掌握不同地域、不同群體社會發展的重要紐帶之一，因而成為歷史學、社會學、人類學、民族學等眾多社會科學研究的重要內容，也是越來越受到人們關注和國家保護的文化遺產。

　　江西民俗文化內容豐富，在長期的發展過程中，各地形成了豐富多彩的民俗文化傳統。通過對這些民俗文化的描述與分析，對我們了解和把握本地區民眾的文化思想內涵具有重要的意義。

第一節 ▶ 民俗概論

　　民俗，是民間社會生活中傳承文化事象的總稱，是一個國家或地區、一個民族世世代代傳襲的基層文化，通過民眾口頭、行為和心理表現出來的事象。這些事務和現象，既蘊藏在人們的精神生活傳統裡，又表現於人們的物質生活傳統中。

　　中國歷史上「民俗」一詞出現較早，在商周時期就已出現，

主要指民間的風俗習慣。《禮記・緇衣》:「故君民者,章好以示民俗。」民俗產生於人類征服自然、發展自己的過程中,並始終受一定社會和自然條件的制約。它在流傳中有傳承性、變異性的特點和導向、整合及凝聚等功能,同時也表現出社會性、民族性、地方性、階級性、全人類性等傾向;作為人類文化意識的現象,民俗將與人類社會共存亡。[1]

一、民俗的產生及其內涵

民俗是在人們的日常生活中靠口頭和行為方式傳承的文化模式,它涵蓋了三方面的內容:第一,民俗存在於人們的日常生活中;第二,民俗是靠口頭和行為的方式一代一代傳承的;第三,民俗在長期的流傳過程中已經形成了相對固定的文化模式,這種模式制約著人們的思想和行為方式。

「民俗」一詞作為學術界研究和探討的專門術語,是來源於對英文「folklore」的意譯。「folklore」由撒克遜語「folk」(民眾、民間)和「lore」(知識、學問)合成,於一八四六年由英國考古學家湯姆斯(W.J. Thoms)最早提出,包含兩層含義:一指「民俗」,意為「民眾的知識」或「民俗的智慧」;二指「民俗學」,意為「關於民眾知識的科學」。湯姆斯將「民俗」(folklore)定義為「在普通人們中流傳的傳統信仰、傳說及風俗」,包括了

1　葉大兵、烏丙安主編:《中國風俗辭典》,《總類・民俗》,上海辭書出版社 1990 年版,第 2 頁。

「古時候的舉止（manners）、風俗、儀式（observances）、迷信、民曲（ballads）、諺語，等等」。[2]從中可以看出「民俗」主要包含三個層面內容：第一，民俗是在普通人中流傳的，即民間的；第二，民俗是傳統的信仰、傳說，即風俗；第三，這些傳統的信仰、傳說和風俗大都是精神的。

自湯姆斯之後，西方學者關於「民俗」的定義眾說紛紜，大致分為以下四類：一是認為民俗是「民俗文化」的傳統部分，是人類代代相承的精神文化傳統，以英國民俗學家斑尼（C.S.Burne）女士為代表；二是認為民俗是特指口頭流傳的大眾文學，如神話、傳說、故事、歌謠、諺語等，以美國和前蘇聯學者為代表；三是認為民俗是舊時代的文化遺留物，是先進民族所殘存的原始觀念與習俗，以英國「文化進化學派」為代表；四是認為民俗是已經退化了的宗教，民間宗教是民俗的主要內容。

在中國，學術界對「民俗」一詞進行專門探討的時間相對較晚，但是「民俗」及其含義產生的歷史卻很悠久。其詞義最早見於商周時期，《禮記》中說：「禮從宜，使從俗」[3]。「宜」是方便、權宜之意，「俗」是指土俗，也即地方習俗；其意是說人在遵從禮制之時要因時因地來行權宜之變，出使別國後要順應當地的風俗。在長期的歷史發展過程中，「民俗」的相關語匯出現於

2　轉引自陶立璠《民俗學》第一章《導論》第一節，民俗和民俗學，學苑出版社 2003 年版，第 7 頁。

3　《禮記・曲禮上第一》，張文修譯，北京燕山出版社 1995 年版。

眾多的中國古代典籍中，主要有「風」、「俗」、「民風」、「習俗」、「風俗」、「謠俗」、「民俗」等詞彙，大致經歷了一個由「風」而「俗」、由「風俗」而「民俗」的演變過程，但其含義並沒有發生多大變化，表達的都是地方民俗之意。

《禮記》一文中對「俗」、「民風」、「民俗」等詞彙進行了記載：

　　道德仁義，非禮不成；教訓正俗，非禮不備；紛爭辯訟，非禮不決；君臣上下，父子兄弟，非禮不定……**4**

　　歲二月，東巡守，至於岱宗，柴而望祀山川；覲諸侯；問百年者就見之。命太師陳詩，以觀民風。**5**

　　故君民者，章好以示民俗，慎惡以御民之淫，則民不惑矣。**6**

上述無論是「俗」，還是「民風」、「民俗」詞語，其含義都大體相同，表示地方民間習俗之意。而且可以看到，當時的這種民間習俗，是和統治階級的「禮」相對應的，兩者相互影響，緊密聯繫。以第二則記載為例，商周時期，太師是掌管音樂之官，也是採詩之官，他把民間採集到的民歌（國風）呈遞給國君，國

4　《禮記‧曲禮上第一》。
5　《禮記‧王制第五》。
6　《禮記‧緇衣第三十三》。

君通過地方民歌了解當地民情風俗狀況，做到「觀風俗，知得失」。因而作為反映地方民情風俗的「國風」也就成為《詩經》的「六義」之一。

地方「民風」與朝廷「禮儀」的緊密關聯原因在於這種風俗對朝廷和地方之間的銜接作用，《毛詩序》中對此作了說明：

> 上以風化下，下以風刺上，主文而譎諫，言之者無罪，聞之者足以戒，故曰風。

為此《毛詩序》中還提出了「風教」問題，即關於風俗的教化、改變問題，說：

> 《關雎》，后妃之德也，風之始也，所以風天下而正夫婦也。故用之鄉人焉，用之邦國焉。風，風也，教也；風以動之，教以化之。
>
> 故正得失，動天地，感鬼神，莫近於詩。先王以是經夫婦，成孝敬，厚人倫，美教化，移風俗。[7]

到了漢代，「風俗」一詞已很通用。《漢書‧王吉傳》中記載了名宦王吉在上疏朝廷中對地方習俗的描述，從中可以看出當

---

[7] 《毛詩正義》卷一之一《周南關雎詁訓傳第一》，（清）阮元校刻：《十三經注疏》，中華書局 1980 年版。

時各地都已形成地域特色的風俗：

> 是以百里不同風，千里不同俗，戶異政，人殊服，詐偽
> 萌生，刑罰無極，質樸日銷，恩愛浸薄。[8]

《漢書・董仲舒傳》中也記載說：「變民風，化民俗」[9]。此後在歷代史書、稗官野史以及私人著述中，關於「風俗」的記述日益增多，「民風」、「習俗」、「風俗」幾乎成了習慣用語，特別是在各地方志書中，差不多都有專門的「風俗」記載，可反映出民俗形成和發展的狀況。進入近現代以來，「民俗」一詞更是被直接應用到學術界，一九二七年廣州中山大學創辦了《民俗》周刊，「民俗」便成為一個固定的學術名詞。

總之，民俗是不同的人類群體受一定自然條件、生產條件及文化傳統制約而產生的各具特色的生活方式和生存意識。民俗是人民大眾創造、享用和傳承的生活文化。它既包括農村民俗，也包括城鎮和都市民俗；既包括古代民俗傳統，也包括新產生的民俗現象；既包括以口語傳承的民間文學，也包括以物質形式、行為和心理等方式傳承的物質、精神及社會組織等民俗。

二、民俗的類型和特徵

8　（漢）班固：《漢書》卷七十五《王吉傳》，中華書局 2005 年版。
9　（漢）班固：《漢書》卷七十五《董仲舒傳》。

（一）民俗的類型

根據民俗的存在形態和表現形式，可以分為不同的具體類型。不同的民俗學家由於不同的學術背景和特定的課題需要，形成了不同的分類方法。國外主要是歐美民俗學研究起步較早，在二十世紀上半期，主要形成了兩種分類方法：一種是綱目式的，按照邏輯以大綱統屬細目；一種是平列式的，按照材料的分量定類。前者主要有英國民俗學家班恩（一為斑尼）女士將民俗大致劃分為精神領域民俗、行為領域民俗和語言領域民俗三大類，法國民俗學家山狄夫（P.Saiutyves）（一為桑狄夫）把民俗分為物質生活、精神生活、社會生活習俗三大類十一小類等；後者主要有瑞士的民俗學家霍夫曼—克萊耶（Hoffmann-Krayer）將民俗劃分為十八個類別。[10]

中國的民俗學研究是在借鑑和吸收國外民俗學界的理論和方法成果基礎上發展的，對民俗的分類也基本是按照上述綱目式和平列式的方法進行劃分。其中綱目式劃分方法主要以鐘敬文、烏丙安、陶立璠和陳勤建先生等為代表，鐘敬文將民俗分為物質民俗、社會民俗、精神民俗和語言民俗四大類[11]；烏丙安將民俗分為經濟民俗、社會民俗、信仰民俗、遊藝民俗四大類[12]；陶立璠將民俗分為物質民俗、社會民俗、口承語言民俗、精神民俗四大

10 百度百科《民俗》，網址 http://baike.baidu.com/view/246974.htm
11 鐘敬文主編：《民俗學概論》，上海文藝出版社 2009 年版。
12 烏丙安：《中國民俗學》，遼寧大學出版社 1985 年版。

類[13]；陳勤建將民俗分為有形物質民俗、人生社會民俗、心意信仰民俗和遊樂技藝民俗四大類[14]。

採取平列式分類方法的學者較多，主要有如張紫晨在《中國民俗與民俗學》中將中國民俗分為十類[15]；齊濤、葉濤主編的《中國民俗通志》將民俗主要分為生產貿易習俗、衣食住行習俗等八大類[16]；此外還有一些地方性描述的民俗著作也是用平列式方法，如余悅主編的《江西民俗》（甘肅人民出版社 2004 年版）等等。

（二）民俗的特徵

伴隨著人類社會長期發展的歷史進程，民俗在民眾中間代代傳承，成為一種較為穩定的文化模式，與民眾社會生產和生活密切相連，相互影響，在社會政治、經濟、科技等條件變化的情形下也會有所變化。在長期的社會歷史進程中，民俗表現出一系列的特徵：

1. 民俗的集體性和地域性。前者指的是民俗的產生和流傳是某一群體集體參與和傳承的結果。任何一種民俗現象都不是個人的行為，而是某個社會群體普遍流行和傳承的習俗。而且必須

13　陶立璠：《民俗學概論》，中央民族學院出版社 1987 年版。
14　陳勤建：《中國民俗學》，華東師範大學出版社 2007 年版。
15　張紫晨：《中國民俗與民俗學》，浙江人民出版社 1985 年版。
16　齊濤主編、葉濤副主編：《中國民俗通志·目錄》，山東教育出版社 2005 年版。

是群體之間代代傳承，否則可能只是一種即興活動或暫時性的風尚。後者指的是民俗是某一地域範圍內的民眾在生產和生活中形成的習俗。這種地域性範圍廣泛，包含了地理性和民族性內容，可以表現為一兩個村寨、鄉鎮或者縣市，也可以表現為某個族群或者民族。

2. 民俗的穩定性和傳承性。前者指的是民俗一旦形成，則有一套相對固定的表現模式，民眾以此代代相傳。在此過程中，民俗也會隨著社會發展而在內容或方式上出現一些變化，但是原來的一些基本架構並沒有解體，基本的樣式依然存在。後者主要是指民俗在時間和空間上的穩定性以及內容和形式上的連續性。社會的眾多民俗產生歷史悠久，在漫長的傳承過程中，雖經歷了或多或少的變化，但是其核心內容和形式卻一直保留著，體現出較強的連續性。

3. 民俗的服務性和變異性。前者主要是指民俗在人們日常生活中有滿足人們需求的特徵。民俗從產生之初，就代表著民眾的精神文化需求，有的民俗甚至就是人們在生產和生活實踐過程中的總結和反思，反過來也指導著人們的生產和生活實踐活動，如節氣謠諺、氣象謠諺和生活謠諺等。後者主要是指民俗事象在流傳過程中，由於受到政治、經濟、科技和自然環境等種種因素的影響而產生的內容和形式上的自發的和漸進的變化，是與民俗的穩定性密切聯繫的、相對應的特徵。

三、民俗的作用和功能

民俗是為滿足人們的物質和精神文化需要而產生的，其具有

的服務性特徵體現了民俗的價值和功用。古老的民俗代代相傳，是各民族人民千百年的物質文明和精神文明的積累，承繼著歷史文化沿承發展的紐帶。

（一）民俗事象是社會發展歷史積存的重要體現

民俗文化事象是社會生產發展各方面的一種文化反映，因而是活的社會「化石」，它記載著社會發展的歷史，體現著社會演變的規律。民俗的歷史積存功能，表現在民俗事象本身是歷史發展的產物。人類社會發展的每一歷史階段，都曾產生和形成過許多民俗事象，它們都是各個歷史階段的人們生產和生活的縮影，並對其產生影響。

民俗在被人們傳承的過程中，總是被當作「歷史教材」，通過一些方式或儀式，由上代傳給後代，特別是在沒有文字，或者文化落後的民族和時期，民俗主要是依靠口頭傳承，在其歷史的傳述中因而發揮著重要的作用。可以說，如果沒有民俗，我們將難以認識和了解該時期或民族的發展歷史。

英國著名的社會人類學家馬林諾夫斯基（B. Malinowski）在《巫術、科學、宗教與神話》一書中認為神話和巫術的存在形態即是生活，它的功能就是從生活中提取「定則」，以便規範和指導人們的生活。[17]民俗既是作為文化而存在，也是作為民眾的現

17　（英）馬林諾夫斯基（B. Malinowski）：《巫術、科學、宗教與神話》，李安宅譯，中國民間文藝出版社 1986 年版，第 128 頁。

實生活而發生、延續的。

（二）民俗文化是民眾社會教育的重要途徑

民俗的社會教育功能主要體現在三個方面：一是引導個人融向集體社會的導向作用；二是整合整個群體或社會的作用；三是向心力作用。

民俗是社會的、集體的創造，它總是通過形式多樣的、內容豐富的活動，對集體、社會成員實行思想和道德教育。民俗文化在現實生活中常以倫理道德的形態出現並與原始留存的信仰結合在一起，成為人們自願接受的道德觀念和行為模式。民俗文化是社會生活中普遍存在而又隱藏不露的一種社會規範，是一種與民眾最貼近的教育方式，主要通過家庭、學校和社會三種途徑實現。人的一生都生活在這種民俗教育中，從出生、成長、成家直至逝世，都有一系列的民俗環繞著，如出生之初的誕生禮儀、成長中的交際禮儀和成年後的成年禮儀、結婚禮儀以及逝世後的喪葬禮儀等等，自始至終影響和感染著每個人的物質和精神生活。

另外，民俗也能約束和控制社會民眾的行為方式。在社會生活中，除了法律、紀律和道德等因素規範著人們的生活外，民俗也是重要的影響手段。早在春秋時期，孔子就曾指出了民俗文化在社會安定和控制中的作用，他說：「移風易俗，莫善於樂；安上治民，莫善於禮。」[18]其後荀子也說：「論禮樂，正身行；廣

18　（唐）李隆基注，（宋）邢昺疏：《孝經注疏》卷六《廣要道章第

教化，美風俗。」[19]民俗文化不是法律，沒有具體的強制力，但它總是以一種社會習慣的力量出現，就像一只無形的手，無聲地支配和調節人們的行動，人類的社會生活都自覺地遵從民俗文化的命令。民俗文化還能夠為社會轉型提供認同的基礎。社會的長期發展經歷了不斷的變化和轉型，在此過程中，民眾各種關係的維繫不僅是通過保留傳統，而且是通過對傳統的再確定實現的。

（三）民俗事象是民眾審美娛樂的重要方式

民俗不僅是民眾智慧的結晶和創造，同時也供人們享受和利用，具有一定的娛樂功能，體現著民眾的審美意識和觀念。在傳承下來的眾多民俗事象中，大都帶有濃厚的娛樂性質，即使是一些比較隆重和嚴肅的宗教習俗、喪葬習俗，也充斥著娛樂內容。在長期的社會生產和生活實踐中，為了滿足精神生活的需要，各族人民創造了很多供人們娛樂的民俗活動，通過這種活動自娛自樂。其中尤其是在節日民俗和競技民俗等方面更為突出，如寒食節、清明節中自宋代以來形成和發展的郊遊踏青、競渡、盪秋千、賜新火等習俗，在表達紀念逝去的先賢故人的同時，也體現出民眾強烈的節慶狂歡色彩；[20]端午節的「滑龍舟」習俗，最初

十二》，金良年整理，上海古籍出版社 2009 年版，第 62 頁。

19　（戰國）荀況：《荀子‧王制篇第九》，安繼民注譯，中州古籍出版社 2006 年版，第 123 頁。

20　劉暢：《生者的狂歡——從宋代寒食、清明習俗看當時社會之現世心態》，《中國社會歷史評論》2009 年第十卷，天津古籍出版社 2009 年版。

是一種用法術處理的公共衛生事業，與屈原無關，其後經過歷史的變遷，逐漸由實用主義的競逐不祥轉化成為具有娛樂主義的競渡形式。[21]此外，還有立春節中的「打春」習俗、重陽節中的「登高」習俗以及民間雜技中的「舞龍戲獅」習俗等等，無不體現著民眾的娛樂形式。

民俗的娛樂功能還和民眾的審美意識緊密結合在一起。如傳統優美的民族文學與藝術，是各族人民創造的精神產品，體現了集體的智慧和創造，具有較高的審美價值。民間工藝美術中的雕刻、竹編、剪紙、燈彩、陶瓷等藝術形式，民間文藝中的民間音樂、文學，民間舞蹈中的採茶舞、燈彩舞等等，除了原始的宗教意識外，都較為明顯地表現出民眾的審美價值觀念。

（四）民俗文化是社會經濟發展的重要動力

民俗是地方民眾長期社會生產和生活實踐的歷史文化積累，不僅是人們精神思想和觀念意識的反映，而且是人們認識自然、改造自然的經驗總結。儘管有些在現代看來包含著不科學或不甚合理的因素，如對福祿壽喜財等神祇的崇拜等，但也反映了民眾對美好生活的嚮往和追求。更多的民俗承擔著指導人們進行社會生產、生活和人際交往等方面的功能，如農業、商業、手工業生產習俗以及家庭、人生禮俗等等。

21　江紹原：《端午競渡本意考》，王文寶等編：《江紹原民俗學論集》，
　　　上海文藝出版社 1998 年版，第 203-229 頁。

尤其是生產技術民俗，更是對民眾經濟發展起著重要影響。它是民間最主要的生存方式，是人們賴以生存的最基本的知識和手段。中國是一個農業國，農耕技術自然是最具普遍意義的民俗事象，也是生發其他民俗事象的背景性知識。農耕技術民俗屬於「農業生產常識」，這是一個農業社區正常的人所具有的，可以用以維持社會地位和生存狀態的知識或信念。

進入現代社會，許多民俗依然對民眾的社會生產和生活實踐發揮著重要影響，如一些歲時、氣象和生活謠諺依然在許多地區流傳，在一定程度上影響著民眾的生活。此外，地方社會更多的是將民俗文化作為本地經濟發展的「軟件」，大打民俗文化牌，充分利用民俗文化資源，以各種形式促進地方經濟的發展。

目前，民俗文化資源日益成為地方社會的窗口和名片，通過對民俗文化資源的保護和利用，作為投資經商和旅遊開發的重要基礎和來源，形成當地經濟發展的重要動力。如對民間陶瓷、剪紙、刺繡、雕刻、竹編等手工工藝美術的改造，運用現代技術和手段，改手工生產為機械化生產；借鑑民族服飾文化，發展現代時裝產業；吸收傳統飲食文化，開發和建設現代餐飲業；利用傳統居住文化為現代住宅發展作出啟示以及開發民俗旅遊等等，所有這些毋庸置疑會對地方經濟的發展起到推動作用。

第二節 ▶ 民俗學、人類學、歷史學等學科中的民俗

民俗是一個極為複雜的複合體，它源於社會生活，是人類社

會長期發展過程中的物質和精神文化積累，從一個社會的經濟基礎到上層建築的各種制度和意識形態，大都附有一定的民俗行為及有關的心理活動，其內容幾乎涵蓋了人類社會的各個領域。因此，在諸如歷史學、人類學、社會學、民族學、心理學等眾多社會科學研究中必然會對其有所涉及。從另一方面來說，學術界在對民俗進行研究的過程中，需要借鑑這些與民俗有著血脈關係的諸多學科在內的相關研究理論和科學方法，以推動民俗研究的進一步深入發展。

對民俗文化和事象進行多學科綜合研究是當今學術界的一個新視角和新趨勢，正如著名民俗學專家鐘敬文先生所說：「對於一種文化現象，僅用一種理論去解釋是不夠的，現在不少學者提倡多角度的研究。」[22]

民俗事象是為廣大民眾所傳承和享用的，民眾是民俗的主體，因此民俗在時空上的傳承都必須通過民眾來進行傳承。在不同的社會發展階段，隨著生產和生活方式以及社會結構的變化，民俗傳承的主體及其心態也會發生變化，因此我們在對民俗事象進行描述和分析時，不能忽視作為其傳承主體的人的因素的研究，要考慮此變化過程中人的心理特徵和文化特徵的研究。所以，我們在進行民俗的研究過程中，需要把民俗和民眾及發生情境作為一個整體結合起來進行綜合的動態研究。正如美國認知人

---

22 鐘敬文主編：《民間文化講演集》，廣西民族出版社 1998 年版，第21 頁。

類學家沃德‧古德納夫（Ward Goodenough）所說：

> 組成文化的不是事務、人、行為和情感，而是由常規和概念以及一套組織這些常規的概念的原則。文化存在於文化持有者的頭腦裡，每個社會的每個成員的頭腦裡都有一張「文化地圖」，該成員只有熟知這張地圖才能在所處的社會中自由往來。人類學要研究的就是這張「文化地圖」。[23]

在新的時期，國際民俗研究取得較大的發展，學者們在重視從文化視角研究民俗的同時，也加強了從現實生活的角度進行研究，即大力開展對民俗各種事象的整體研究。如美國民俗學者在對民間競技遊戲的研究中，運用社會心理學、人類學和民俗學等學科的理論和方法對其進行綜合研究，對民間競技遊戲中的角色、遊戲中的競賽進行綜合研究，從而揭示內在的動機和對其他行為的影響。[24]

當前，中國面向生活的民俗整體性研究還較為薄弱，有必要進一步地深入研究。民俗文化的本質是一種為民眾日常生活服務的文化統一體，因此民俗研究的範式應在重視其作為社會文化研

---

[23] 參見王海龍《導讀二：細說吉爾茲》，（美）克利福德‧吉爾茲（Clifford Geertz）：《地方性知識——闡述人類學論文集》，王海龍、張家瑄譯，中央編譯出版社 2004 年版，第 33 頁。

[24] （美）J.H. 布魯范德（Jan Harold Brunvand）：《美國民俗學》，李揚譯，汕頭大學出版社 1993 年版，第 214 頁。

究的同時，也將其作為生活文化進行研究，將其置於民眾的日常
生活中進行整體研究。換句話說，也即是將民俗文化事象研究和
民俗面向生活的整體研究兩種學術取向結合起來進行研究的範
式，因為這兩種研究取向是互補的，它們構成了推動民俗研究深
入發展的兩翼。

一、從民間文學到社會全部習俗：民俗學研究中的民
俗

　　民俗學是一門新興的社會科學，於一八四六年由英國考古學
家湯姆斯在對已有人類學和文化學的研究基礎上最先提出，運用
的是「folklore」一詞，意為「關於民眾知識的科學」。雖然這一
名稱在後來得到國際學術界的認可和採納，但是由於各國國情的
不同，民俗事象的差異，以及各個學者的學術主張和側重點不
同，因而對民俗學研究內容和對象的理解就必然出現差異。

　　儘管湯姆斯在提出「民俗學」概念之初就指出它的含義是
「在普通民眾中流傳的傳統信仰、傳說及風俗」，也即是一種較
為廣義的民俗。但許多歐洲學者的理解，卻要局限得多，在很長
一段時期內，形成了不同的意見，主要表現為如上述所說的四種
學派，特別是將民俗學研究的領域定義為口傳的文學，或者說是
傳統的故事、咒語、諺語、謎語、歌謠、禱詞等民間文學內容方
面，更是在歐美及中國學術界盛行，直至如今。

　　中國的現代民俗學，肇興於二十世紀初。十九世紀末，日本
學術界接受了「folklore」這一外來詞之後譯為「民俗」。近代中

國學者在翻譯、介紹日本民俗學著作時，沿用此詞。[25]一九一八年北京大學創辦了《歌謠》周刊，一九二八年廣州中山大學成立了語言歷史研究所民俗學會，創辦了《民俗周刊》，由著名民俗專家鐘敬文等人任主編，出版了一批民俗學調查與研究著作，推動了中國現代民俗學的發展。但由於受歐美民俗學研究影響，中國的民俗研究在很長一段時期內也主要是局限於對民間文學特別是民歌的搜集和研究工作。

新中國成立以後，中國民俗學在相當長的一段時間內受到前蘇聯民俗學體系的重要影響，局限於民間文藝領域方面的研究，對民間文學和民間歌謠等方面進行了大量搜集和調查，但是對其他民俗等民俗整體缺乏有深度和力度的哲學解析，研究長期徘徊不前。隨後在「左」的思想路線影響下，民俗學被認為是「資產階級的東西」而被中斷。直到二十世紀八〇年代後，民俗學研究才逐步恢復，到一九八七年全國的眾多文科高等院校普遍開設了民俗學課程，民俗學研究重新得到發展，於一九九七年成為獨立學科。

近年來，中國民俗學研究發展迅速，各地民俗文化研究機構紛紛成立，民俗研究步入空前活躍期。在研究領域上，逐步擺脫了過去局限於民間文藝領域的研究，開始關注到物質經濟民俗、

---

25 周作人從日本留學歸國後於 1914 年在《紹興縣教育會月刊》上發表《兒歌之研究》一文（見 1914 年 4 號），首先直接使用「民俗」一詞。

社會民俗和信仰民俗等方面的研究，也即是關注到民俗整體方面的研究；在研究理論和方法上也不斷深入和拓展，理論上主要摒棄了過去的把民俗認定為「古老文化遺留物」等的觀點，將民俗作為國家生生不息的文化現象，採用發展的動態觀點進行研究；另外注重對民俗主體──人的研究，將民俗現象與人類社會發展結合起來研究，擺脫了傳統「見物不見人」的研究體制；方法上不僅注重文獻資料的考訂和整理，而且深入社會進行調查研究，並結合其他社會科學的研究方法，等等，促進了民俗學研究在廣度和深度上的進一步發展。

當代民俗學者認為，民俗的本質就是一種基礎的社會文化，是特定的民族在歷史實踐活動中創造和積累的文明成果。它是民眾習俗和文化過程的展現，溝通著民眾的物質生活和精神生活，是民眾群體和社會的精神意識反映，是一種通過人作為文化載體進行傳播的生生不息的文化現象。因此，總體來說，民俗就是民眾的一種生存方式、文化模式以及精神思想的源頭，表現和概括了人們的現實生活和思想文化層面的習俗範式。

二、承載過去的歷史軌跡：歷史學研究中的民俗

民俗文化是一個國家或民族的民眾集體創造的傳承文化。它內容豐富、門類齊全。從生產、商業、貿易、交通的物質生產文化，到衣、食、住的物質消費文化，再到社會組織、人生禮儀、歲時節日、遊藝競技的社會文化和宗教信仰、文學藝術、語言文字的精神文化，全面地反映了一個國家或民族社會文化的全貌。同時，它又是一種承載過去、展示現在、傳承未來的一種以民眾

為主體的「活」的文化，因此可以說既是傳統的又是現在的，成為聯結歷史和現在的重要載體。

　　民俗主要是靠口頭和行為傳承的，民眾中的神話傳說、民歌謠諺等以及生產、飲食等習俗無不是如此。但是，也應看到，隨著文明的發展和文字的產生，除了純靠口頭和行為流傳的民俗外，人們也開始將民俗事象用文字記載下來，保存至今成為反映當時民俗現象的歷史檔案文獻資料。這種記載民俗歷史的文獻，為我們研究過去的社會歷史狀況提供了重要的資料，也即是說為歷史學研究提供了豐富的資料，因此成為歷史學研究的重要資料來源。

　　中國的歷史文獻浩如煙海，其中有關民俗資料記載、或者對民俗的認識和觀點的文獻也是數量眾多。無論是正史、政書、地方史志，還是個人文集、筆記等等，其中記載了民俗資料的比比皆是。特別是宋代以後，記述民俗事象的專著大量湧現。民俗歷史文獻不僅對於探討民俗事象的發展、演變具有重要的價值，而且可以對研究人類社會的長期演變發展也具有重要的意義。中國從殷周以來，浩瀚的古籍中保存了數量眾多的民俗資料，具體主要可以分為以下幾類：

　　第一，正史、政書中保存的民俗資料。正史中如「二十四史」中的《禮書》、《封禪書》、《禮樂志》、《祭祀志》、《輿服志》、《食貨志》以及《本紀》、《列傳》等等，都記載了許多的民俗風情；政書中主要有如「十通」、《會典》、《會要》等反映歷史上中國各族民眾物質經濟生產的民俗。

　　第二，一些私人主編或撰寫的地理書中保存的民俗史料，主

要有如先秦的《山海經》、南北朝的《十六國春秋》、唐代的《元和郡縣志》、宋代的《太平寰宇記》、清代的《天下郡國利病書》、《讀史方輿紀要》等等，記載了不少地方習俗、風物特產和民間藝術等資料。

第三，各類地方史志以及個人文集、筆記等書中保存的民俗資料。地方史志主要是明清以來的地方志中大都有「風俗」章節，對各地民情習俗進行了專門描述；個人文集、筆記等書籍中主要是記載作者在家鄉或途經某地或出仕某地過程中，對當地民情風俗的記載。另外，先秦時期的諸子著作，如《論語》、《孟子》、《老子》、《道德經》等，也記載了當時的民眾習俗狀況。

第四，記載民俗事象的專著，主要有如《荊楚歲時記》（梁‧宗懍著）、《東京夢華錄》（宋‧孟元老著）、《歲時廣記》（宋‧陳元靚編）、《古今風謠》（明‧楊慎編）、《燕京歲時記》（清‧富察敦崇著）、《西石城風俗志》（清‧陳慶年著）、《清嘉錄》（清‧顧祿著）、《滿洲四禮集》（清‧索寧安著）、《婚禮通考》（清‧曹廷棟輯）等等。其中不少著作是官方與民間風俗雜陳，它對我們研究民俗源流及其流變很有參考價值。

第五，一些類書中保存的民俗資料，主要有如唐代的《藝文類聚》、《初學記》，宋代的《太平御覽》、《太平廣記》，明代的《便民圖纂》，清代的《古今圖書集成》、《清稗類鈔》等。類書中包羅的民俗事象名目繁多。

第六，語言辭典學著作中保存的民俗資料，主要有如《說文解字》、《爾雅》、《方言》、《釋名》等，也有很多古代民俗的記載。

第七，社會民眾流傳的民間文藝等，直接是古代民俗的反映。如《詩經》、《楚辭》、《淮南子》、漢樂府詩、志怪小說[26]、歷代話本、傳奇等等。

在歷史學研究中，許多用文字記載的古代民俗是解釋古代社會發展歷史的重要文獻資料。但是也應看到，中國許多民族的古代民俗並沒有文字記載或者很少文字記載，而是通過口頭流傳的，因此，要探討這些民族的歷史發展歷程，流傳於他們中間口耳相傳的包括民俗在內的內容將是必不可少的資料。近些年來，口述史資料也成為中外歷史學界共同關注和提倡的重要史料，在其中，包括民族的古老歌謠、創世紀以及其他一些古老的民俗事象是重要的組成部分，是反映民族社會發展的重要史料之一。實際上，即使在古籍文獻中，民俗事象的記載，也都不是記錄者本人的創造，而是將當時口頭和行為傳承的民俗，通過文字形式，落在紙面上固定下來，變為反映當時社會發展的文獻資料，如納西族民眾中至今還在流傳的《創世紀》故事、瑤族民眾流傳的《過山榜》故事等等，都是反映該民族起源發展的重要史料。

對目前的民俗現象及民俗歷史文獻的研究，在歷史學研究中占有十分重要的地位。民俗作為一個表象系統，是可以被觀察到的，它後面是受到一些更深層的歷史結構的支配，這兩者是聯繫

26　古代小說中描繪的民俗事象數量眾多，不勝枚舉，參見宋薇笳《訓詁學與文獻民俗學》，苑利主編《二十世紀中國民俗學經典‧民俗理論卷》，社會科學文獻出版社 2002 年版，第 190 頁。

在一起的，有內在的聯繫。所以我們可以通過表象系統去探討歷史深層的結構。每一個我們現在看到的東西，我們都可能追溯到歷史的源頭，或者一個歷史的結構。所謂「一個社會中爭論最少的態度行為，如對身體的照料、穿著的方式、勞動的組織和日常活動的日程安排等，都反映著這個世界的表象系統（即民俗習慣，我們可以觀察到的表象系統）；這一系統在深層使上述這些態度行為與法律、宗教概念、哲學或科學思想等最精心構建的知識框架相聯結。」[27]找出了這兩者之間的聯繫，就回答了歷史學最基本的那些問題，即歷史的本位問題。這種研究方法也被稱為「歷史人類學」方法。

三、「現在的領域」：人類學研究中的民俗

　　人類學是研究人類社會的起源、發展和演變及其規律的一門科學，其研究範圍包括人類自身及其所創造的全部物質文化和精神文化的發展。而根據民俗的相關概念可知，民俗文化也是人類創造、享用和傳承的生活文化，其內容也自然包含於人類學的研究範圍之中。正如鐘敬文先生所指出的：「一切民俗都屬於民間文化，但並非一切民間文化都是民俗。民俗是民間文化中帶有集體性、傳承性、模式性的現象，它主要以口耳相傳、行為

27　（法）勒高夫等主編：《新史學》，姚蒙編譯，上海譯文出版社 1989年版，第 257 頁。

示範和心理影響的方式擴布和傳承。」[28]美國著名人類學家吉爾茲也指出：「一個民族的文化就是多種文本的綜合體，而這些文本自身又是另外一些文本的綜合，人類學家則需傾全力去確切地解讀文本的本質。」[29]

另外，從學科研究來看，國內外許多人類學家同時也是民俗學家。他們一方面探討人類的起源和發展，另一方面又要探討民俗文化的形成對人類發展所產生的影響。

作為一個民族的文化創造，民俗事象總是連貫古今的。人類社會發展的各個階段，都伴隨著民俗事象的產生、發展、演變、衰亡等現象。因此，一些人類學者將民俗作為原始觀念和舉動的「遺留物」（殘留物）來對待。如英國著名的民俗學者，《金枝》的作者弗雷澤（J.G. Frazer）認為，民俗是「在別的事情已經升到較高的平面的民族那裡所見到的較原始的觀念和舉動的遺留物」。日本人類學者西村真次也說：「民俗學是研究原始時代習慣、信仰、故事、技術的遺留物的學問」[30]。這種看法具有一定的片面性和局限性。

實際上，民俗作為一種社會生活現象，是有繼承性的。在現代文明社會中，許多古老的習俗仍然靠口頭和行為流傳保留，如

28　鐘敬文：《民俗學概論》，上海文藝出版社 2009 年版，第 4 頁。

29　王海龍：《導讀一：對闡述人類學的闡述》，（美）克利福德·吉爾茲（Clifford Geertz）：《地方性知識——闡述人類學論文集》，王海龍、張家瑄譯，第 10 頁。

30　轉引自陶立璠《民俗學》第一章《導論》第二節，民俗學的領域和理論框架，第 11 頁。

納西族古老的《創世紀》至今依然還在民眾中間流傳等等。因此，從這個意義上說，民俗是一種「歷史的」現象，但也是一種「現在的」現象，與人類學的「現在性」學科性質有很大的相同。人類學研究主要採取的田野調查方法，對現存的某一群體的生產和生活實踐進行調查，通過資料搜集和整理分析，揭示其發展演變的歷程。民俗事象作為仍在民間傳承的活生生的現象，自然也是人類學研究的重要調查內容之一。通過對現實民俗資料的調查、搜集、整理和研究，探索人類社會群體的運動軌跡和精神文化變遷歷程。

縱觀中國學者對民俗的研究，田野調查法已成為目前學者們在民俗研究中所採用的普遍方法之一，但從總體上來看，長期以來，這種方法的運用有所欠缺，已有的民俗研究中真正紮實的田野調查的成果並不多見。而人類學研究中的社區研究法、剖面分析法則應用得比較少。可以說，這些相關的研究方法成為當前中國民俗研究的急需品。正如鍾敬文先生指出：

> 中國典籍豐富，又有考據傳統，因此，考據便成了中國民俗學的一大特色……中國民俗學在其發展過程中也確實存在許多問題，其中最大的問題之一，就是田野作業的欠缺，中國民俗學自發端之初，似乎就很強調田野作業……但事實上我們做得遠遠不夠……這不但使我們憑空失去了許多寶貴的第一手資料，同時也使我們的民俗學研究失去了一個非常

重要的學術生長點而只能在文本之中徘徊。[31]

　　長期以來，中國民俗個案研究雖然數量眾多，但就研究方法和思考角度而言，大部分是從歷史文獻的視角對某個民俗個案進行描述性的研究，需要加強對個案進行紮實的田野調查和長期的跟蹤研究，即美國著名人類學家吉爾茨所說的深度描寫（thick description）——闡釋人類學派認為深度描寫要關注「context」，即特定的文化和社會背景。[32]在民俗個案研究中，充分運用田野調查法，這不但可以使民俗研究獲得許多寶貴的第一手資料，也有助於對民俗個案的整體把握和民俗研究範圍的拓展。如鐘敬文通過長期的田野調查，對浙江金華地區的鬥牛這一民俗事象進行了深入分析，對鬥牛的起因及時間、鬥牛的場所、鬥牛的情形、鬥牛對當地民眾的價值和意義進行了詳細的研究，認為金華鬥牛的風俗起源於遠古的犁耕時代，在「為生活」的實利意義之下，他們借此娛神並以此自娛。[33]

　　盡管民俗的個案研究所得出的結論不一定具有典型性和代表性，但個案研究是可行的，因為個案研究特別是以某個小社區的民俗事象為個案的研究中，這個社區的人文世界是完整的，其所

31　鐘敬文：《寫在前面》，苑利主編：《二十世紀中國民俗學經典》前言，社會科學文獻出版社 2002 年版，第 5-6 頁。

32　王海龍：《導讀二：細說吉爾茲》，（美）克利福德・吉爾茲：《地方性知識——闡述人類學論文集》，王海龍、張家瑄譯，第 53 頁。

33　鐘敬文：《金華鬥牛的風俗》，鐘敬文：《鐘敬文民俗學論集》，上海文藝出版社 1998 年版，第 213-229 頁。

得出的研究結論可以作為進行其他個案研究的比較材料，通過對比其中的相同和相異點，總結地域社會發展的規律性，豐富和拓展研究理論的進一步發展。

從研究對象和要求來看，田野調查方法是民俗研究最重要和最可靠的研究方法之一。但是，關於民俗研究應該如何有效地開展田野考察的問題，目前學術界也是眾說紛紜，無一定論，這也從側面反映出民俗研究中田野調查方法的複雜性和重要性。與人類學研究中的田野調查相比，民俗研究中的田野調查存在一些不同，這主要是因為兩者的研究對象有所不同。一般來說，人類學研究更傾向於對特定區域或特定群體（如族群）做全景式的田野調查，如費孝通的《江村經濟》等；而民俗的田野調查則大多是進行非特定區域（或多地域）的調查研究，如盾牌舞和儺舞等，前者在中國江蘇宜興、福建泉州和江西永新等一些地區存在，後者主要存在於江西南豐、婺源、樂安、萍鄉等許多地區，因此就需要到這些地區做多個地域的田野調查。其中較為突出的一個事例是關於「梁祝傳說」，其在中國十餘個省份都有流傳，幾乎成為一項全國性的民間文學形式，二〇〇六年成為中國第一批非物質文化遺產名錄，並廣泛傳播於海外。但是，作為一項地方民俗的「梁祝傳說」，在各地又有不同的版本內容，在研究中也就必須進行多區域的田野調查研究。[34]

34　目前列入國家非物質文化遺產名錄的「梁祝傳說」地區主要有浙江
　　寧波、杭州、上虞市，江蘇宜興市，山東濟寧市和河南汝南縣，共

總之，民俗所包含的內容廣泛，幾乎涉及社會生活的方方面面，因而自然會受到包括歷史學、人類學、社會學等在內的社會科學的關注，成為其研究的對象和範圍之一，只是由於各學科之間的理論和研究方法等方面的差異，使得民俗在其中的意義表現有所不同。

第三節 ▶ 作為非物質文化遺產的民俗

一、非物質文化遺產的概念和內容

非物質文化遺產，顧名思義，是與物質文化遺產相對應的一個當代名詞概念。與物質文化遺產強調「物質、物化遺存」的「物質」屬性相比，非物質文化遺產主要是強調「實踐、技藝文化」，其屬性是「非物質」的。

非物質文化遺產英文名稱為「Intangible Cultural Heritage」，其含義界定曾經聯合國教科文組織多次討論和修正，二〇〇三年十月聯合國教科文組織大會通過的《保護非物質文化遺產公約》中對「非物質文化遺產」進行了定義：「被各群體、團體，有時為個人視為其文化遺產的各種實踐、表演、表現形式、知識和技

四省六市（縣）地區。各地的傳說內容和形式又存在著一些差異，參見陳志勤《從地方文化到中國、世界文化的梁祝傳說——兼及民俗文化的歷史的、社會的建構》，《山東社會科學》2010 年第 1 期。

能及其有關的工具、實物、工藝品和文化場所。」明確了其包括
「各種實踐、表演」等五種範圍類型。

二〇〇五年十月，中國國務院發布了《關於加強中國非物質
文化遺產保護工作的意見》，其中對「非物質文化遺產」這一概
念做了更符合中國國情的詮釋：「指各種以非物質形態存在的與
群眾生活密切相關、世代相承的傳統文化表現形式，包括口頭傳
統、傳統表演藝術、民俗活動和禮儀與節慶、有關自然界和宇宙
的民間傳統知識和實踐、傳統手工藝技能等以及上述傳統文化表
現形式相關的文化空間。」明確了其包括「口頭傳統、傳統表演
藝術」等六種範圍類型。

二〇〇五年、二〇〇八年和二〇一〇年國務院又先後公布了
第一、二、三批國家級非物質文化遺產名錄，其範圍內容共分為
十類：（一）民間文學，（二）民間音樂，（三）民間舞蹈，（四）
傳統戲劇，（五）曲藝，（六）雜技與競技，（七）民間美術，
（八）傳統手工技藝，（九）傳統醫藥，（十）民俗（指節慶、廟
會、祭典等一類的狹義範圍的民俗活動）。

通過對照聯合國教科文組織和中國對「非物質文化遺產」給
出的定義及強調的內容範圍，可以看出，大部分非物質文化遺產
主要是來自於廣大民眾的長期生活實踐，也即來自於民間傳統，
與民眾生活有著密切的關係。在長期的生活實踐中，隨著人類生
活、生產環境和歷史條件的變化，人們的生產、生活等各種實踐
活動也會發生改變，代代相傳延承至今，在促進人們認同感和歷
史感的同時，也促進了文化的多樣性。

二、作為非物質文化遺產的民俗

民俗來源於社會生活，幾乎涵蓋了社會生活的方方面面，生產勞動、衣食住行、人際關係、社會活動等無不具有相應的傳統習俗，是人民群眾在社會生活中世代傳承、相沿成習的生活模式。

由此可以看出，非物質文化遺產和民俗具有明顯的共生性和一體性。在非物質文化遺產概念出現之前，中國民俗學界一直使用「民俗」、「民俗文化」等概念來表示其內容。從性質和內容來看，兩者都是民間傳統，都來源於民眾的社會生產、生活實踐，為民眾世代相傳、相沿成習的範式，服務於民眾的日常生活。在中國，非物質文化遺產幾乎全部是民俗的範疇，這從中國第一、二、三批國家級非物質文化遺產名錄中所包含的十類內容可以得到體現。著名民俗學專家陶立璠先生甚至認為：「非物質文化遺產就是指我們以往熟悉和研究的民間文化、民俗文化。非物質文化遺產和民俗、民間文化的概念是可以互相置換的。」[35]

當然，也應看到，民俗和非物質文化遺產之間也並不是完全等同的，兩者存在著許多不同。正如著名民俗學專家烏丙安先生所說：「非物質文化遺產和民俗文化並不是同一個概念，也不屬於同一個範疇。它們之間也不存在種屬關係。由於它們是從『非

---

35 陶立璠：《非物質文化遺產的定義、評價與保護》，王文章主編：《中國非物質文化遺產保護論壇論文集》，文化藝術出版社 2006 年版，第 119 頁。

物質』和『民俗』兩個不同的分類角度劃分的文化領域,所以彼此的內容和形式多有交叉和重合,可以認為民俗文化的所有表現形式都是非物質的或無形文化形式,而非物質的文化表現形式卻大於民俗文化,它同時還涵蓋非民俗非民間的其他文化形式。」[36]另外,非物質文化遺產的行為主體包括群體和個人,既可以是大眾群體的行為,也可以是個人的行為;而民俗文化的主體是人民大眾,它是一個社會群體在語言、行為和心理上的集體習慣。

傳統民俗涉及全部社會生產、生活和文化領域,總體可分為三大類:(一)生產民俗,主要包括農牧、漁獵、工商、交通等民俗;(二)生活民俗,主要包括衣、食、住、行等生活習俗;(三)遊藝習俗,主要包括民間工藝、曲藝、舞蹈與競技等習俗。這些民俗從整體上反映了一個完整的民間社會生活圖景,它們不僅僅是普通民眾日常生產生活等物質文化的表現,也是他們情感信仰、道德價值觀等精神文化的體現。民俗不僅是物質的,也包含著豐富的非物質的、精神的因素,民俗的價值在於能充分體現民眾生產和生活中所隱含的慣習規律和生活情感,具有重要的社會功能和文化象徵意義。它所承載的社會功能和文化象徵也是非物質文化遺產所要表達的,這是兩者的相通之處。因此,二者之間不能簡單地畫等號,也不能籠統地判斷誰比誰的範圍廣。

「梁祝傳說」是其中的典型體現。目前它既是全國十餘個省

36　烏丙安:《思路與出路:保護非物質文化遺產熱潮中的中國民俗學》,《河南社會科學》2007 年第 2 期。

份的地方民俗，也是國家級非物質文化遺產名錄（2006 年被列入第一批）。但是，作為非物質文化遺產的「梁祝傳說」，只是局限於四省六市，而且製作了一個統一的「梁祝傳說」文本，是作為「民間文學」類遺產；而作為地方民俗的「梁祝傳說」，則在全國十多個省份流傳，有上百種流傳版本，它不僅是民間傳說、故事，還包含著更多豐富多彩的信仰、習俗、諺語、歌謠等其他民俗事象，如寧波地區民眾中有「如要夫妻同到老，梁山伯廟到一到」的諺語，將梁祝看成是祈願婚姻美滿、夫妻和好的神祇，並且還存在其他與求財、得子、保佑平安等有關的傳說、信仰、習俗，包含著豐富的地方社會文化內涵。[37]

　　如前文所述，非物質文化遺產的概念並不是源於民俗學界或學術界，而是來自於影響各國文化政策的國際機構──聯合國教科文組織。該組織開展非物質文化遺產保護活動的理論基礎是保護世界文化的多樣性。文化的多樣性，對全球而言是指不同國家之間的多樣化文化，對一個國家而言則是指不同民族、地區及社區之間的多樣化文化。必須看到的是，非物質文化遺產的申報和評定，其實是一個文化選擇和取捨的過程，按照其評定標準，無法保證所有的文化能被歸入其內，也即是說在此過程中一部分文化會被淘汰；而各國、各地政府機構在申報和評審時，又會捨棄掉一部分文化。因此，列入世界、國家等各級別的非物質文化遺

37　陳志勤：《從地方文化到中國、世界文化的梁祝傳說──兼及民俗文化的歷史的、社會的建構》，《山東社會科學》2010 年第 1 期。

產只是所有民俗的一部分。

（一）許多民俗事象本身就是非物質文化遺產

縱觀現有的國家級和各省市級等不同級別的非物質文化遺產，我們可以發現它們都是全國性的或地區性的民俗文化傳統，前者如二十四節氣歌、春節等，後者如各地的廟會、祭祖習俗等。此外，各地流傳的民間文學、傳統音樂、美術、舞蹈、戲劇、曲藝、技藝等等，都納入了非物質文化遺產的範疇。

傳統民俗是人們在長期的社會生產過程中形成和發展的，反映了人們的物質生活和精神生活追求，其所體現的文化內涵既有積極的一面，也有消極的一面，也即是精華與糟粕並存，正如鐘敬文先生二十世紀三〇年代在《中國民俗學運動歌》中說的那樣：「這兒是一所壯大的花園，裡面有奇花，也有異草。」[38]從中剔除那些含有封建迷信、種族歧視的糟粕以及其他不正當的形式，其餘具有歷史、文化、科學等方面價值的、外在形式表現為「無形的」部分則正是世界各國各民族都在大力弘揚的非物質文化遺產。

此外，非物質文化遺產的內容和表現形式是由民俗文化要素組成。盡管這些民俗的成分不能單獨成為非物質文化遺產，但卻是某些非物質文化遺產項目不可分割的一部分。例如，被列入國

---

38 轉引自何華湘《民俗文化與非物質文化遺產關係探討——以越地為例》，《社科縱橫》（新理論版）2010年第1期。

家級非物質文化遺產名錄的春節，離不開民間信仰、祭祀禮儀的支撐，也離不開春聯、年畫等等物質民俗事象，還有一系列的走村訪親、拜年的社會關係活動以及燃放鞭炮、舞龍燈等戲耍遊玩的娛樂活動。這些各地大同小異的民俗「碎片」雖然不足以稱之為遺產，但是其組合卻構成了「春節」這一非物質文化遺產的不可缺少的部分。

（二）非物質文化遺產孕育於傳統民俗的土壤

非物質文化遺產由民俗文化的土壤孕育而成，主要表現為三個方面：一是來源於信仰觀念和道德情感方面的孕育，一是來源於題材內容方面的孕育，一是來源於社會生產和生活環境方面的孕育。

江西民俗文化中的民間信仰是儺舞的靈魂。贛地民俗信仰濃厚，信鬼重祀，節日、禮儀、生產、生活或娛樂習俗中均帶信仰習俗，且多含迷信成分。鬼神信仰是江西儺舞產生的直接根源，儺舞又名「驅鬼舞」，最早源頭是古人「驅逐疫鬼」的祭祀歌舞，其後在長期的社會發展過程中，演變成一種人神共娛的民間傳統表演藝術。儺在遠古傳說中是一種神鳥，可以「驅逐疫鬼」，於是古人常舉行儺祭活動，成為一種驅鬼逐疫、祈禱豐年的祭典儀式。儺舞就是從儺祭而舞，以人體舞蹈規範化的寫實方式，直接表現了地域性的宗教觀。儺舞舞者戴上各種儺面具，配上剛勁灑脫的舞蹈動作，以祭儺為目的的祈福納吉，求得風調雨順，五穀豐登，六畜興旺。可以看出，不管戲台上的演出是如何精彩絕妙，其實質仍然是祭祀活動的一部分。

民俗文化還為各種民間曲藝提供了題材、內容和創作靈感。江西民間曲藝種類繁多，既有贛劇、宜黃戲等傳統大戲，也有採茶戲等民間小戲系列，所表現的題材和內容十分廣泛，如歷史人物和故事、民間神話傳說、農村生產勞動、愛情生活和風土人情等等，無所不及。有許多來自民間的口頭傳說故事，例如孟姜女傳說；也有的取材於民間宗教，例如儺舞戲；還有在此基礎上進行加工和再創作，改編成既符合舞台表現又滿足民眾審美需求的劇本。另外，民俗文化中蘊含的傳統人文精神也是各種民間曲藝創演必須參照的文化語境，如果脫離了這一傳統語境，也就失去了存在的活力，最終走向消亡。

　　非物質文化遺產的生存和發展離不開地方社會生產和生活民俗，後者是前者的源泉和動力。作為一種「非物質」的地方文化藝術，非物質文化遺產大多帶有表演的形式，如民間曲藝等，只有與地方生產和生活習俗相結合，才能在地方社會長期廣泛流傳。以民間戲曲為例，傳統時期，其主體由民間信仰中的鬼神、戲班、民眾三部分共同組成，其中戲班的演出為民眾與鬼神的溝通起到了橋接的作用。此外它還承擔「高台教化」的任務和娛樂大眾的功能，這決定著它必須與地方社會習俗相結合。通過結合，民間藝人找到了展示才藝的舞台，老百姓則找到了平衡心理、償還夙願、宣洩情感的方式，而王朝政權則找到了教化「子民」的有效途徑。到了現代，其生存和發展空間則主要是來源於地方民俗文化的復興和民俗旅遊的發展。

（三）傳統民俗變化下的非物質文化遺產變化及其保護

如上所述，非物質文化遺產由民俗文化孕育而成，是後者的「外在表達」形式，而後者則是前者的內在核心本質，決定著前者的形狀變化。也即是說，非物質文化遺產在流傳過程中受到民俗力量的規範和制約，不能任意變化，或隨心所欲、漫無目的地發展。當傳統地方民俗遭遇現代工業文明的衝擊和商業化的侵蝕發生改變時，蘊藏其間的大量非物質文化遺產也隨之發生變化。

民眾生活、民俗事象是非物質文化遺產生長的土壤，因此如果一個地區有著繁多的民俗活動，則不僅會產生出豐富的民俗物質遺存，也會產生出多姿多彩的非物質文化遺產。而當民眾的文化生活、民俗活動發生變化，則建立在此土壤上的非物質文化形式也必然會相應發生變化。「文化大革命」期間中國非物質文化遺產的境況便是其中典型事例之一。

二十世紀八〇年代以來，中國社會經歷著巨大的變革，人們的生產、生活習慣發生著重大的變化，傳統民俗的物質遺存逐漸減少甚至趨於消失，而這又必然影響到以其為載體的非物質文化遺產的存亡。

民俗文化、民俗遺存是非物質文化遺產得以世代傳承的根基，其中民俗文化活動是非物質文化遺產的生存和展示空間，民俗遺存是非物質文化遺產的物質載體，而非物質文化遺產是民俗文物的精神文化表達。民俗遺存與非物質文化遺產都是人類文化遺產的組成部分，從它們產生起就存在著不可分離的共生關係。

目前對非物質文化遺產進行保護的過程中，必須將民俗文化、民俗遺存納入保護體系，進行同步的、全方位的保護和搶救，才能從根本上進行有效合理的保護，使之得以傳承並發揚光

大。

第四節 ▶ 江西民俗文化發展概述

　　中國是一個地域廣闊的多民族國家，由於地理環境和族群等方面的差異，各地社會經濟文化發展不平衡，來源於此基礎之上的民俗文化也有很大差異，表現出地域性的特點。這也要求我們在對中國民俗文化和事象進行描述和分析時需要對不同區域進行比較。在此過程中，需要立足於地方社會經濟文化的大背景，分析當地民俗文化的發展現狀及其成因，不僅有利於和其他地區的民俗文化特別是同一民俗文化和事象的研究進行比較，而且也便於當地有關部門和普通民眾對其的理解，更好地促進地方民俗文化的發展。

　　江西地區位於中國東南、長江中下游南岸，因在唐中期（733）設江南西道而得省名，另外也曾有「江右」之稱。贛江為省境第一大河流，自南而北流貫全省，故而江西也簡稱為贛。境內山清水秀、物產富饒，素來為江南的「魚米之鄉」；區域文化底蘊深厚、人文薈萃，產生了如陶淵明、王安石、文天祥、歐陽修、朱熹、湯顯祖等眾多名人，素有「物華天寶，人傑地靈」之譽。這裡也是紅色革命的發源地，有「革命搖籃」──井岡山、「共和國的搖籃」──瑞金、「軍旗升起的地方」──南昌、「工人運動的搖籃」──安源，譜寫了激情澎湃、可歌可泣的現代樂章。

　　江西開發歷史悠久。從出土文物的考證，可以上溯到距今一

萬年以前。在春秋戰國時期，曾分屬吳、楚管轄，因而有「吳頭楚尾」之稱。秦始皇統一全國後，設置九江郡管轄江西大部分地區；西漢之初（約西元前 202 年），開始設立明確的行政區域建置，名為豫章郡，郡治南昌，下轄十八縣，範圍與後世的江西省區大致相當。其後隨著王朝的變遷名稱有所變化，至唐玄宗開元二十一年（733）建立江南西道，簡稱「江西」，江西之名也由此而來。其後，隨著地區的開發和統治的加強，區域內府縣設置增加，尤其是縣的數量在明清之後基本定型。

一方水土養一方人，一方水土育一方情。中國各地域之間文化的特徵和差異，在很大程度上是由各自地理條件的不同所導致。江西地理環境是江西發展社會生產力的物質基礎，是社會和人文活動的基本載體。全省地理地形和土地利用的比例輪廓大致是「六山一水二分田，一分道路和莊園」，形成一個四周有自然屏障、內有完整體系結構的地理單元。

江西東、南、西三面環山，中部為丘陵盆地區域，北部是中國第一大淡水湖——鄱陽湖及其周圍平原，山地、丘陵約占總面積的百分之七十。這種自然地理環境構成了江西農耕生產得天獨厚的條件，也形成了較為發達的農耕生產體系。本地區地貌類型豐富多樣，光熱水資源豐富，氣候溫暖濕潤，四季分明，適於農、林、牧、副、漁全面發展。農業作物生產種類較多，有糧、棉、油、麻、絲、茶、糖、菜、煙、果、藥、雜等多種作物；自然資源非常豐富，山地丘陵覆蓋著豐富的林木、茅竹、油茶等經濟林木；草山草坡是發展牛、羊等食草動物的良好場所；河湖塘庫水面養育著近百種魚類和生長著多樣水生生物；成為中國重要

的「糧倉」、木竹生產基地和農副產品基地。糧食生產主要以水稻為主，兼及小麥、豆類、甘薯、玉米等；經濟作物有油菜、棉花、花生、芝麻、甘蔗、煙草、茶葉、柑橘、藥材等。發達的農耕生產形成了濃厚的農耕民俗文化，並成為江西民俗文化的主體。

同時，江西民俗也屬於長江流域民俗文化圈，在地理上與吳越和荊楚毗鄰，號為「吳頭楚尾」，在民俗文化上兼容了吳越文化、湘楚文化以及周圍地區的民俗文化，呈現出多元性、綜合性特徵。早在先秦時期，江西就和這些地區「雜俗」，秦、漢以後，由於民眾遷徙流動等多種因素的影響，這些文化繼續向江西傳播並逐漸「沉積」下來，有的成為基本固定的民俗文化形式傳承至今；有的與當地習俗結合，在原有的形式上出現變異，產生新的內涵，特別是在贛東北、贛西北的交界地區尤為顯著。

除此之外，在長期的發展過程中，本地區民眾還逐漸產生出與當地生產勞動和社會生活密切相關、具有鮮明地方特色的民俗文化活動，比較典型的有被譽為「中國原始文化的活化石」的南豐儺舞；馳名中外的「千年瓷都」景德鎮的瓷器；中國歷史上風水學的兩大派別之一的贛州堪輿術；「客家搖籃」之稱的贛南地區的客家風情；被譽為「四大名硯」的婺源龍尾硯；鄱陽湖區的漁家風情；宜春、萍鄉的花炮和興國的山歌等等。即使是同一種民俗，在各地也有一些不同，比較典型的有儺舞、戲曲等，儺舞在江西地區主要有南豐儺舞、樂安儺舞、萍鄉儺舞等類別，戲曲則更是在贛北、東、西、南、中不同地區存在著不同的類型。勤勞智慧的江西人民創造了多姿多彩的地方民俗風情。

　　另外，江西的歷史民俗資源也絢麗多彩。如古越人風俗的斷髮紋身、懸棺葬、圖騰崇拜；畲族（主要分布在鉛山太源畲族鄉和貴溪樟坪畲族鄉等地以及永豐、吉安、興國、武寧、德安、資溪、宜黃、樂安等市縣的三十多個畲族鄉村）社會中廣泛流傳的盤瓠神話傳說，以及與此相聯帶的盤瓠的圖騰禮儀、圖騰標誌、圖騰禁忌等，典型地反映了畲族圖騰文化的特色；客家人（主要分布在贛南地區）的圍屋建築習俗、婚嫁交際禮儀等，反映了客家民眾的社會文化特徵等等。

　　從上述對江西民俗文化構成的概述中，我們可以看出，江西民俗文化不但歷史悠久、源遠流長，而且呈現出多元並存、各具特色的特點。實際上，各地流傳的具有地方特色的民俗文化活動遠不止上述這些內容，在許多鄉村特別是邊遠山區村落，存在著許多只是在一個或幾個村落流傳的民俗文化活動形式，這些小規模的具有濃郁地方特色的文化傳承，同樣是江西民俗文化中十分寶貴的財富。

　　這些多元兼容傳承的民俗文化，是江西人民在本地區開發過程中生產、生活面貌的重要體現之一，是認識和了解江西歷史文化的重要途徑，是本地區的重要歷史文化遺產，其中許多已成為國家非物質文化遺產，馳名中外，如景德鎮手工製瓷技藝、鉛山連四紙製作技藝等等（具體見各章節介紹）。這些文化遺產，成為我們研究江西歷史文化的一項不可或缺的內容。深入開發這種文化資源，必將對江西的發展有著積極的意義。

第五節 ▶ 資料來源與寫作框架

近年來，江西民俗研究引起許多學者的關注，並取得了較為豐碩的成果，出版了一批有分量的學術專著和論文，其中既有對江西民俗的整體性研究，主要有《江西民俗》（余悅主編，甘肅人民出版社 2004 年版）和《江西民俗文化敘論》（余悅、吳麗躍主編，光明日報出版社 1995 年版）等等；也有對其中某一事象進行的專門性探討，如《江西戲劇文化史》（龔國光著，江西人民出版社 2003 年版）對江西戲劇民俗的研究、《江西飲食文化與風情》（李鴻主編，新華出版社 1999 年版）對江西飲食風俗的探討，等等。可以說，江西民俗研究已經取得了不錯的成就。

本次承擔的江西民俗是作為贛文化通典的子內容，因而在寫作安排上主要是以資料搜集、整理為主，在此基礎上進行適當的論述和分析，因此主要是對江西的民俗文化和事象的現狀進行描述，並敘述其發生、發展的變遷歷程。

一、主要資料來源

本研究主要依據的資料分為兩部分：一是相關歷史文獻，主要包括地方史志資料、名人文集、筆記和詩歌、正史政書、檔案資料以及民間譜牒、碑刻資料等；一是現當代文獻資料，主要有當代地方志書、相關論著、文史資料、非物質文化遺產申報資料以及口述資料、相關專業網站資料等等，特別是各地政府相關部門採集的豐富的非物質文化遺產申報資料，成為本文的重要資料

來源。

地方志資料為本文主要資料來源之一。江西歷來為「文章節義之邦」，各朝各代亦都重視編史修志，本文主要搜集了明清至當代編撰的江西地方志資料，這些方志中包含了豐富的民俗資料內容。

各地政府相關部門採集和整理的非物質文化遺產申報資料也是本文的重要資料之一。近年來，在非物質文化遺產申報進行得如火如荼之際，各地政府部門開展了對許多民間文化遺產的搜集和整理工作，並申報成功一大批國家級、省級和市級等不同級別的非物質文化遺產。

歷史時期的各種地方文集、筆記和詩歌等也是不可或缺的資料，它多為當事人親身經歷，其記述更貼近社會生活，具體而生動，涉及當時的社會民俗民情，為現在的民俗研究提供了重要的輔助。

二十世紀五〇年代以來，各地政協文史委員會陸續編輯出版了包含有反映地方民俗風情在內的文史資料，對近代以來的地方民俗多有記載，也是民俗研究的重要資料來源。

此外，還有一些學者專門搜集的描述各地風俗的著作，如胡朴安的《中華全國風俗志》等；檔案資料，主要是清代以來的檔案，主要是涉及一些工商業發展情況的資料；民間譜牒中記載的族群、村落的村規民約等；正史政書中對江西各地生產發展和民情風俗的記載；民間還在流傳著的民歌、傳說故事、謠諺；等等，所有這些構成了本文的資料來源。當然，限於各方面的因素所限，特別是筆者的知識和水平所限，本書不可能做到將所有相

關資料全部搜集和整理，敬請專家和讀者諒解。

二、主要寫作內容及框架

　　本書的主體內容分為農業民俗、商業組織與商事習俗、傳統手工業技藝與行業習俗、服飾民俗、飲食民俗、建築和居住民俗、家庭與宗族民俗、歲時節令民俗、人生禮俗、民間信仰和民間藝術等十一部分，另加上導言和結論部分，共為十三章。

　　在導言部分主要是對民俗及民俗研究的相關內容進行簡單概述，如民俗的基本內涵及其與相關學科之間的關係等；並介紹基本資料來源及全文的架構。

　　農業民俗部分主要是圍繞農耕節氣、農耕禮儀、農作技法、漁業生產和養殖習俗以及林業生產習俗等內容進行描述，對江西地區的農業生產和生活習俗進行了較為全面的介紹。商業與手工業民俗部分主要是對江西各地的商業活動習俗與禁忌、民間貿易和借貸習俗、傳統手工業生產和行業習俗等內容進行較為系統的介紹。

　　服飾民俗部分主要是對江西各地民眾的衣著、修飾等習俗進行較為全面的梳理。飲食民俗部分主要是對江西各地民眾的日常飲食、節日與祭祀飲食、待客食俗與禁忌以及一些特殊的食俗進行全面的介紹和分析。建築和居住民俗部分主要是對江西各地的房屋建築的建造、宅院格局、室內陳設、居住習俗等進行系統詳細的闡述。

　　家庭與宗族民俗部分主要對江西各地的家庭、宗族與祭祀習俗進行系統的分析。人生禮俗部分主要是對各地民眾的生育、成

年、婚嫁、祈福賀壽、喪葬等方面存在的禮儀習俗進行系統全面的描述。歲時節令習俗部分主要對傳統歲時、節日和現代節日民俗進行綜合描述。民間信仰部分主要是對江西各地的鬼神崇拜、民間巫術及驅疫習俗進行綜合的介紹。民間工藝部分主要是對江西各地的工藝美術、民間曲藝、民間舞蹈、民間雜技與競技等方面進行較為系統詳細的闡述。

最後為結語部分，著重從橫向與縱向的視角，對民俗與地方歷史文化的關係進行總結和歸納，以促進當前民俗文化研究的發展。

農業生產習俗

自古以來，江西省就是一個農業比重較大的省份，農業生產在整個社會生產中占據著突出的地位和作用。由於地理、氣候等因素的影響，本地區的農業生產主要以稻作農業為主，兼及棉花、花生、玉米等旱作農業，以及湖區的魚類捕撈、養殖業和山區的林木種植業等等。在千百年來的農業生產過程中，各地區的人們結合當地生產實踐，逐漸形成了眾多的異彩紛呈的農業生產習俗，其中既有人們對自然生產規律的發現和總結，如農耕節氣和時令的產生等；也有在此基礎上形成的生產習慣，如時令諺語等；還有人們在生產過程中產生的觀念和認識，如祭神祈福等。

新中國成立以後，特別是二十世紀八〇年代以來，隨著農業科學技術的飛速發展以及傳統農業經濟體制的改革，農業生產出現了同以往完全不同的變化，如農業耕種、施肥、治蟲等開始運用現代化科技管理；反季節蔬菜、瓜果等塑料大棚種植不斷湧現；許多農戶脫離農業生產勞動，專門從事商業活動；部分農戶大面積承包土地，實行集約化經營，成為農業生產大戶；等等。傳統的農業生產習俗也因而發生了重大變化，許多傳統的習俗消失，一些新的生產習俗產生。

第一節 ▶ 農業生產及農耕時令

　　江西廣大農民在長期的生產實踐中觀測天象，察看物候，體驗寒暑，把握時令，同時備受自然災害之苦，總結出了許多經驗和教訓，再昇華為諺語和格言，用來服務於生產、生活。它在準確程度上雖然和現代科學不能相比較，但在相當長的歷史階段中，確實發揮過良好的指導作用。

一、農業生產

（一）農業生產狀況

　　江西地區開發歷史悠久，萬年縣仙人洞稻米遺址、修水縣山背遺址稻穀遺跡等，加上省內其他地區出土的新石器晚期遺址中很多石斧、石鏟、石刀等生產工具，說明至少在五千年前江西就已經有了以種植水稻為主的農業生產。

　　春秋戰國以後，隨著鐵農具和牛耕的使用，農業逐步發展，糧食產量更加豐足，位於贛江岸邊的新幹縣界埠鎮袁家村發現的兩座大型戰國糧倉遺址，為全國之最，反映了當時本地區糧食生產的能力。

　　進入魏晉以後，江西水稻栽培面積擴大，大米品質日益良好。陶淵明《歸園田居》詩中反映了贛北彭澤、柴桑（今九江）等地栽種稻豆桑麻的情景：「九月西田獲早稻」、「種豆南山下」、

「雞鳴桑樹顛」等。[1]雷次宗《豫章記》也記載了南昌地區「嘉蔬精稻，擅味於八方」；王孚《安成記》則記載了安福的一些地方「田疇膏腴，厥稻馨香，飯若凝脂」。[2]由於盛產稻米，水運交通便捷，所以在王朝頻繁更替的過程中，江西軍糧供應較多。根據《隋書》記載，東晉南朝時期，在京城以外設置的大糧倉，約三分之二在江西境內（豫章郡）。[3]

隋唐時期，江西贛東北等廣大地區得到開發，唐代詩人曾描繪了鄱陽湖平原水稻生產的盛況：「鄱陽勝事聞難比，千里連連是稻畦。」[4]除水稻外，江州（今九江等地）、饒州（今上饒等地）兩地區開始種麥。

兩宋至元時期，江西農業生產進入全面興旺階段，掀起了梯田開發的高潮，出現了「良田多占山岡」的局面[5]，時人范成大在遊覽宜春仰山時看到「嶺阪之上，皆禾田層層，而上至頂，名梯田」[6]，楊萬里也記載了信州（今上饒）石磨嶺的梯田開發狀況，「嶺皆創為田，直至其頂」。這時期水稻品種增多，曾安止

1　（梁）沈約撰：《宋書》卷九十二《陶潛傳》，中華書局 1974 年版。
2　（南朝）王孚：《安成記》，（唐）徐堅等著：《初學記》卷二十六《器物部·飯第十二》，中華書局 1962 年版。
3　（唐）魏徵等：《隋書》卷二十四《食貨志》，中華書局 1977 年版。
4　（清）彭定求等編：《全唐詩》卷四百九十六，姚合：《送饒州張使君》，三秦出版社 2008 年版。
5　（清）徐松輯：《宋會要輯稿》食貨七之四十六，中華書局 1957 年版。
6　（宋）范成大撰：《驂鸞錄》，《范成大筆記六種》，孔凡禮點校，中華書局 2002 年版，第 52 頁。

《禾譜》一書中記載僅泰和、吉安地區的水稻品種就達五十多種。另外，小麥種植已普遍，成為民眾的口糧之一，元代後棉花開始推廣種植。

明清以來，隨著廣大山區的進一步開發，江西成為全國稻米的主要產區，稻種進一步增多，《天工開物》記錄達九十多種，贛南各縣及遂川、萬安等縣開始推廣雙季稻種植。此外，棉花、番薯、玉米、甘蔗、煙草、苧麻、藍靛等許多旱作物逐步廣泛種植，農業經濟作物增多，農業出現新的變化。

新中國成立後，農藥化肥開始推廣，並積極改造低產田，改單插為雙插，特別是優良稻種及雜交稻的推廣和農業機械的適當應用，糧食產量成倍增長，改變了過去傳統的種田習俗。二十世紀八〇年代以來，隨著家庭聯產承包責任制的貫徹實施，精耕細作進一步與科學技術相結合，噸糧田大量湧現。拖拉機耕作、排灌電氣化、除蟲劑和除草劑的施用，化肥的大量增加，水稻等進一步良種化，已成為新的農業生產習慣。

（二）農作物種類

江西農業生產歷史悠久，境內河流湖泊眾多，土地肥沃，氣候四季分明，適宜農作物的生產。自古以來，本地區稻作農業一直占據主導地位，兼以種植其他類作物。在長期的社會生產過程中，農作物生產條件和種類不斷得到改進，種類逐漸豐富。農作物種類主要分為糧食作物類、經濟作物類、蔬果類等多種，其中糧食作物類主要有水稻、大麥、小麥、玉米（苞粟）、大粟、小粟、蕎麥、高粱粟、黃豆、黑豆、胡麻等，各種類中又有不同的

類型。在長期的生產發展過程中，江西各地區既種植了一些相同的農業品種，也培育了一些結合當地生產環境和條件因素下的特色品種。

1. 糧食作物。本地區糧食作物主要以水稻為主，稻穀種植歷史悠久。萬年縣仙人洞稻米遺址、修水縣山背遺址稻穀遺跡等，說明至少在五千年前江西就已經有了以種植水稻為主的農業生產。[7]《史記》中也記載了當時包括江西在內的江南地區的水稻生產狀況：

> 衡山、九江、江南、豫章、長沙，是南楚也……總之，楚越之地，地廣人稀，飯稻羹魚，或火耕而水耨，果蓏蠃蛤，不待賈而足……[8]

至宋代時期，江西地區的水稻品種得到大幅增加，泰和人曾安止的《禾譜》一書中記載了當時泰和、吉安地區的水稻品種達五十多種。[9]明代稻種進一步增多，依據當時地方文獻記載，當時江西地區的水稻品種大概有早稻二十八種、中稻二十六種、糯

---

7 江西省文物管理委員會：《江西萬年大源山仙人洞洞穴遺址試掘》，《考古學報》1963 年第 1 期；江西省博物館：《江西萬年大源山仙人洞洞穴遺址第二次發掘報告》，《文物》1976 年第 12 期。

8 （漢）司馬遷：《史記》卷一百二十九《貨殖列傳》，中華書局 1982 年版。

9 曹樹基：《〈禾譜〉及其作者研究》，《中國農史》1984 年第 3 期。

稻二十八種、晚稻五種、旱穀三種，共計達九十種。[10]其中包含
了許多有明確地名標記的品種，如「雲南早」、「湖廣糯」、「陝
西糯」、「池州占」、「贛州早」、「饒占」等。不同稻穀種類的種
植，既是本地區土地開發利用的反映，也滿足了廣大民眾的生活
需要，促進了糧食產量的增長和地方經濟的發展。旱穀中的「救
公飢」，在江西廣大地區普遍種植，主要是由於生長期限較短，
可以解決春夏糧荒，因而為廣大貧苦農民所接受。許多地方志中
都有記載，茲舉數例如下：

> （宜春）五十日占，俗名救公飢，熟最早，然不廣種，
> 少蒔以接糧。[11]
> （樟樹）稻，名目不一，有一種最早熟者名「救公飢」，
> 色白味香。[12]
> （南城）救公飢，三月種，五月熟，他種青黃不接而此
> 種先可食。[13]

在解決糧荒的基礎上，本地區也種植了一些優質的稻種，
如：

10　許懷林：《〈天工開物〉對稻種記述的得失》，《〈天工開物〉研究》，
　　　中國科技出版社 1988 年版。

11　正德《袁州府志》卷二《土產》，《天一閣藏明代方志選刊》本。

12　隆慶《臨江府志》卷六《土產》，《天一閣藏明代地方志選刊》本。

13　正德《建昌府志》卷三《物產》，《天一閣藏明代地方志選刊》本。

（南城）八月白，晚稻極早熟者，香白，尤可貴，又名「銀珠米」，韓駒詩「起炊曉甑八月白」是也。[14]

　　（東鄉）白沙占，立秋後乃熟，宜為粉線，宋時崇仁人善製，經進名曰米覽；早糯，米白而多，以釀酒，酒清而多。[15]

　　（宜春）晚糯，粒大而堅，用此造經冬酒。[16]

　　清代以後，稻穀種類進一步豐富。清初雙季稻開始出現，雍正五年（1727 年）雍正帝聞聽「江南、江西、湖廣、粵東數省，有一歲再熟之稻」[17]，當時主要是在贛南各縣推廣，贛中地區與贛南接壤的遂川、萬安等縣也有種植。

　　（會昌）會邑三十年以前田種翻稻者十之二，種麥者十之一，今則早稻之入不足以供，於是有水之田至秋盡種翻稻。[18]

　　清乾隆時期，在江西西部山區，隨著閩粵移民的大量移入，帶來了一些適合山區種植的水稻品種，於是這些地區也開始出現

14　正德《建昌府志》卷三《物產》，《天一閣藏明代地方志選刊》本。

15　嘉靖《東鄉縣志》卷上《土產》，《天一閣藏明代地方志選刊》本。

16　正德《袁州府志》卷二《土產》。

17　《清世宗憲皇帝實錄》卷五十四，雍正五年三月庚寅，《清實錄》第7冊，第813頁。

18　乾隆《會昌縣志》卷十六《土物》，乾隆十六年刊本。

雙季稻種植。

（宜春）穀之屬：占穀，以得種於占城而名，紅白二種，有五十日占，名救公飢，熟最早；有六十日占、八十日占、百日占，又有大占、須占、贛州早、團穀早；糯穀，稻之黏者即秫，可為酒，製釀餌間用之。早糯以七月熟，晚糯以十月熟，晚糯為佳，其名有白殼糯、矮腳糯、鴨婆糯、重陽糯、子江糯。[19]

（撫州）穀之屬：粳稻，粳同稉，俗呼曰占，以得種於占城也……其穀有早晚、紅白樹種。早稻春種夏收，晚稻夏種秋末收，早稻穫後再下秧，十月收，謂之兩番。穀差小而力薄，腴田多有之。其類有五十日占、六十日占、百日占、白沙占、大穀占、細穀占、救公飢、粳米、青絲粳……糯，稻之黏者，一名秫，可為酒，其類有重陽糯、清流糯、老人糯、紅殼糯、石冊糯、五十日糯、三友糯、光頭糯。[20]

（新幹）五穀：粳，李時珍曰粳乃穀稻之總名，以晚稻為粳者非。有早中晚三收，六七月收者為早粳，八九月為遲粳，十月收者為晚粳，其種近百，各各不同，俱隨土產而異也。稻，一名稌，一名糯，新淦有早糯，六月收，作酒，味永；有大糯，九十月熟，粒最長大最白，可炒為爆花糖黏為

---

19 乾隆《袁州府志》卷七《物產》，乾隆二十五年刻本。
20 同治《建昌府志》卷一《地理志·風俗》，同治十一年刊本。

團；有桂花糯、八月熟；有石殼糯，即虎皮糯。秈，即占
稻，早稻也。[21]

到清代中後期，水稻雙季連作開始在全省各地得到推廣，其
中贛南等地還盛行雙季三熟制。

（贛州）稻有早、中、晚三種。早稻，春種夏收；中
稻，春種秋收；晚稻，於刈早稻後下種，十月始收。種雖有
三，實二收而已。[22]

由於水稻種植的要求以及地理氣候條件等因素的影響，限制
了江西廣大山區水稻種植的力度，而番薯、玉米、土豆等旱作物
則具有耐旱耐瘠的特點，適宜在山區種植。於是，隨著明中後期
閩粵民眾的大量移入，這些由國外傳入閩粵一帶地區的旱作物也
開始傳入江西地區，成為廣大山區普遍種植的糧食作物，促進了
廣大山區的開發。至清代中期，江西各地開始普遍種植。這些旱
作物可以代替稻米充飢，而且產量較高，生長環境要求較低，因
而得到廣大民眾的喜愛，迅速在各地普及種植。贛南山區農民種
山鑱嶺，「朝夕果腹多包粟、薯、芋，或終歲不米炊，習以為

21　同治《新淦縣志》卷一《地理志‧物產》，同治十二年刻本。
22　同治《贛州府志》卷二十一《物產》，同治十二年刊本。

常」²³；九江地區的農民種植經驗是：「芋之收倍於稻，薯之收倍於芋。」²⁴

（南昌）穀之屬：蕎麥，秋種冬收，喜雨惡晴忌風，其粒磨為粉，用代稻粱。御米，又名包蘆，即玉米，俗呼金豆，莖葉類粟，附莖著包裹米，米如石榴子，有紅、黃、白、烏數種，可煮食，亦可磨粉為圓，寧州、武寧種最多者，長年藉此以為糧，近南昌亦有焉。綠豆，南昌多種。黑豆。鴨掌粟，其穗如鴨掌。甘薯，有山薯、番薯二名，山田皆可種，生熟皆可食，性補脾，然經風霜易爛，人多掘土窖藏之，切為絲片曝之，以為餱糧，磨碎製粉，潔白如雪，與蕨粉同。²⁵

（宜春）穀之屬：粟，即粱也，有占粟、糯粟、黍子粟、草子黍等名，山鄉涸田種之。豆，即菽也，有黃豆、黑豆、青皮豆，刈禾後種，其紅豆、絳豆、綠豆、豌豆、泥豆、蛾眉豆，皆取山間及隙地種之。芝麻，即胡麻也，黑者良，白者名油麻，可榨油。²⁶

（撫州）麥，有大、小二種，小麥四月收，大麥三月收，俗名三月黃。蕎麥，蕎同莜，一名烏麥，一名花麥，霜

23　同治《贛州府志》卷二十《輿地志・風俗》。
24　同治《九江府志》卷九《物產》，同治十三年刊本。
25　同治《南昌府志》卷八《地理・土產》，同治十二年刊本。
26　乾隆《袁州府志》卷七《物產》。

降收。菽，豆之總名，黃豆、赤豆、黑豆、綠豆、青皮豆、花給豆、杏色豆、絹帶豆即豆角、金豆、紅豆、表裡豆……狗尾粟，一名魚子粟，夏種秋冬間收，赤者曰糯粟，可釀酒；白者可飯可粥，可為餈餌。高粱，土人稱高粱粟，高丈許，似蘆荻，粒大如菽，可為燒酒，亦可作餈餌，梢可作帚；莖可織箔編籬；殼浸水色紅，可染酒，春種秋末收，山田宜之。雞爪粟，脂麻，即胡麻也，種出大宛，黑者為良，白者名油麻，可榨油；一葉兩莢者名巨勝；六月熟者名火麻，一名大麻。[27]

（崇義）穀類：粳，有早、晚二種。秫，早穀，山種。蕎麥，高粱粟，黃豆，黑豆，胡麻。[28]

（新幹）五穀：小麥（秋種冬長，春秀夏實，具四時之氣）、大麥（一名牟麥）、蕎麥（一名烏麥，立秋下種，性最畏霜）、稷（稷與黍一類，二種黏者為黍，不黏者為稷，稷可作飯，黍可釀酒，猶稻之有粳與糯也，今俗通呼為黍子，不復呼為稷矣，苗似蘆，其粒疏散成枝）、稷、黍、粱、粟（今人專以粱之細者名粟，黏者乃為秫，不黏者為粟，北人謂之小米）、秫（一名糯粟，北人呼為黃米，釀酒汁少於黍米）、蜀黍、大豆、綠豆、豌豆、蠶豆、紅豆、藕

27 同治《建昌府志》卷一《地理志‧風俗》。
28 同治《崇義縣志》卷四《物產》，同治六年刊本。

豆（蛾眉豆）、刀豆、黎豆、白豆（飯豆）、胡麻。[29]

2. 經濟作物。本地區經濟作物主要有甘蔗、煙葉、藍靛、棉花、茶、黃麻、黑麻、油菜、芝麻、花生、苧麻、席草、棕蓮子以及藥材紫蘇、荊芥、白芍、白韭、枳殼、黃梔子、杜仲、車前子、黃柏等多種。

煙葉、甘蔗、藍靛等經濟作物主要是在明代後期傳入江西地區的。明後期，贛南開始種植煙草，及至清中期，已經擴至三十多個縣份。同治《贛州府志》記載贛州府「屬邑遍種之」[30]；道光《寧都直隸州志》記載寧都州「無地不種」[31]；等等。

藍靛種植也隨著紡織業對染料的需要而發展起來。明中期以後，南安、吉安二府的山區，「四方商民種藍期間」。如乾隆《泰和縣志》記載，在成化末年到弘治年間，泰和縣已種植藍靛，不過當時還不甚普遍：

> 本縣土產藍草，長尺四、五寸，故其為靛，色雖淡而價甚高。由於土人少種故也。成化末，有自福汀販買藍子至者，於是洲居之民，皆得而種之。不數年，藍靛之出與汀州無異，商販亦皆集焉。[32]

29　同治《新淦縣志》卷一《地理志‧物產》。
30　同治《贛州府志》卷二十《輿地志‧風俗》。
31　道光《寧都直隸州志》卷十二《物產》，道光四年刊本。
32　乾隆《泰和縣志》卷五《食貨志‧土產》，乾隆十八年刊本。

此外，建昌、饒州、九江等府也有不少農民種植藍靛，樂平、餘干等縣由於出現藍稻爭田，導致糧食產量減少。

甘蔗，起初種植於贛南、贛東及贛東北等地，後來逐漸發展到全省境內各地。贛州府屬各縣都有種植，以贛縣、雩都、信豐最多，道光《寧都直隸州志》記載：「西北巨商，舟載交易，其利數倍」[33]。開始時主要種在高阜旱地，後來由於利潤超過豆麥，種植面積擴大，由高而旱的沙土之地延伸到肥沃的稻田。同治《南康縣志》中記載：「嘉、道以來，種植繁多，埒於禾稼，核其收入，幾與閩、廣爭利矣。」[34]

棉花，在南宋時期就已有種植，明清時期日益普遍，產量豐厚，主要銷往蘇湖等棉紡發達地區。由於這些作物適應性強、耐旱，提高了土地利用效率，擴大了耕地面積，「凡山頭地角，靡不開墾殆盡」。種棉主要在九江、湖口、彭澤、南昌、樟樹、贛州等地有較大的發展。

（永豐）枲之屬：麻（可為布，苴麻喪服所用，俗謂之黃麻，又可為繩為履，以夏至前十日下子，耕鋤兩遍，拔其細弱者，旱亦不至全損）、苧（初種用子種，後宿根自生數年後多糾結，即須分栽，苗長數寸，即用糞和半水澆之，澆

33 道光《寧都直隸州志》卷十二《物產》，道光四年刊本。
34 同治《南康縣志》卷五《土產》，同治十一年刊本。

必以夜，最忌豬糞，歲可三刈，解其皮刮之績為夏布）、葛、棉花（有紫白二種，史照釋文二三月下種既生一月三薅至秋生黃花結實及熟時其皮四裂其中綻出如棉，取以為布，甚軟白，鄉村種之）。³⁵

（新幹）藥品：橘皮、香附、茯苓、山薑、元參、苦參、半夏、谷精草、雞頭實、何首烏、益母草、車前子、桑根皮、地骨皮、旱連草、木瓜、葛根、五加、蛇床子、白藥、冬青、薄荷、菖蒲、艾、枳殼、烏藥、牽牛子、槐實、紫蘇。³⁶

（安義）藥之屬：半夏、橘梗、南星、薄荷、旱蓮、蒲公英、天門冬、麥門冬、紫蘇、射干、山豆根、香菇、夏枯草、管仲、金毛狗脊、厚朴、青木香、大黃、枳實、青皮、陳皮、蒼術、紅牛膝、車前子、苦參、白茯苓、金銀花、益母草、黃精、土茯苓、天花粉、梔子、覆盆子、金櫻子、甘葛花、枳具子、石菖蒲、蛇床子、茱萸、烏藥、花椒、獨腳蓮、甘菊花。³⁷

（高安）藥之屬，有天南星、有牽牛子、車前子、麥門冬、有香附子、有山梔子、有枸杞子、有楮實子、有何首烏、有益母草、有紫蘇、有蒼耳、有甘菊、有菖蒲、有蒼

---

35 同治《永豐縣志》卷五《地理志‧物產》，同治十三年刻本。

36 同治《新淦縣志》卷一《地理志‧物產》。

37 同治《安義縣志》卷一《地理志‧物產》，同治十年刊本。

術、有薄荷、有桃仁、有槐花子。[38]

蔬果類主要有青菜、白菜、芥菜、辣椒、茄子、大蒜、蘿蔔、番茄、韭菜、香蔥、冬瓜、南瓜、絲瓜、黃瓜、芹菜、菠菜、萵苣、莧菜、豆角、田藕等蔬菜類和柑橘、棗子、柿子、橙子、桃子、枇杷、石榴、李子、楊梅等水果類。茲舉數例如下：

（安義）蔬之屬：芥菜、白菜、油菜、萵苣、波稜、茼蒿、苦菜、芹菜、薑、蔥、蒜、韭、芫荽、胡蘿白、王瓜、南瓜、絲瓜、梢瓜、香瓜、冬瓜、瓠、葫蘆、茄、薯蕷、腳板薯、芋、山藥、蕨、筍、茭筍、菌、百合、辣椒、豆芽、茨菇、蘿蔔、藠頭；果之屬：桃、楊桃、葡萄、棗、梨、棠梨、柿、柑、橘、橙、柚、獅頭柑、梅、枇杷、銀杏、木瓜、石榴、無花果、猴梨、大栗、菱角……[39]

（宜春）蔬之屬：薑、菘、芥、芹、白菜、空心菜、薯蕷、萵苣、茨菇、甜菜、豆角、茄、芋、莧、石耳、蕨、冬瓜、油菜、黃瓜、絲瓜、茼蒿、辣椒……果之屬：桃、李、梅、銀杏、楊梅、石榴、梨、棗、栗、柿、枇杷、橙、橘、金橘、木瓜、西瓜、蓮子、菱角、藕、佛手柑……[40]

38　同治《瑞州府志》卷二《地理志二‧物產》，同治十二年刻本。
39　同治《安義縣志》卷一《地理志‧物產》。
40　乾隆《袁州府志》卷七《物產》。

（崇義）蔬類：雪瓜（類似西瓜而長）、番瓜（青黃二種）、瓠、番椒、土瓜、苦瓜、油菜、苦菜、香椿、芹菜、木耳、白菜、葵、絲瓜、韭、蔥、蒜、蕨、蛾眉豆、刀豆、薯、芋、冬瓜、春筍、冬筍、茭筍、落花生、銀杏、金柑、菱角、甘蔗、蜜桃、橘、柚、橙、香柑、西瓜、葡萄、栗、枇杷……[41]

（撫州）蔬之屬：韭、蔥、蒜、芥、薑、菘、白菜、萊菔、山藥、薯蕷、芋、萵苣、菠菱、葵菜、蕹菜、茼蒿、苦蕒、匏瓜（一名壺蘆）、黃瓜、越瓜（土名梢瓜）、南瓜、苦瓜、香蕈、石耳、茴香、薑、蒔蘿、茄椒、暖姑（同糯米，糅之可為瓷餌）；果之屬：梅、李、櫻桃、梨、杏、銀杏、石榴、栗、柚、枇杷、楊梅、郁李、西瓜、土瓜、甘蔗、蓮子……[42]

二、農諺與耕作

中國農業在很大程度上受到「天時」的影響，因此，掌握節氣變化，因地制宜，不違農時地安排農事活動，使莊稼的生長發育過程充分適應自然氣候條件，是發展農業生產的一條重要原則。江西民眾根據多年來對本地區天時節令規律的關注，積累了許多的經驗和教訓，概括出了眾多農業諺語，成為生產生活中重

41　同治《崇義縣志》卷四《物產》。
42　同治《建昌府志》卷一《地理志‧風俗》。

要的「天氣預報」，給本區域農業生產帶來了便利。

具體來說，二十四節氣的名稱和順序依次是：立春、雨水、驚蟄、春分、清明、穀雨、立夏、小滿、芒種、夏至、小暑、大暑、立秋、處暑、白露、秋分、寒露、霜降、立冬、小雪、大雪、冬至、小寒、大寒。

二十四節氣的劃分與命名反映了季節、氣候、物候等自然現象的變化。其中，立春、立夏、立秋、立冬是用來反映季節的更替，將一年劃分為春、夏、秋、冬四個季節。春分、秋分、夏至、冬至是從天文角度來劃分的，反映了太陽高度變化的轉折點。而立春、立夏、立秋、立冬則反映了四季的開始。由於中國地域遼闊，具有非常明顯的季風性和大陸性氣候，各地天氣氣候差異巨大，因此不同地區的四季變化也有很大差異。

小暑、大暑、處暑、小寒、大寒等五個節氣反映氣溫的變化，用來表示一年中不同時期寒熱程度；雨水、穀雨、小雪、大雪四個節氣反映了降水現象，表明降雨、降雪的時間和強度；白露、寒露、霜降三個節氣表面上反映的是水汽凝結、凝華現象，但實質上反映出了氣溫逐漸下降的過程和程度：氣溫下降到一定程度，水汽出現凝露現象；氣溫繼續下降，不僅凝露增多，而且越來越涼；當溫度降至攝氏零度以下，水汽凝華為霜。小滿、芒種則反映有關作物的成熟和收成情況；驚蟄、清明反映的是自然物候現象，尤其是驚蟄，它用天上初雷和地下蟄蟲的復甦，來預示春天的回歸。

這些由民間集體創造並於口頭流傳的諺語，是人們生產和生活過程中豐富智慧和普通經驗的規律性總結。它們大都言簡意

駭，句式整齊定型，充滿著藝術韻味，不僅通俗易懂，且帶有豐富的哲理性。此外，也還具有一定的地域性，如常出現「冇」（沒）、「熊（丑）」、「唔（不）」等方言詞語。

（一）二十四節氣農諺

江西農業耕作生產具有明顯的季節性與周期性，人們習慣於遵循著二十四節氣規律安排農事活動，民間流傳著眾多相關節氣農諺。

1. 立春。人們認為立春日天氣與年景有關，各地民眾過去常以此日晴雨情況占示本年豐歉。俗以為立春日宜晴不宜雨，如果這天下雨則從此後一直到清明都是以雨天為主，反之則大都為晴日，這對春季農業生產有著重要影響。

（瑞昌）以立春、冬至風雨，卜年豐凶。[43]

（都昌）常以是日雨晴占水旱。最喜立春晴一天，農夫不用力耕田。[44]

（信豐）立春三日雨淋淋，陰陰濕濕到清明。（南昌）立春落雨到清明，一日雨來一日晴。（新建）立春晴，一春晴；立春雨，落到清明止。（銅鼓）立春晴一日，耕田不用力。（宜春）立春陰，作田好擔心。（南豐）立春晴，百物

43　同治《瑞昌縣志》卷一《地理志‧風俗》，同治十年刻本。

44　同治《都昌縣志》卷一《封域志‧風俗》，同治十一年刊本。

好收成。（安遠）立春晴一刻，作田不費力。[45]

此外，立春也預示著春天的開始，天氣開始轉暖，各地有許多反映立春氣候變化的相關農諺。

（萍鄉）立春一日，水暖三分。（新幹）立春三日，水暖三分。（宜春）立春三日，百花其出。（崇仁）立春一日，百草回春。（廣昌）立春早，日暖早。（資溪）立春三夜，遍地生芽。（吉水）立春三日，百草發芽。

但是，立春之後本地區還常會出現寒潮低溫和雨雪天氣，對農作物特別是越冬作物造成較大損害，民眾有「立春打霜，當年爛秧」、「立春打霜三朝旱，三朝春霜收禾稈」等諺語。

由於立春象徵著春季的開始，各地民眾於此後開始進入農事安排期，出現了許多反映農事耕作安排的農諺。

（九江）立春雨水二月到，田上事事要趁早。（撫州）二月立春雨水到，春耕事事準備好。

45 上述農諺參見舒信波主編《中國諺語集成·江西卷》，《自然諺·節氣》，新華書店出版社 2003 年版。下文中所選農諺，凡沒有注明出處的，均出自該文，後不贅述。

另外，一些地方民眾也有「立春栽樹」[46]之諺，在立春後開始植樹造林活動。

2. 雨水。從雨水節開始，江西地區的降雨量逐漸增多，這天下雨與否成為人們預測後期天氣的重要參考，各地區產生了一些相關的農諺：

（宜黃）雨水雨淋淋。（新幹）雨水節，落不歇。

雨水節氣的天氣特點對農作物生長有很大的影響，人們抓住這一時機，對農作物主要是越冬作物進行施肥鋤草，安排一系列的農業生產，產生的農諺主要有：

（吉安）雨水有雨莊稼好，大春小春一片寶。（撫州）立春天漸暖，雨水送肥忙。（豐城）過了雨水天，農事接連連。（崇義）雨水後，莫栽豆。（宜春）雨水、驚蟄節，柑橘好嫁接。

3. 驚蟄。在江西地區，驚蟄處於冬春季節交替時期，會出現初雷雨或連續陰雨。人們認為，若春雷出現在驚蟄之前，則會有一個持續的陰濕寒冷天氣，有一系列反映此情形的農諺：

46　《清江縣志》第二十七篇《社會》第五章《謠諺》第一節，諺語·生活、生產，上海古籍出版社 1989 年版。

（瑞金）雷打驚蟄節，二月雨不歇。（新幹）驚蟄響雷，小滿發水。（宜黃）雷打驚蟄前，大小有三翻（返寒三次）。雷打驚蟄天，四十八天雨綿綿。（廣昌）驚蟄前雷三交雪。（臨川）驚蟄不凍蟲，寒到五月中。（新建）雷打驚蟄前，二月雨綿綿。（南昌）雷打驚蟄邊，四十五個陰雨天。（萍鄉）未驚先驚，四十八天陰。

而驚蟄前後的雷雨又影響到農民的生產耕作，人們常根據天氣變化安排農耕活動。驚蟄前降雨，高山地帶受益，其受雨後土質濕潤鬆軟，適宜栽種穀物；而驚蟄後降雨，因時間和土壤關係，則不再適合種稻，而應改為種豆。在驚蟄之前，農戶準備充足秧穀，到春分時進行播種，穀雨時則進行插秧。在此過程中，各地產生了一系列的農諺：

（靖安）雷打驚蟄前，高山好作田。[47]（於都）有食無食，做到驚蟄；驚蟄一過，大家發狠做。（樂安）驚蟄寒，秧成團；驚蟄暖，秧成稈（禾苗長得不好）。（贛州）雷打驚蟄前，高山好種田；雷打驚蟄後，爛泥巴種豆。（上饒）雨打驚蟄前，高山好作田；雨打驚蟄後，黃山種黃豆。（南豐）雷打驚蟄前，三月耙乾田。（玉山）驚蟄響雷公，種山

47 《靖安縣志》卷三十三《謠諺、傳說》第二章《諺語》第二節，農事諺語，江西人民出版社 1989 年版。

喝西風。（萬年）雷打驚蟄前，無水做秧田。（宜春）過了
驚蟄節，農夫無閒歇。（新余）到了驚蟄節，春耕不停歇。
（安義）雷打驚蟄前，高山為種田。（興國）驚蟄以前做足
秧，穀雨以後忙插秧。

　　驚蟄節氣的氣溫變化較大，人們常根據這一天的冷暖風向預
測其後春分、清明一段時間的天氣，出現了一些相關的農諺：

　　（南昌）驚蟄不凍，冷到芒種。（萍鄉）冷驚蟄，暖春
分；暖驚蟄，冷春分。（吉水）冷驚蟄，暖秋分，暖驚蟄，
冷秋分。

　　驚蟄過後天氣升溫，蟄伏的冬眠動物甦醒並四處活動，民間
出現了許多相關的農諺：

　　（宜春）驚蟄過，暖和和，蛤蟆老角唱山歌。驚蟄蛤蟆
叫，懶人拍手笑。（吉安）驚蟄不放蜂，十箱九箱空。驚蟄
過，暖和和，蛤蟆來唱歌。（黎川）驚蟄雷動，蛇蟲出洞。

　　4. 春分。由於這一天陽光直射赤道，晝夜等長，此後晝長
於夜，農諺有「春分秋分，晝夜平分」、「吃了春分飯，一天長
一線」等。
　　春分後，農作物進入到春季生長階段。民間多以立春之後的
第五個戊日作為春社日，人們常通過春分、春社的時間順序來預

測當年的農業豐歉，產生了許多相關的農諺：

（南昌）先分（春分）後社（春社），米穀漲價；先社後分，米穀滿囤。[48]（萍鄉）分在社前米貴，社在分前米賤。[49]（資溪）前分後社，米穀分家；前社後分，米穀到墩。

江西各地在春分前後開始進入農事耕作時節，人們種瓜、種菜、插秧，產生的農諺主要有：

（奉新）驚蟄早，清明遲，春分栽禾正當時。[50]（龍南）驚蟄早，清明遲，春分播種正適時。（南豐）春分一到家家忙，先種瓜豆後插秧。（南昌）春分有水家家忙，先種瓜豆後插秧。（萍鄉）春分春社，站在路上講話。

在江西地區，春分節氣也常會出現連續陰雨以及倒春寒天氣。人們多根據春分這天的晴雨、冷暖及風向等預測後期的天氣好壞，以此來進行農業生產，各地產生的相關農諺有：

48 民國《南昌縣志》卷五十六《風土志》，民國二十四年（1935）刊本。
49 民國《昭萍志略》卷十二《風土志・禮俗》，民國二十四年（1935）刊本。
50 《奉新縣志》卷三十五《諺語、歇後語、傳說》第一章《諺語》第一節，農事諺語，南海出版公司 1991 年版。

（奉新）驚蟄鳴雷不算奇，春分沒雨病人稀。[51]（新幹）春分有雨到清明。（南城）春分分南風，農人無大憂，春分分北風，棉衣斗笠抗大風。（樂安）不到春分不暖，不到秋分不涼。

5. 清明。清明之後，天氣狀況逐漸穩定，雪霜漸無，但有時也較冷，前後雨水較多，相對應的農諺主要有：

（南昌）清明斷雨，穀雨斷霜。（新建）清明光，一丘秋。（南豐）清明要晴難得晴，穀雨要雨難得雨。（宜春）清明不明，春雨淋淋。（臨川）清明要明，穀雨要淋。（安義）清明難得火燒天。（新余）清明要明，穀雨要暗。（修水）清明宜晴，穀雨宜雨。（安遠）清明晴，下種蒔草坪；清明雨，蓑衣不脫身。（宜豐）清明寒十，穀雨寒七；栽禾不寒，也有三日。（萍鄉）清明寒，穀雨寒，立夏不寒也有三日寒。（宜黃）清明有個疏疏寒。（豐城）雨打清明節，乾到夏至節。

而民間認為清明日的晴雨天氣狀況對農作物的成長有重要影響，當日天晴常被認為對莊稼生長有利，而較多的雨水則會對小

---

51 《奉新縣志》卷三十五《諺語、歇後語、傳說》第一章《諺語》第二節，氣象諺語。

麥的生長造成損害，產生的農諺主要有：

（吉安）麥怕清明連夜雨，禾怕小暑過夜風。清明明，好年成；清明暗，禾不長。[52]（南昌）麥吃四時水，只怕清明連夜雨。[53]（萍鄉）麥吃四時水，只怕清明連夜雨。[54]（靖安）清明光，一丘秧；清明南風起，收成好無比。[55]（宜豐）清明南風起，收成好無比。（宜春）清明是明收成好，穀雨是雨農家寶。清明熱得早，早禾一定好。（南豐）清明寒，爛穀秧；穀雨寒，爛禾秧。（豐城）麥怕清明白，禾怕寒露風。（峽江）清明起南風，來年五穀豐。

江西地區從清明開始，農耕生產進入大忙季節。但若清明在農曆二月，人們則不必趕早插秧，而在三月則應及早插秧。各地產生的農諺主要有：

（樟樹）懵裡懵懂，清明下種。[56]（吉安）懵懵懂懂，

52 《吉安市志》第二十七篇《文化》第六章《民間文藝》第一節，民間文學·謬語，珠海出版社 1997 年版。
53 民國《南昌縣志》卷五十六《風土志》。
54 民國《昭萍志略》卷十二《風土志·禮俗》。
55 《靖安縣志》卷三十三《謠諺、傳說》第二章《諺語》第二節，農事諺語。
56 《清江縣志》第二十七篇《社會》第五章《謠諺》第一節，諺語·生活、生產。

清明浸種[57]。（萬載）清明宜晴，穀雨宜雨，俗云「光清明，暗穀雨」，又云「清明要光不得光，穀雨要暗不得暗」。[58]（萍鄉）貧人莫聽富人哄，桐子花開方浸種。[59]（上饒）二月清明不要慌，三月清明早下秧。（上高）二月清明籬裡青，三月清明田裡青。（撫州）清明穀雨兩相連，浸種耕田莫遲延。（高安）清明一到，農夫腳躁。（弋陽）清明浸完種，立夏下完禾。（宜春）二月清明莫在前，三月清明莫在後。（豐城）過了清明不要停，一擔草皮一擔糞。

清明也是浸種催芽的較好時期，除稻穀外，一些如玉米、大豆、生薑、芋頭等旱作物也在此時開始播種，主要農諺有：

（宜春）清明前後，種瓜種豆。（廣昌）清明種芋，穀雨種薑。（宜豐）清明芋子穀雨薑，芒種番薯正相當。

6. 穀雨。在江西地區，從清明到穀雨的這一段時期內，一直是屬於農耕生產的忙季，人們除進行早稻插秧及其田間管理外，也要進行棉花等旱作物的播種等農事活動。各地產生的農諺

57　《吉安市志》第二十七篇《文化》第六章《民間文藝》第一節，民間文學・諺語。

58　民國《萬載縣志》卷一之三《方輿・氣候》，民國二十九（1940）年刊本。

59　民國《昭萍志略》卷十二《風土志・禮俗》。

有：

> （靖安）清明播種，穀雨插秧。[60]（瑞昌）穀雨立夏前，日整土來夜種棉。（撫州）穀雨節前是清明，管好秧田最要緊。（南昌）雷打穀雨前，窪地不改田；雷打穀雨後，窪地種黃豆。（宜春）穀雨栽早秧，節氣正相當。（弋陽）穀雨栽禾家賽家，十日十夜遍天下。（豐城）農民不得閒，穀雨漚完田。

穀雨節氣一般晴天較多，但有時也會出現連續陰雨或大風暴雨。穀雨時的降雨對各類農作物都很有好處，只要這時雨水充足，就可獲得較好的收成。各地產生了較多的農諺：

> （吉安）清明要明，穀雨要雨。穀雨不雨，送田還主。[61]（靖安）穀雨把雨落，高田都可作。[62]（南豐）清明要明難得明，穀雨要雨難得雨。（新幹）穀雨落一點，高山都有撿。（分宜）穀雨不落雨，高田無收成。（新余）穀雨不雨，高山不起。（上高）穀雨在月頭，禾種下一道；穀雨

60　《靖安縣志》卷三十三《謠諺、傳說》第二章《諺語》第二節，農事諺語。

61　《吉安市志》第二十七篇《文化》第六章《民間文藝》第一節，民間文學・諺語。

62　《靖安縣志》卷三十三《謠諺、傳說》第二章《諺語》第二節，農事諺語。

在月尾，下了一起又一起。（萍鄉）暗穀雨，光清明，此年
必有好收成。

7. 立夏。進入立夏後，農作物種植及生長逐漸旺盛，民眾
的田間耕作和管理日漸繁忙。而此時的天氣狀況也嚴重影響到農
作物的生長及日後的豐歉，人們認為立夏天氣晴朗則日後會缺
水，對農作物生長和收成不利；出現的若是降雨天氣，等到大暑
之後便可豐收。相關農諺有：

（吉安）穀雨種甘蔗，立夏種棉花。[63]（臨川）立夏見
晴天，有雨在秋邊。[64]（德興）立夏不下，高田放罷。[65]（靖
安）立夏晴，蓑衣斗笠拿不贏。[66]（南昌）立夏立夏，澎犁
澎耙。（新幹）穀雨、立夏，泡犁泡耙。（南豐）立夏不下，
高田不耙。（吉水）立夏雨不下，無水洗犁耙。（全南）節
到立夏，種子盡下。（宜春）立夏吹北風，十口魚塘九口
空。立夏日子晴，蓑衣斗笠拿不贏。（金溪）立夏雨，蓑衣
斗笠高掛起。（峽江）早禾栽到立夏邊，日栽禾苗夜生根。

63 《吉安市志》第二十七篇《文化》第六章《民間文藝》第一節，民
間文學・諺語。
64 《臨川縣志・社會志》第四篇《歌謠、諺語、傳說、故事》第二章
《諺語、歇後語》第一節，諺語，新華出版社 1993 年版。
65 道光《德興縣志》卷三《風俗志》，道光三年刊本。
66 《靖安縣志》卷三十三《謠諺、傳說》第二章《諺語》第二節，農
事諺語。

另外，進入立夏後，在種茶之地，人們有採摘「立夏茶」之俗，有「採桑清明前，採茶立夏邊」[67]之諺。

8. 小滿。小滿本指農作物的成熟度，此時農作物處於已經飽滿但尚未成熟之時。不過民眾也常把它用來指雨水的盈缺度，借以反映雨水的多少和期後農作物的豐歉，這在很多農諺中有所反映：

（德興）小滿不滿，芒種不管。[68]（全南）立夏小滿，江河水滿。（萍鄉）小滿滿到線，芒種管到年。（信豐）小滿就要江河滿，江河不滿天大旱。（臨川）小滿小滿，無處不滿。（安義）小滿雨滔滔，芒種似火燒。（上高）小滿不滿，芒種大旱；大滿不滿，無水洗碗。

如沒有抓緊小滿期間的田間管理，使得「小滿不滿」現象出現，就難以繼續芒種時的農事安排。

過去人們認為小滿期間不宜栽種早稻，農家有「小滿栽早禾，不夠養雞婆」、「小滿栽禾，唔（不）夠餵鵝」[69]等之諺，現在一些地方人們常將單季中稻提前至小滿後插秧。

67 《清江縣志》第二十七篇《社會》第五章《謠諺》第一節，諺語・生活、生產。

68 道光《德興縣志》卷三《風俗志》。

69 《清江縣志》第二十七篇《社會》第五章《謠諺》第一節，諺語・生活、生產。

9. 芒種。對江西地區而言，芒種時節是農業生產最繁忙的季節，夏熟作物要收獲，秋收作物要播種，春種作物要管理，農諺說：

（吉安）芒種芝麻夏種豆，秋分種麥正時候。[70]（奉新）過了芒種不種棉，過了立夏不種田。[71]（鷹潭）芒種芒種，樣樣要種；樣樣不種，秋後倉空。（高安）芒種忙忙栽，夏至穀懷胎。（龍南）芒種蒔田忙，夏至不分秧。（銅鼓）芒種種薑，夏至取糧。（新建）芒種浸晚種，夏至叫皇天（沒辦法）。（宜春）芒種芝麻夏至豆。芒種芒出，夏至禾出。（萬安）芒種有禾不得回（長不好），夏至無禾叫得回（來得及）。

芒種時若出現高溫天氣，則意味著夏至後往往會陰雨綿綿，有農諺說：

（清江）芒種火燒天，夏至雨漣漣。[72]（德興）芒種火

---

70 《吉安市志》第二十七篇《文化》第六章《民間文藝》第一節，民間文學·諺語。
71 《奉新縣志》卷三十五《諺語、歇後語、傳說》第一章《諺語》第一節，農事諺語。
72 《清江縣志》第二十七篇《社會》第五章《謠諺》第一節，諺語·季節、氣候。

燒天，大水十八番。[73]（奉新）芒種夏至天，走路要人牽。[74]
（黎川）芒種火燒天，大水十八番。（新幹）芒種火燒天，
夏至水滿田。

10.夏至。夏至日是北半球白晝最長、黑夜最短的一天，各
地勞動人民在長期生產實踐過程中對此有所熟悉，相關農諺主要
有：

　　（靖安）夏至日至長，冬至日至短。[75]（撫州）長至夏
至，短至冬至。（安福）夏至日長，冬至日短。（南城）吃
了夏至面，一日長一線。（萍鄉）夏至至短不見短，冬至至
長不見長。

夏至時節也是田間勞動繁重的農忙時節，人們要加強對農作
物的種植和管理，產生的相關農諺有：

　　（九江）芒種夏至不要睏，一道鋤頭一道糞。（豐城）
夏至種芝麻，頭頂一枝花；立秋種芝麻，老死不開花。（吉

73　道光《德興縣志》卷三《風俗志》。

74　《奉新縣志》卷三十五《諺語、歇後語、傳說》第一章《諺語》第
　　　二節，氣象諺語。

75　《靖安縣志》卷三十三《謠諺、傳說》第二章《諺語》第二節，農
　　　事諺語。

安）到了夏至節，鋤頭不得歇。

進入夏至後，江西各地的氣溫普遍升高，天氣日益炎熱，進入到三伏天。人們以夏至這天的晴雨來預測期後的天氣狀況，如果夏至無雨，則可能要過一個酷熱少雨的三伏，直到進入秋季才可能下雨；而如果夏至這天打雷，則整個三伏都不會下雨。各地產生的農諺有：

（撫州）夏至不過不熱，冬至不過不寒。（吉安）夏至無雨三伏熱，冬至無雨四九寒。（新幹）夏至發雷三伏旱。（資溪）夏至見晴天，有雨在秋邊。（南豐）夏至響雷三伏旱。（南昌）夏至雨，一滴值千金；處暑雨，有穀沒有米。夏至吹東風，望雨一場空。（宜春）夏至未到莫道熱，冬至未到莫道寒。夏至無雨，碓裡無糠。南風送夏至，早禾不結籽。（新余）夏至無雨火燒天，禾上出火瓦冒煙。

人們也常以夏至所處時期來預測當年的糧食豐歉和米價情況，農諺有：

（德興）夏至五月頭，一邊吃一邊愁；夏至五月中，餓殺糶米公；夏至五月尾，禾黃米價起。

夏至以後地面受熱強烈，空氣對流旺盛，午後至傍晚常易形成雷陣雨。這種熱雷雨驟來疾去，降雨範圍小，因此人們常稱

「夏雨隔田坎」。

（豐城）夏至落雨隔堵牆，淋爺不淋娘。（臨川）夏至郎，夏至郎，淋女不淋娘，一日落成七八場。

11.小暑。小暑開始，江西地區進入「雙搶」階段，農家要進行早稻收割和二晚插秧，進入到農業最繁忙的時期。由於受副熱帶高壓控制，此時南風盛吹，天氣高溫少雨，稻穀成熟。各地產生的農諺主要有：

（南昌）小暑南風十八朝，曬死南山竹葉草。小暑不落雨，旱死大暑禾。小暑南風日夜乾。[76]（宜春）小暑一到禾轉黃，大暑一到穀滿倉。小暑南風十八朝，烤的南山竹也焦。（豐城）小暑南風十八天，乾得放牛伢子叫皇天。（橫峰）小暑南風日夜乾。（峽江）小暑過一日，生穀無半粒。（黎川）大暑小暑，不熟也熟。（鄱陽）小暑南風日夜掀，不怕湖田水裡眠。

也有的年份，小暑前後北方冷空氣勢力仍較強，與南方暖空氣勢均力敵，於是出現鋒面雷雨，其後下雨會維持一段時間，農家比作是五月的「黃梅天」。

---

76 民國《南昌縣志》卷五十六《風土志》。

（靖安）小滿雨爛豆根，小暑雨爛秧根；小暑不落雨，旱死大暑禾。[77]（餘干）小暑日裡響了雷，又要做黃梅。（崇仁）小暑一聲雷，翻轉做黃梅。（撫州）小暑頭上一聲雷，四十五天倒黃梅。（東鄉）小暑響了雷，倒做十八梅。

此外，小暑時節，要加強對棉花的田間管理，人們有「小暑天氣熱，棉花整枝不停歇」之諺；這時期也是種芝麻的好季節，有「小暑種麻，遍地開花」之諺。

12.大暑。在江西地區，大暑是「雙搶」的高峰時期，早稻穀物等糧食作物大多成熟，農戶要趕緊收割，若拖延收割時間，就會造成損失，收割的穀物也要曬乾水分入倉儲藏，同時一些豆類作物也適宜在此時播種。

（吉安）小暑小割，大暑大割。[78]（萬載）早稻半黃，俗云「小暑捋，大暑割」，又云「手把禾頭七十工」，蓋自分秧至此恰七十日也。[79]（萬安）大暑過一日，青穀無一粒。（靖安）小暑豆，大暑穀。大暑大割。（高安）小暑種麻，一蔸一掛；大暑種麻，磨地開花。（全南）小暑小忙，

---

77 《靖安縣志》卷三十三《謠諺、傳說》第二章《諺語》第二節，農事諺語。

78 《吉安市志》第二十七篇《文化》第六章《民間文藝》第一節，民間文學・諺語。

79 民國《萬載縣志》卷一之三《方輿・氣候》。

大暑大忙。（永修）小暑吃園，大暑吃田。

大暑前後，天氣持續炎熱，遇上大暑這天刮南風，則預示其後要天旱；當天若不下雨，則秋季可能比較乾燥。相關農諺有：

（新幹）小暑無雨等大暑，大暑無雨過三伏。（臨川）小暑交大暑，熱得無處躲。（奉新）小暑南風十八燥，大暑南風點火燒。（南昌）小暑不算熱，大暑三伏天。（峽江）小暑南風十八天，大暑南風乾破天。（贛州）大暑不落雨，秋裡要旱溪。（高安）過了小暑和大暑，還有十八只秋老虎。

小暑至大暑時節，進入到炎熱的「三伏」天氣，常常出現的伏旱對農業生產影響很大，三伏宜熱不宜多雨，農諺曰：

（南昌）六月不熱，五穀不結。小滿雨，爛豆根；小暑雨，爛秧根。六月值連陰，遍地是黃金（穀落生芽）。[80]（臨川）小暑雨，禾稈爛成屎。（清江）伏天的雨，鍋裡的米。處暑落雨潤燥禾，工田多打穀三籮。[81]

80　民國《南昌縣志》卷五十六《風土志》。
81　《清江縣志》第二十七篇《社會》第五章《謠諺》第一節，諺語·季節、氣候。

另外，人們也常根據三個伏日的晴雨狀況來預測其後的雨水情況，入伏日雨，主一旬雨，謂「漏伏」。有農諺說：

（樟樹）漏哩（了）頭伏，打爛禾斛；漏哩（了）二伏，磨得發哭。不怕頭伏漏，就怕二伏湊（再漏）。[82]（新幹）頭伏有雨，伏伏有雨。漏了頭伏，磨得發哭；漏了二伏，炒爛鍋篤（鍋底）；漏了三伏，吃雞吃肉。（宜春）頭伏漏，穀簍簍；二伏漏，好種豆；三伏漏，爛禾　。

13.立秋。立秋以後，江西地區基本進入早稻收割、晚稻移栽的收尾階段，晚禾栽插一般要趕在立秋之前，在其後則產量較低。秋作物進入重要生長發育期，如晚番薯等農作物也應及時進行栽種，農家相關的農諺有：

（吉安）晚禾不過秋，過秋一半收。[83]（撫州）大暑早，處暑遲，立秋種薯是適時。（黎川）莫栽立秋禾，不夠餵雞婆。（南昌）晚稻不過秋，過秋九不收。立秋見秋，早晚都收。（宜春）立秋栽蔥，白露栽蒜。

82　《清江縣志》第二十七篇《社會》第五章《謠諺》第一節，諺語·季節、氣候。

83　《吉安市志》第二十七篇《文化》第六章《民間文藝》第一節，民間文學·諺語。

進入立秋以後，氣溫逐漸下降，但立秋前後處於三伏尾端，江西地區在其後一段時期內，往往氣溫還較高，有「秋老虎」（指立秋後一段較長的熱天氣）之說。立秋後晝夜溫差開始加大，白天溫度高，夜晚逐漸轉涼，農家有諺說：

（豐城）立秋過伏，熱死老虎。立秋脫伏，熱得細崽妹子哭。（東鄉）立秋一場雨，夏衣高捆起。（宜春）立秋一日，水冷三分。（上高）立了秋，把扇丟。（臨川）過了立秋節，夜寒日裡熱。

另外，此時期晚稻等農作物處於生長初期，對水分的需求較大，但是過於頻繁的秋雨又會使晚稻秧苗受損，因而立秋晴雨對農作物影響較大，各地產生的農諺有：

（南昌）立秋無雨甚堪憂，萬物從來只半收。[84]（靖安）立秋一場雨，遍地是黃金。[85]（吉水）立秋雨綿綿，爛秋十八天。（東鄉）立秋有雨下一七，立秋無雨乾著急。（萬載）雨打秋，滿滿收。（崇仁）漏雨淋秋，早晚皆收。（宜春）立秋三場雨，秕子變成米。（臨川）立秋下雨萬物收，處暑

84　民國《南昌縣志》卷五十六《風土志》。
85　《靖安縣志》卷三十三《謠諺、傳說》第二章《諺語》第二節，農事諺語。

第二章・農業生產習俗

095

下雨萬物丟。

農家認為立秋日及其後打雷對農作物生長和收成產生重要影響，各地有農諺說：

（廣昌）雷打秋，對半收。（橫峰）秋打雷，要絕收。（東鄉）秋後打雷，百日無霜。（南昌）立秋鳴雷，百日來霜。（宜春）打雷送秋，乾死泥鰍。

此外，有些地方農家對立秋的具體時間及其與農作物的關係也有總結，農諺有：

（臨川）朝立秋，冷颼颼；暮立秋，熱到頭。（吉水）開眼（白天）秋，平平收；閉眼（晚上）秋，大豐收。

14.處暑。在江西地區，處暑過後，暑氣將漸漸消退，立秋以來的「秋老虎」天氣自此將結束。但處暑前後，白天氣溫往往還較高，各地農諺有：

（臨川）處暑節，畫間一刻熱。（宜春）處暑白露節，日熱夜不熱。（吉安）小暑不算暑，還有立秋處暑才是暑。（新幹）大暑不算暑，還有立秋處暑秋老虎。

另外，處暑當日的刮風打雷以及晴雨也會對日後的天氣及農

作物和蔬菜等收成產生重要影響，相關的農諺有：

　　（樟樹）處暑落雨潤燥禾，工田多打穀三籮。[86]（靖安）處暑發了風，十粒豆角九粒空。[87]（崇仁）乾到處暑雨，有穀也無米。（樟樹）處暑雷唱歌，陰雨天氣多。（宜春）處暑晴到夜，蕎麥栽到社。處暑落雨還刮風，十隻橘子九隻空。（上饒）處暑若逢天下雨，桃梨花果葉難留。（南昌）處暑打了雷，魚蝦變成泥。（玉山）處暑落雨又起風，十個橘園九個空。（宜黃）處暑落下雷暴雨，沒有老鼠啃禾穗。（東鄉）處暑不落雨，乾到白露止。（興國）處暑打雷十八江，老鼠盤好隔年糧。（南豐）處暑無雨秋有乾。

　　此時，不再適宜栽插晚禾，而豆子、蕎麥、蘿蔔、蔬菜等農作物則適宜下種，而且宜早不宜晚，農家有諺：

　　（萬載）種豆宜早，俗云「處暑後莫種豆」；蕎麥處暑後可種，俗云「處暑安蕎」。[88]（靖安）處暑栽禾，斗種收一籮。[89]（弋陽）處暑栽禾，只產一籮。處暑種麥，白露齊

86　《清江縣志》第二十七篇《社會》第五章《謠諺》第一節，諺語‧季節、氣候。

87　《靖安縣志》卷三十三《謠諺、傳說》第二章《諺語》第二節，農事諺語。

88　民國《萬載縣志》卷一之三《方輿‧氣候》。

89　《靖安縣志》卷三十三《謠諺、傳說》第二章《諺語》第二節，農

苗。白露花，不到秋分不種麥。（樟樹）處暑蕎麥一朵花，白露蕎麥馱斷椏。（宜春）處暑種蕎，白露看苗。（高安）處暑離社三十三，蕎麥豆子用籮擔。（宜豐）處暑離社二十七，蕎麥豆子無一粒。（橫峰）處暑離社二十三，種下蕎麥任你擔。（宜黃）處暑蕎麥白露菜。（萬安）處暑蘿蔔白露菜，秋分種菜小雪蓋。（靖安）高山種處暑，平地種白露。

15. 白露。進入白露節氣，天氣開始轉涼，日照時間減少，晝夜溫差相差較大，各地的農諺有：

（萬載）白露看苗，又云「白露白茫茫，蕎麥芃過行；白露秋分節，夜涼日裡熱」。[90]（萍鄉）白露秋分節，夜寒日裡熱。（宜春）過了白露節，兩頭冷，中間熱。（臨川）白露秋風夜，一夜冷一夜。（南豐）白露身不露，免得著涼又瀉肚。

白露當天降雨與否，影響著此後霜降的情況。另外，白露時節也是處於晚稻等農作物抽穗揚花時期，如果白露節這天降雨，其後將有一段連綿陰雨天氣，對晚稻抽穗揚花是不利的，而且由降雨可能出現的霜降，會凍壞部分禾苗，各地農家產生了許多相

事諺語。

[90] 民國《萬載縣志》卷一之三《方輿·氣候》。

關的農諺：

（德興）白露無雨，百日無霜。乾到白露浸不活，浸到白露乾不死。[91]（龍南）白露茫茫，花麥牽了行。（南豐）白露白茫茫，是禾要做娘。（豐城）白露白似銀，秋分穀似金。白露下雨，禾兒變鬼。（會昌）白露三朝露，好禾鋪大路。（新幹）白露無雨，百日無晴。（宜春）晚禾不吃白露水。（臨川）白露晴，米穀白如銀；白露雨，家家缺糧米。

16.秋分。與春分節氣對應，這一天晝夜等長，此後則夜長於晝，農諺有「春分秋分，晝夜平分」、「秋分秋分，日夜平分」等。進入秋分後，氣溫降低的速度明顯加快，天氣逐漸轉寒，農諺有「白露秋分節，夜涼日裡熱」、「白露秋分夜，一夜冷一夜」之說。

秋分時節，正是晚稻的開花授粉期，農家有「白露秋分，禾花紛紛」之諺。另外，也是麥、紅花草種植的季節，農諺說：

（吉安）白露早，寒露遲，秋分種麥正當時。（臨川）白露早，寒露遲，秋分草籽正當時。

人們常把立秋後第五個戊日稱為秋社日，為過去民間祭祀土

91　道光《德興縣志》卷三《風俗志》。

神的日子。如果在秋分和秋社之間出現乾旱天氣，則預示整個冬季也會持續乾旱，對晚稻生產造成影響，各地有農諺說：

　　（豐城）秋分在社前，斗米換斗鹽；秋分在社後，斗米換斗豆。（上饒）秋分秋社乾，旱到大年三十夜。（撫州）秋社過後北風晴，秋社無雨難種田。

　　17.寒露。進入寒露後，日照時間大為縮短，天氣也逐漸變寒，各地農諺有：

　　（南昌）寒露霜降，日落就暗。（湖口）寒露霜降，水落長江。（新幹）寒露霜降節，緊風就是雪。（萬安）寒露接霜降，十家燒火九家旺。

　　寒露時節也是秋季農作物的成熟收割時期，此時氣溫的高低直接影響著禾稻結實的飽滿與否，一般寒露前後宜晴不宜雨，一些地區開始進入收割時期。另外，如豆、油菜、紅花草等旱作物此時開始種植，各地農家產生了相關的農諺：

　　（萬載）晚稻至此結穗，俗云「寒露不勾頭，割將歸來餵老牛」。[92]（峽江）晚禾不吃寒露水。（新建）寒露不熱，

92　民國《萬載縣志》卷一之三《方輿‧氣候》。

五穀不結。（南昌）寒露不出，霜降不黃。（靖安）寒露不
勾頭，霜降餵老牛。（南豐）寒露不出真不出，霜降不黃真
不黃。（宜黃）寒露催禾黃，霜降催禾完。（南昌）寒露不
割禾，一夜丟一籮。（弋陽）寒露無青稻，霜降遍地倒。（橫
峰）蠶豆寒露種，豌豆不出九。（新余）寒露油菜霜降麥。
（豐城）寒露草籽（紅花草）霜降菜。

18. 霜降。進入霜降後，天氣較冷，特別是晚上和凌晨會出
現下霜情形。從寒露至霜降時期也為秋收的大忙時節，人們不僅
開始收割晚稻和其他一些秋熟作物，而且也開始了小麥等冬作物
的播種。各地的農諺主要有：

　　（奉新）霜降不收（打）禾，一夜去（落）一籮。寒露
早，冬至遲，霜降收薯正當時。[93]（靖安）霜降不割禾，一
夜少一籮。[94]（九江）寒露早，冬至遲，霜降前後正當時
（指種麥）。（宜春）霜降不打禾，一夜丟一籮。（南昌）霜
降一起倒，立冬無豎稻。（萬安）霜降過後，挖薯割豆。（吉
水）九月霜降霜不降，十月霜降白茫茫。（宜黃）霜降一交
霜，不知落何方。（萬載）霜降不黃，不夠供娘。

93　《奉新縣志》卷三十五《諺語、歇後語、傳說》第一章《諺語》第
　　　一節，農事諺語。
94　《靖安縣志》卷三十三《謠諺、傳說》第二章《諺語》第二節，農
　　　事諺語。

如果霜降節氣當日恰好是農曆的重陽節，則被認為是豐收的徵兆，當年的秋糧會有好收成，農家有諺說：

（宜春）重陽兼霜降，有穀無處藏。（宜春）霜降遇重陽，一年穀米兩年糧。

19.立冬。立冬以後，各地開始進入冬季，天氣寒冷，各地相關的農諺主要有：

（峽江）立冬過後床墊稈，十月無霜地也寒。（南昌）冬在頭，凍死猴；冬在尾，凍死鬼。（樂安）冬前不結冰，冬後冷死人。（進賢）立冬無霜雪，盡在二三月。立冬打雷要反春。

人們常根據立冬日的天氣情況來預測整個冬季的天氣，如是暖冬，立冬日的氣溫要比往昔高；如果立冬日下雨或打雷，則冬季將嚴寒，對牲畜過冬不利。立冬以後，農戶開始進山砍柴砍樹等農作活動。各地流傳的相關農諺有：

（吉安）立冬晴，一冬晴。立冬雨，蓑衣斗笠莫掛起。雷打秋，光溜溜；雷打冬，十只牛欄九只空。[95]（萬載）立

95 《吉安市志》第二十七篇《文化》第六章《民間文藝》第一節，民

冬日尤喜晴，俗云「立冬有雨無路行」。[96]（南昌）十月無
雨落，高田休用作。[97]（靖安）立冬無雨冬至晴，冬至無雨
一冬晴。[98]（泰和）立冬一日晴，冬天曬乾泥。（宜春）立
冬有雨無路行。立冬不殺鵝，一日少一砣。立了冬，滿山
沖。（豐城）立冬甲子雨，白雪飛千里。（新幹）立冬晴，
柴火堆成城；立冬陰，柴火貴似金。（九江）立冬陰，柴米
油鹽貴似金。

20.小雪：人們常根據小雪日的天氣情況來預測來年春季的
天氣，如小雪日降雪，來年春季農作物會豐收，但是如果下大
雪，則來年收成會不好。由於進入寒冬季節，農家從此後要注意
做好牲畜過冬保暖工作，相關的農諺有：

（宜黃）小雪飛滿天，來歲豐收年。（萍鄉）小雪大雪，
煮飯停歇（預示來年收成不好）。（上饒）大雪小雪多北風，
保護牲畜過好冬。

小雪下雪對冬作物影響較大，民眾有「小雪就見雪，蠶豆少

間文學・諺語。
96　民國《萬載縣志》卷一之三《方輿・氣候》。
97　民國《南昌縣志》卷五十六《風土志》。
98　《靖安縣志》卷三十三《謠諺、傳說》第二章《諺語》第二節，農
事諺語。

結莢」之說。

21.大雪。大雪時節，氣溫顯著下降，常出現冰凍現象。大雪節下雪昭示著來年是豐收之年，有「大雪兆豐年」之說。根據不同天氣狀況，農戶要對小麥、油菜等越冬作物採取有效措施，防止凍害，並做好田間堆肥管理工作；同時注意牲畜防凍保暖。農諺主要有：

（靖安）小雪雪滿天，來年必豐年；小雪就見雪，蠶豆少結莢；大雪兆豐年。[99]（萍鄉）大雪冬至後，籃擔水不漏。大雪冬至雪花飛，搞好冬種多積肥。（南昌）小雪烏雲天下雨，大雪烏雲天下寒。（靖安）小雪不見雪，大雪滿天飛。

22.冬至。進入冬至後，日照時間最短，天氣也較為寒冷，下雪開始常見，各地的農諺主要有：

（吉安）冬至不過不寒，夏至不過不熱。[100]（奉新）過了冬至沒時節，一場雨來一場雪。[101]（信豐）冬至日頭長根

99　《靖安縣志》卷三十三《謠諺、傳説》第二章《諺語》第二節，農事諺語。

100　《吉安市志》第二十七篇《文化》第六章《民間文藝》第一節，民間文學・諺語。

101　《奉新縣志》卷三十五《諺語、歇後語、傳説》第一章《諺語》第二節，氣象諺語。

線。（玉山）過了冬至沒有節，一交雨來一交雪。（橫峰）冬至不過不寒。（宜黃）寒在冬至，熱在處暑。（宜春）不經冬至，不知春暖。（信豐）冬至一到，叫花子起跑。（樂安）冬至過，地皮破（凍得發裂）。

人們常根據冬至日的具體時間及其當日天氣情況來預測年底甚至來年的天氣，農戶要強化對小麥、油菜等越冬作物的田間管理，開展防凍、積肥、深耕工作，以保苗過冬；同時加強對牲畜越冬的保暖工作。各地的農諺主要有：

（玉山）冬至頭，凍死牛；冬至中，暖烘烘；冬至尾，不要被。（婺源）冬至在月中，賣了黃牛買火籠；冬至在月尾，賣了黃牛置絮被。（南昌）冬至晴，爛年邊；快快活活去耕田。冬至南風夏至雨，九九南風伏裡旱。（新幹）冬至無雨過年雨，冬至落雨過年晴。（撫州）晴過冬至雨過年，雨過冬至晴過年。（吉水）冬至落一日，夏至落一七。冬至一番雷，夏至乾斷江。（安遠）冬至出日頭，過年死老牛。（新建）冬至南風一日晴，半晴半陰到清明。（安義）冬至雨，年必晴；冬至晴，年必雨。

另外，江西地區竹木資源豐富，毛竹栽植一般在冬至過後開

始進行，一些地方民眾有「立春栽樹，冬至栽竹」[102]之諺。

23.小寒。小寒節氣正處於「三九」寒天，從小寒至大寒的時段是一年中氣溫接近最冷的時期，各地農諺有：

（萍鄉）過了小寒，滴水成團。大雪年年有，不在三九在四九。（鉛山）三九四九，凍死嫩黃牛。（臨川）三九四九，凍死老牛。（南昌）冷在三九，熱在三伏。（南豐）三九四九，人在冰上走。

24.大寒。顧名思義，大寒是一年當中最寒冷的時節，室外滴水成冰。如果小寒、大寒天出現不冷天氣，則來年春天的氣溫將會偏低。大寒下雪則冬季蔬菜、油麥以及來年春作物會豐收。此時，農戶也要利用低溫天氣，施冬肥，消滅害蟲，同時做好農作物的防凍保苗工作，確保春收順利。各地形成的農諺主要有：

（臨川）到了大寒，無霜水也寒。（樂安）小寒大寒，無風自己寒。（黎川）大小寒，雪漫漫。（新幹）大寒三白（下三場雪）定豐收。（九江）大寒三白，最宜菜麥。（南豐）三九不冷倒春寒。

102　《清江縣志》第二十七篇《社會》第五章《謠諺》第一節，諺語·生活、生產。

（二）其他農耕生產諺語

除了上述二十四節氣的農耕生產諺語外，在長期的生產實踐過程中，江西地區還存在著一些關於土地耕作、農作物栽植、蟲害災情防治等方面的耕作農諺，既是民眾的經驗總結，也是農耕生產的反映。

1. 關於土地耕作的農諺。各地民眾在長期的農業耕作實踐過程中，積累了許多關於土地耕作方法與管理的經驗，形成了眾多的生產農諺。

對於農耕生產的重要性及時效性，人們進行了一些概括和總結，形成了許多相關的諺語，茲舉數例如下：

> 人誤地一時，地誤人一年；要想莊稼好，一年四季早；栽禾要搶先，割禾要搶天；過了端午節，鋤頭不能歇；春爭日，夏爭時，萬事宜早莫宜遲；早起三日頂一工，早起三年頂一冬。[103]

在犁田、耙田的方式與方法上，各地民眾總結出了一些經驗，既有一般性的概括，也有對不同季節下的不同耕作方法的歸納，相關的農諺有：

---

103 《奉新縣志》卷三十五《諺語、歇後語、傳說》第一章《諺語》第一節，農事諺語。

犁田要深，耙田要平，鋤頭底下看收成；早稻耘田似磨墨，晚稻耘田似追賊；頭道犁得薄，二道犁到腳，三道面上蓋，耙平把禾栽。

在田間管理上，許多農諺道出了反復多次耕鋤對農作物豐收的重要性：

人有三餐不餓，田犁三次不荒；鋤頭地上勤，棉花白似銀；七鋤金，八鋤銀，九道十道出黃金；耘禾三道米無糠，棉鋤七遍用籮裝；禾鋤三道粒粒滿，豆鋤三道粒粒圓；禾耘七道倉倉滿，豆鋤三遍粒粒圓。

在農作物管理方法上，許多農諺說明了興修水利對農業生產的重要性：

正月不作塘，五六七月喊爹娘；二月三月不塞塘，五月六月喊爹娘；有田沒水塘，等於崽沒娘；修塘如修倉，蓄水如蓄糧；朝朝對天望，不如地下挖口塘；別人烤火我修塘，別人車水我歇涼。[104]

---

[104] 《奉新縣志》卷三十五《諺語、歇後語、傳說》第一章《諺語》第一節，農事諺語。

還有許多農諺反映的是農肥對農作物的重要性：

　　莊稼一枝花，全靠肥當家。[105]早禾好唔（不）好，要看
紅花草；莊稼是枝花，全靠肥當家。[106]種（作）田兩件寶，
精（豬）糞紅花草；作田無巧，肥足水飽；種地不上糞，不
如床上困（睡）；綠肥壓三年，薄田變良田；田裡缺肥料，
扁擔兩頭翹；積肥如積糧，糧在肥中藏。

　　2. 關於農作物栽植的農諺。浸種和育秧是農作物栽植前的
一項非常重要的前期準備工作，其好壞直接決定著農作物栽植能
否正常進行，因此受到民眾高度關注，在長期實踐過程中形成了
一些相關農諺，其中既有一般性的總結，也有具體的處理方法：

　　浸種必催芽，水多變豆芽（說明了種子浸泡水中的方
法）；娶婆看娘，栽禾看秧；種田靠秧，養豬靠糠；秧好一
半禾，苗好七分收；好種出好苗，好樹結好桃（反映了育秧
的重要性）。[107]種子瘦，苗兒黃；種子胖，苗兒壯（如何選
種及選好種的重要性）。

105 《奉新縣志》卷三十五《諺語、歇後語、傳說》第一章《諺語》第
　　一節，農事諺語。
106 《清江縣志》第二十七篇《社會》第五章《謠諺》第一節，諺語·
　　生活、生產。
107 《奉新縣志》卷三十五《諺語、歇後語、傳說》第一章《諺語》第
　　一節，農事諺語。

另外，還有許多農諺反映的是各種農作物的適宜種植時間：

七月蔥，八月蒜，九月油菜十月麥。四月種芝麻，遍地
會開花。芒種芝麻二伏豆，年年豐收不落後。知了叫，割早
稻；知了飛，堆草堆。芒種芝麻夏至豆，秋分種麥正時候。
麥到芒種穀到秋，寒露到了挖番薯。**108**

也有一些農諺反映了農作物栽植對土壤、水分的要求和特
點、農作物的獲取時宜、同一農作物不同季節栽植的區別、肥料
對農作物生產的重要性以及農作物種類需要適當更換的重要性等
等：

瘦田莫種秧，荒土莫種薑；冷不死的蔥，乾不死的蒜；
早摘三天便是寶，遲摘三天變成草；十成熟，七成收；七成
熟，十成收；早禾跟泥起，晚禾插到底。芝麻不怕肥，栽在
肥堆裡。作田不換種，累得彎了背。作田沒巧，三年一換。

3. 關於蟲害災情防治的農諺。蟲害對農作物的威脅很大，
一些農諺反映出人們要注意預防蟲害的重要性：

108　《奉新縣志》卷三十五《諺語、歇後語、傳説》第一章《諺語》第
一節，農事諺語。

莊稼不打蟲，秋收一場空；八月久雨又低溫，防止田裡起災蟲。

還有許多農諺則是人們在具體防除蟲害方法的總結：

若要來年害蟲少，今年鏟淨田裡草；冬田搞三光，害蟲無處藏；要想明年蟲子少，冬天割去田邊草；殺蟲沒有巧，只要動手早。**109**

4. 關於物象的農諺。以氣象諺語居多，介紹了江西各地區的氣象變化，往往被人們看做粗略的氣象預報。如：「初一落雨十三晴，十三落雨到清明，清明落雨冒（沒）路行」、「春霧晴，夏霧雨，秋霧日頭曬煞鬼，冬霧寒風和雪雨」、「久晴西風雨，久雨西風晴」、「日落火燒天，明日曬死人」、「久雨見星光，明天雨更狂」、「春天出門不帶傘，淋得兩眼打夾板」等。

（奉新）春無三日晴，夏無三日雨；吃了五月粽，寒衣方可送；煙囪不冒煙，不雨是陰天；草木灰結塊，天氣要變壞；牆角出了水，明日要落雨；早上多多雲，下午曬煞人；天上鯉魚斑，曬穀不用翻；雷公先唱歌，有雨也不多；烏雲

109 《奉新縣志》卷三十五《諺語、歇後語、傳說》第一章《諺語》第一節，農事諺語。

夾白雲,風吹雨又淋;夜裡星子明,明日還是晴;早起四邊雲,天氣晴不穩;雲往東,暖烘烘;雲往西,著蓑衣;星子密,戴斗笠;星子稀,曬死雞;東虹晴,西虹雨,南虹北虹漲大水;天上有了鉤鉤雲,三天兩日雨淋淋;久雨突然星滿空,明日落雨會更凶;水缸出汗蛤蟆叫,瓢潑大雨就要到;燕子高飛晴天到,燕子低飛雨來報。[110]

（靖安）一夜春霜三日雨,三日冬霜九日晴;秋前北風秋後雨,秋後北風乾到底;天上鉤鉤雲,地下雨淋淋;日落烏雲漲,半夜聽雨響;雞在高處鳴,雨日天要晴;燕子低飛蛇過道,大雨不久就來到;雨中知了叫,預報晴天到;早宿雞天晴,晚宿雞天雨;螞蟻遷窩,洪水多多;青蛙夜夜叫,雨水少不了;煙不出屋天要雨;茅廁翻缸要落雨;礁墩生潮天落雨,礁墩收潮天轉晴;天上起了鯉魚斑,明天曬穀不用翻。[111]

（吉安）天翻紅,雨蒙蒙。天翻黃,雨蓋（溢出）塘。春霧晴,夏霧雨,冬霧日頭曬死鬼。雲往東,雨落空,雲往西,穿蓑衣;雲往北,一陣黑,雲向南,雨潺潺。伏發北（風）,當夜得（雨）;秋發北,曬死勒（蒺藜）。東虹日頭西虹雨。重陽無雨百日晴。月光生毛雨潮潮。今晚滿天星,

---

110　《奉新縣志》卷三十五《諺語、歇後語、傳說》第一章《諺語》第二節,氣象諺語。

111　《靖安縣志》卷三十三《謠諺、傳說》第二章《諺語》第二節,農事諺語。

明日大天晴。四、六不開天，開天要發癲。十月十交霜，有穀沒倉裝。雷公先唱歌，有雨也不多。天上魚鱗斑，明日曬穀不用翻。早上落雨拾乾柴，飯後落雨織草鞋。初三落雨十三晴，十三落雨沒路行。今冬降得三斤霜，來年狗都不吃糠。雲遮中秋月，雨打上元燈。雞在高處叫，雨止天要晴。雨中蟬聲叫，預告晴天到。煙囪不出煙，一定是陰天。泥鰍水上跳，大雨就來到。水缸出汗蛤蟆叫，老牛大叫大雨到。[112]

（樟樹）春暖春晴，春寒春雨；夏寒少雨，冬寒多晴。春無三日晴，夏無三日雨；過哩七月半，一天短一線；過哩七月半，壁頭冷一半。四季東（風），雨祖宗；六月南，日夜乾；秋裡西，雨打陂；秋裡北，乾死勒（即荊棘草）。春霧晴，夏霧雨；早霧晴，晚霧雨。三十夜裡暗一暗，明年早稻壓倒塥；三十夜裡天上光，一擔穀子換擔秧。日（太陽）枷（暈圈）長流水，夜（月亮）枷海也光；月光生毛，大水滔滔；月光捐（sà）枷，井裡開坼（cà）。早龍（虹）降東，有雨不凶；早龍降西，落雨滿溪；早龍降南，大雨浮（piáo）船；早龍降北，大雨瓢潑。早看東，晚看西，東赤西亮好天氣。天上起了魚鱗斑，明日曬穀不用翻。星星密，戴斗笠；星子稀，曬死雞。東風濕，西風乾，南風暖，北風

寒。一日南風三日報，三日南風狗進灶。燕子高飛是晴天，燕子低飛雨漣漣。螞蟻排隊，天要落雨；螞蟻挪窩，洪水漫坡。焰蛺（蜻蜓）漫天繞，三日雨來到；焰蛺低飛，大雨將至。石墩出汗，池水將漫；煙不出屋，天要發哭。[113]

這些總結性的物象諺語，反映了人們對天氣變化的一定了解，指導人們在日常生產生活中預先做好準備，以避免各方面一些不必要的損失。

第二節 ▶ 農耕禮儀

幾千年來，江西地區的農耕生產和民眾生活在很大程度上受到自然地理環境及氣候條件的影響。為了祈求農業生產風調雨順、五穀豐登以及民眾生活安居樂業、消災避難，各地民眾世代積累、傳承和保留著許多農耕生產禮儀和習俗。

一、主要農事生產活動習俗

江西是一個以農業為主的省份，自古以來農業就一直在社會經濟和民眾生活中占據著重要地位。古時由於農業生產條件和生產技術的限制，人們對一些自然現象不甚清楚，認為是上天神靈

---

113 《清江縣志》第二十七篇《社會》第五章《謠諺》第一節，諺語‧季節、氣候。

在控制和發生作用，各種農業災害的發生是因神靈的發怒而引起
的。因此，為了讓神靈護佑生產，人們於是在農事生產活動過程
中產生了一系列的祭拜神靈活動和儀式，這些在耕作、生產方面
的活動儀式世代積累和傳承，成為了人們的農事生產活動習俗。

（一）「開犂」習俗

在江西的許多農村，將牛在新春裡的第一次耕田叫「開
犂」，也常稱為「發始」、「起春」、「牛出行」等。農民們祈求
一年的風調雨順，非常重視「發始」這一天的選擇。其日期有的
在春節當中，有的則是過了元宵節後。

在樟樹一帶，「發始日」多選擇逢單日或晴天，如果碰上是
初三、十一，就用不著再挑日子，因為這兩日是天定的黃道吉
日。假如這天碰巧下雨，那就必須將「發始」的日子往後推遲到
另一個單數日。

新年裡春耕牛「發始」的清晨，首先將牛餵飽，然後給牛披
上一塊衣布，帶上香燭，至「發始」的那塊田中，先燃香燭，後
放鞭炮，並向著四方作一番禱告。一切完畢，才可將牛牽至「發
始」田中，象徵性地耕上一行或數行，但所耕的行數必須是單
數。耕完後再牽牛回欄休息，並在牛欄再禱告一番，願牛在新的
一年裡健壯賣力。

（宜豐）農曆正月，農家擇吉日，備香燭、花爆，架牛

耕田，謂之「起春」。[114]（分宜）農人初四日犁田，俗曰「發試」，又曰「起春」。[115]（萬載）燈節後，香楮花爆擇吉犁田，名「起春」。工平衍之田兩次，犁耙高燥者三之。[116]（萬安）（正月）二十日，俗謂之「天聾地啞」，傭工者是日上工，畜子牛者是日試犁。[117]

在浮梁縣等地，開犁一般在過了元宵之後，遇風和日麗之日，新年第一次役牛（俗稱使牛）翻耕冬閒田或耕個「田」字。這一天的早餐以麻餈或米果為食，中午尚須米粉蒸豬肉（臘肉）佐餐。這日勞作時間不長，下午早早收工，以圖全年勞作不甚辛苦。[118]

在贛州地區，也存在駕牛開犁、教牛耕田的習俗。春耕伊始，凡養有耕牛的農家，都要選擇吉日駕牛開犁，謂之「起春」，俗稱「牛出行」或「起牛工」。是日，在牛角、牛尾和牛頸上圍貼紅紙條，謂之「披紅」。耕牛下田後象徵性地犁幾犁，便牽回歇息。有的還在出門前給使牛者煮一碗有肉片或雞塊蓋麵的粉干或麵條吃，又叫「煮湯」。牛犢初學犁田必擇吉日，先敬

114 民國《鹽乘》卷六《禮俗志・風俗》，民國六年（1917）刻本。

115 民國《分宜縣志》卷十四《風俗・生活習慣》，民國二十九年（1940）刊本。

116 民國《萬載縣志》卷一之三《方輿・風俗》。

117 同治《萬安縣志》卷一《方輿志・風俗》，同治十二年刻本。

118 《浮梁縣志》第二十七篇《社會風土》第二章《民間風俗》第四節，生產習俗・農事，方志出版社 1999 年版。

社官（土地神），牽牛出門，忌碰上婦女，故趁大清早將牛趕出繫於大樹下。開犁時，在東南方田塍上點燃香燭，教牛者駕好耕犁，先以左腳下田，朝點燃香燭的方向犁去。據說這樣可以使牛馴服，便於駕馭。[119]

（二）「播種前祭神」習俗

在江西大部分農村，一般在穀種播下前要祭拜土地神等，以祈求護佑禾苗茁壯成長。

在安福縣，農戶在播種前，從常青樹上選採一束樹葉插在田埂上，以祈求土地、禾官菩薩保佑，使秧苗長得像常青樹一樣茂盛茁壯。

在萍鄉地區，農家在祭祀秧田菩薩時種穀下泥，一般剪一紅紙「婆官」插於秧田之中，祈求護秧驅雀。

在吉安地區，舊時農家春播，用紙錢三張包紮三炷香，插在秧田一角，鳴爆祈求「社稷神」保護秧苗，然後將發了芽的種穀播下田去。[120]

在都昌縣，早春開播，習慣向北先拋穀種三把，希冀一歲風調雨順，之後再正式撒種。[121]

119 《贛州市志》第二十八篇《宗教、風俗》第二章《風俗》第一節，生產習俗·農事，中國文史出版社 1999 年版。

120 《吉安市志》第三十一篇《風俗》第三章《生產習俗》第一節，農事習俗。

121 《都昌縣志》卷三十四《風俗·宗教》第一章《風俗》第一節，生產習俗，新華出版社 1993 年版。

在贛州地區，舊俗播穀種時，興在秧田田塍上插三炷香和壓幾張紙錢。播種後，再在秧田插幾桿大葉樹枝，象徵秧苗粗壯。瑞金諸縣還興在播種後的第三天做「禾子三朝」，除插香壓紙錢外，還擺幾塊米果作為供品，以求禾秧出得齊，長得壯。不少地方在播種花生、芋頭時也要敬社官和在田塍插香壓紙錢。有的在播種時忌諱大聲說話和直呼種子名，要稱花生為「斑芝麻」、玉米為「轆軸仔」、紅薯為「抬藤仔」等。花生播種後，將花生殼倒在路上，讓行人踩踏入土，意為助花生落土結果。於都縣一帶栽種晚紅薯作畦時，東家備好滿壺水酒放在田頭，幫工者各人單獨松土做畦，先做完畦到達田頭者可優先暢飲，餘下的酒留給後來依次到達者喝，直至酒盡為止。新中國成立後，燒香壓紙和忌諱等俗漸廢。[122]

在靖安縣，舊時撒禾種，要辦播種酒。開播前，燒香化紙，鳴炮敬神，咬著舌尖，向北拋三把種穀，祈佑秧苗茁壯，不受蟲、雀之害，然後開播。[123]

（三）「安苗」習俗

舊時在上饒等地，人們播種後存在著「安苗」的習俗。在育秧階段，當秧苗發青時，農家做艾葉果送到秧田邊，恭請社神土

---

122 《贛州地區志》第二十七篇《宗教、民俗、故事、傳說》第二章《民情風俗》第四節，行業習俗，新華出版社 1994 年版。

123 《靖安縣志》卷三十二《風俗、宗教》第一章《風俗習慣》第二節，生產習俗。

地享受，祈求護佑秧苗茁壯，糧食豐收。人們稱此俗為「安苗」。[124]此外，在新余等地，人們早在農曆正月十五日就有祈神護苗的祭祀儀式，各家用稻草紮煙把，每丘秧田一個，到眾廳內將煙把點火，先在自家屋裡燃一下，口念「蟲仔螞蟻一齊到蒙山腳下看花燈」，再到秧田裡將煙把燒掉，俗稱「燃天蟻」，祈求秧田無蟲害，秧苗茁壯成長。[125]

（四）「開、關秧門」習俗

待秧苗長到三四寸高時，便到了插秧的時間，舊稱「蒔田」。江西農村的許多地方，將春插開始之日下田拔秧叫做「開秧門」，與此相對應插秧結束日叫「關秧門」，由此形成了相應的習俗。

正式拔秧前，須先選一塊秧苗長得最好的秧田開秧門。開秧門講求吉利，因為是第一天插秧的日子，傳說中有保護神保護，農民們為此對秧門十分重視，往往要舉行一定的祭祀活動，以得到神靈的保護。各地的祭祀活動形式大同小異，體現出各地區的特色。

開秧門之人，一般由當地蒔田能手擔任。如在吉水縣，由農戶擇定一個吉日，當天聘請老農，在田頭焚香燭，奠美酒，然後

---

124 《上饒地區志》卷三十七《風俗民情》第四章《生產習俗》第一節，農林牧漁習俗，方志出版社 1997 年版。

125 《新余市志》第五十四卷《民情風俗》第三章《風俗習慣》第五節，迷信禁忌，漢語大詞典出版社 1993 年版。

唱贊詞，爆竹聲中，老農向秧上噴上一口酒，順手拔起一把秧，然後眾人紛紛下田拔秧，稱之為「開秧門」。

在樟樹地區，也由家裡男主人擔任開秧門之人。開秧門之前，男人先下秧田在秧田的上方點上一炷香、一對紅蠟，燒上一堆紙錢，再放一掛鞭炮，然後朝南邊作個揖，這時女主人方可盛上一小碗飯，飯上必須要有一塊四方形的臘肉，一片干魚片，一瓣鹽水蛋，再倒入一杯酒，然後雙手遞給丈夫。丈夫接過這些東西後，雙手高舉過頭，口中念道：「秧禾快快長，秧蟲快快走，四方諸神佑，風調雨順」等。念完之後，將這些食物和酒倒在秧田四角處，待所有的儀式都完成後，男主人才開始「開秧門」。未開秧門的田不可以隨便亂下，更不能不開秧門便開始拔秧，否則，會被認為犯了大忌。男主人從秧田裡拔四紮秧上岸，算開了秧門。這個日子定下不可更改，所謂「蒔田嫁女，不避風雨」。

在都昌縣，扯秧前，備米粑雞蛋，鳴爆敬神，下田扯秧一把，上田塍吃過粑蛋再正式扯秧，謂之「開秧門」。

在永豐縣，開秧門之日，農家主人家炒花生、豆子，殺雞、煮臘肉，也吃拔秧酒。但他們焚香、放爆竹，不是在田頭，而是到社官廟去祭告。如果請了人幫忙，第一把秧也是要由主人親自拔。

（五）「蒔田」習俗

起秧後，接下來就要開始插秧了。江西農村中把插秧稱為「蒔田」、「栽禾」。為了不違農時，以前各地都有互相幫工的換工習慣，親朋相約，集中勞力輪流到一家一家栽插。一般由蒔田

能手帶頭下田，按水平高低依次排開，開始插秧。在蒔田日子裡，主人家每天都要準備好酒、好菜、好飯，除了三餐正餐外，在上午（有的地方也包含下午）插秧休息的間隙中還加用茶點，一般是米果、麻餈米果之類，由主人家送到田埂上。最後一天插秧叫「關秧門」，當日家家戶戶買魚買肉設宴，給蒔田人吃，由蒔田技術最好的坐首席，叫做「關秧門酒」、「洗秧根」。具體的蒔田習俗各地又稍有些差異，茲舉數例如下。

在贛州地區，舊時請人蒔田，須一日四餐茶飯，備糕餅酒肉款待。時稱「蒔田殺鵝，草子變禾」，認為待人大方收成必好。對於先出工平田耙田的，東家要給煮碗湯或幾個熟蛋吃。蒔田時第一個下田者須是蒔田能手，俗稱「牽蒔」，由其牽邊定位；其餘蒔田手各自量力依次下田插秧。蒔田進程中，原居前者如被後者超越，為之「籠住了」；居中者進度若慢於兩側，謂之「背門框」，這都視為不光彩，甚至受到嘲笑。因而蒔田者皆暗自使勁，你追我趕。

蒔田結束時，晚餐酒好菜多，坐首席首座者為公認的蒔田能手。蒔田還有許多質量講究，如蒔的行距為兩頭尖中間鼓，稱之為「牛卵禾」；一頭大一頭小，稱之為「棺材禾」；橫行中間或田邊視情況可添可減，謂之「打岔行」，直行不能打岔行。有些能手為顯示自己的插秧技藝，各從兩頭開始蒔插，到田中恰恰擦身而過，其行距規格猶如依次順插一般，謂之「黃牛挨身」，與此類似的還有「單線穿針」和「猴子弄棍」等。蒔田時節，誰家禾秧有餘，應無償地送給缺秧戶，待蒔田結束後，方可將秧苗拔作他用，但不能犁掉，因自古流傳「天做事天擔當，不容牽牛犁

禾秧」的俗諺，意思是犁禾秧有損禾秧之尊貴，天意不容。[126]

在上饒地區，秧拔齊後，公推一名插秧能手下田先插（舊稱為「扯示」），大家以他插的秧為標準跟著栽插。大田裡插秧一字排開，你追我趕，互相比賽，氣氛熱烈。栽禾時，戶主一日三餐，必備豐盛酒菜，款待插秧人，上午和下午，工間還要各吃一餐點心。[127]

在吉安地區，舊時農家在開始春插的第一天，要請幫工吃蒔田酒，由坐了首席的蒔田能手開秧門。此時，娘家要給新婚未滿三年的女兒家送蒔田飯。[128]

在瑞金一帶農村，有甩禾秧的習俗，就是在插秧前，先拔一把秧苗，連泥巴一起甩向自己牆壁上或屋簷下。人們認為這樣做，秧苗認得家門，豐收也跟著進門。農村管幫工叫「打伴」，農民彼此相幫蒔田。主人家也款待他們一日三餐，外加一餐點心。蒔田之前，還要煮蛋湯給蒔田工吃，而蒔田工也盡心盡力，不論早晚，按要求完工。最後一天插秧叫「關秧門」。插秧結束時，要帶幾把秧苗回家，拋到自家的瓦背上。

在浮梁縣，農家為了爭取農時，盡早插完秧，往往請人（舊時多請至親勞力）協助，有的則互換工日。主人家早早準備好早

126　《贛州地區志》第二十七篇《宗教、民俗、故事、傳說》第二章《民情風俗》第四節，行業習俗。

127　《上饒地區志》卷三十七《風俗民情》第四章《生產習俗》第一節，農林牧漁習俗。

128　《吉安市志》第三十一篇《風俗》第三章《生產此俗》第一節，農事習俗。

餐（炒糯米糕，蒸糯米果、糯米麻餈）招待幫工，並在燃放鞭炮後，請一農活見長者下秧田先拔一個秧，謂之「開秧門」，然後眾人下田開始拔秧。[129]

在都昌縣，農戶家栽插請幫工，主人應備酒肉相邀，除了三餐茶飯，早晨和下午還應送麵食或爆米（凍米）及煙茶至田頭，謂之「送點心」。[130]

在靖安縣，農戶家請人插秧，主人必備酒肉，餐後抹桌要往一個方向抹，以禾秧順一邊倒。上午或下午工間歇息時，東家要做好米餅、麻餈，並帶著薯片之類的點心及茶水、煙、酒送到田邊，俗稱「過晝」，山區又叫「打點」。[131]

在南豐縣，栽禾要求栽得快，株行距均勻整齊，每坵大田開插時，由栽禾能手先下田栽第一行禾，其他栽禾手左右跟隨，栽插進度居後者稱「關進豬仔籠」，旨在促其加勁追趕。栽禾時，三餐必備酒肉款待栽禾人，上午和下午小休時，還備點心招待。[132]

一些舊時地方志中也記載了農戶「蒔田」的概況：

129　《浮梁縣志》第二十七篇《社會風土》第二章《民間風俗》第四節，生產習俗・農事。

130　《都昌縣志》卷三十四《風俗・宗教》第一章《風俗》第一節，生產習俗。

131　《靖安縣志》卷三十二《風俗、宗教》第一章《風俗習慣》第二節，生產習俗。

132　《南豐縣志》卷三十《風俗宗教》第一章《風俗》第一節，生產習俗，中共中央黨校出版社1994年版。

（會昌）及三月秧針秀苗，競相栽插，名曰「蒔田」。於時，傾佳釀陳旨，蓄以酬主伯亞旅，重農事也。[133]（萍鄉）蒔秧時，擊鼓而歌，謂之「插田歌」。[134]（吉安）入夏，各鄉蒔禾，名曰「大蒔日」。[135]（萬安）四月，農夫「蒔田」，秧歌遞唱，達於四境。親厚者互以酒食相餉。[136]

（六）田間管理習俗

當秧苗插完後，農戶便進入到田間管理時期。田間管理主要體現在兩個方面：一是對秧苗的施肥澆水；一是蟲害防治。在稻禾肥料方面，舊時主要使用的是農家有機肥，包括豬、牛欄糞等，此外當年冬天種植紅花籽草以增加田地肥力的措施也較為普遍。在都昌縣，農戶遇旱年，相約互助，架水車數十相銜接，車港水、湖水灌田，稱「打済水」。[137]

在蟲害防治方面，舊時人們對農作物大範圍蟲害束手無策，認為是天降禍害，於是常迷信神力，向神靈祈禱祭拜，祈盼能消除蟲害，由此產生許多祭祀活動形式，如驚蟄「炒蟲」、四月八「送毛娘子」、正月遊神、五月散禾花紙等等。

---

133 同治《會昌縣志》卷一《風俗志·農事》，同治十一年刻本。

134 民國《昭萍志略》卷十二《風土志·禮俗》。

135 民國《廬陵縣志》卷四《疆域志·風俗》，民國九年（1920）刻本。

136 同治《萬安縣志》卷一《方輿志·風俗》。

137 《都昌縣志》卷三十四《風俗·宗教》第一章《風俗》第一節，生產習俗。

如在贛州地區，端午時節，禾苗抽穗期，農民在田頭地角遍插夾有紅紙條的竹片，俗稱「禾花竹」，或以灑了雞鴨血的紙錢掛在禾苗、果樹上，祈求神靈滅蟲及驅趕蟲雀，俗稱「散禾花紙」。蟲害發生時，許多地方抬出俗稱「禾苗仙」的「仙太娘娘」金身，到屋場、田塅巡游；或全村村民齋戒，到廟裡祈神，祈求神靈消滅害蟲。有的還興舞太平龍。龍用稻草紮成，一般為七節，即龍頭、龍尾各一節，龍身五節。蟲害發生期間，每日傍晚，高舉插有點燃信香的草龍，伴以緊鑼密鼓，穿巡於田間阡陌之間，沿途吆喝吶喊，有的由舞龍人邊舞邊念：「龍燈出塅遊，害蟲別處走；龍燈到處遊，年年保豐收」等辭。草龍舞完後，齊集在福主廟前放火燒化，並念：「龍燈化紙錢，害蟲上西天。」[138]

（七）「割禾」習俗

當稻禾成熟時，農家進入收割季節，俗稱「割禾」。與插秧一樣，農家割禾也一般要請人幫工。在收割日中，主人家每天也都要準備豐盛的酒菜招待割禾者，除了三餐正餐之外，也要於上午和下午送點心到田埂上。在都昌縣，稻穀收割後，如果請幫工把禾稈上堆，則不再送點心，當地有「禾稈上得堆，點心去得歸」之說。[139]

138　《贛州地區志》第二十七篇《宗教、民俗、故事、傳說》第二章《民情風俗》第四節，行業習俗。
139　《都昌縣志》卷三十四《風俗·宗教》，第一章《風俗》第一節，生產習俗。

在稻穀收割完畢後，農家往往會打麻餈果或米果，以慶豐收；同時備辦酒菜，請幫工或幫助收割的親友會餐，俗稱吃「圓禾酒」。特別是在秋收結束後，這種習俗更為盛行，俗稱「洗禾鐮」、「洗禾桶」，意味著一年農耕的結束。人們將麻餈散給鄰里親友，以示慶賀。

　　（南康）四月插禾畢，鄰里歡聚飲酒，謂之「脫秧根」；及獲畢又如之，謂之「洗禾鐮」。**140**

另外，農家在收割之前的「吃新日」（農曆六月第一個卯日），還會舉行「嘗新」活動。這天，家家戶戶到田間採摘幾穗比較成熟的稻穗，烘碾成米後擺在飯甑面上與飯同蒸，還須買酒買肉等，祭祀祖先及五穀神等，以慶豐收。同時還宴請親朋幫工，約定開鐮割禾。

在贛州地區，有的地方人們於收割後堆稻草、堆草皮也會打麻餈果吃，意謂吃了麻餈果，稻草和草皮就會被麻餈果粘緊，不會倒下來。東家設筵招待，謂之「做滿倉」，並請年高輩長者參加。**141**

（八）抄貼季節表

140　同治《南康縣志》卷一《風俗》。

141　《會昌縣志》卷三十二《風俗與宗教》第三章《生產風俗》第一節，農業生產風俗，方志出版社 1993 年版。

舊時新春之初，各地農家多用紅紙把當年通書上有關幾牛耕田、幾龍治水、大利某方、不利某方及廿四個節氣日期等，抄貼在廳堂牆壁顯眼處，借以指導全年農業生產和日常生活。

新中國成立後，此俗在二十世紀五〇年代「人民公社化」時期逐漸被廢；至八〇年代實行家庭聯產承包生產責任制之初一段時期內，又多沿舊俗抄貼；近二十年來，主要改為購買「節氣日曆表（冊）」印成品張貼。

（九）「倒稿」習俗

在贛州等地，農家還存在「倒稿」習俗。人們在晚稻收割後，在當年冬天把土地深翻過來，俗叫「犁禾稿」或「倒稿」。當地有「隔年不倒稿，禾苗長不好」、「隔年倒稿，頂過撿窖」的農諺。[142]

（十）婦女掌犁耙

這種習俗主要存在於贛南等地，在清代時期就已存在，詩人陳文瑞在《南安竹枝詞》中曾有記載：

芸台花謝畝東西，高下秧田碧毯齊；卻羨此邦農事早，

142 《贛州市志》第二十八篇《宗教、風俗》第二章《風俗》第一節，生產習俗·農事。

社前健婦把鋤犁。[143]

民國時期特別是第二次國內革命戰爭時期，婦女掌犁耙更為流行，成為當地農事習俗的一大特色。中華蘇維埃時期，由於贛南原中央蘇區轄縣幾乎百分之八十以上的青壯年男子參加了紅軍或地方武裝，因此許多婦女不得不挑起了耕作重擔，在興國、於都、瑞金諸縣婦女大多數學會了使牛耕田和插秧、收種，頂替男子幹的所有農活。如今該地區農村青壯年婦女同男子一樣，仍然是農業生產的主要勞動力。

（十一）祈雨求晴習俗

在中國傳統社會時期，自然降雨的數量、月季分布等因素對農業生產和民眾生活產生重要影響，時至今日這種影響依然存在。在農業用水幾乎完全依賴於自然降雨的情形下，雨暘是否適宜對各地區農業生產的豐歉與否意義非常。正如同清代學者錢泳所說：「歲之豐熟，全在乎雨暘時若，設有雨暘非其時，則成偏災矣。」[144]

江西地區水系發達，河流湖泊眾多，由於屬於亞熱帶季風氣候區，自古以來水旱災害發生頻繁，給各地農業生產發展和民眾

143　（清）陳文瑞：《南安竹枝詞》第二首，《瘦松柏齋外集》，道光三年刊本。

144　（清）錢泳：《履園叢話》卷七《水利》，中華書局 1979 年版，第186 頁。

生命財產安全造成重要影響。由於古代技術水平等因素的影響，人們對水旱災害等自然現象的認知水平有限，以為是神靈在操縱著風調雨順與否。因此，一旦水旱災害發生，民眾便會採取一些被今人視為迷信的如卜問、祈天、祭祀、造神等方式，以求禳除災害，逐漸成為一種社會習俗活動。「遇風、旱、水、蝗皆束手無策，惟祈禱神靈而已」[145]，賦予各種神靈以祈雨趨旱、止雨掃晴的職能，即所謂的「鬼神實司災祥之柄，而人事卒不能外焉」。[146]

在這當中，既有國家祀典範圍內的神靈信仰，也有本地區祀典的神靈信仰。根據地方志和相關歷史文獻可以發現，風雲山川雷雨神靈為本地區民眾傳統祈雨（晴）的對象之一。風雨山川雷雨神靈信仰歷史悠久，早在宋代時就已有記載，不過當時名稱為風伯雨師壇，且是附祀於社稷壇內，至元代後開始單獨祭祀。如吉安府「宋社稷壇在甘泉門內，元豐間以風伯雨師雷師附祀其中，元始分建二壇，社稷壇在甘泉門外，即今青塘牌下，風伯雨師壇在望雲門外」[147]。明初改之為風雲山川雷雨壇，規定「與城隍同壇而祭，制與社稷壇同」[148]。

祈禱於城隍神靈是本地區民眾比較重要的一種災害禳弭習

---

145 吳惟迪：《寧岡舊俗改良論》，民國《寧岡縣志（後志）》卷五《文徵・內編》，民國二十六年（1937）刊本。

146 （明）趙廷瑞輯：《南滁會景編》卷一《栢子潭文集》，周世選：《重修栢子龍潭祠記》，《四庫全書存目叢書集部》第 300 冊，第 524 頁。

147 光緒《吉安府志》卷八《建置志・府壇祀》，光緒二年刊本。

148 咸豐《袁州府志》卷十四《祀典・壇廟》，咸豐十年刊本。

俗。城隍神靈信仰歷史悠久，具體年份已無確證，《明史·禮志》曾說「城隍之祀，莫詳其始」。城隍神產生之初為城市守護神，其職掌是保護城池，以佑地方民物。「按《周禮》八臘之祭，有水庸。庸，城也；水，隍也，城隍之名昉此。」[149]但自唐代以來，逐漸衍生出保障地方治安，掌管冥間事務、水旱疾疫等神職。[150]民眾遇有水旱、疾疫等災害，祈祀於城隍之神逐成風俗。唐代著名文學家韓愈在任袁州刺史時，面對乾旱曾到城隍廟進行祈雨活動，並寫下了祈雨文：

> 維年月日，袁州刺史韓愈謹告於城隍神之靈：刺史無治行，無以媚於神祇，天降之罰，以久不雨，苗且盡死，刺史雖得罪，百姓何辜？宜降疾咎於某躬身，無令鰥寡蒙茲濫罰。謹告。[151]

明代以後城隍神信仰得到發展，明太祖朱元璋「於臨御之初，與天下更始，凡城隍之神皆新其命」[152]，並在其後制定了專

149　同治《萬安縣志》卷七《祠祀志·廟》。

150　張崇旺：《明清時期自然災害與江淮地區社會經濟的互動研究》第七章第一節，廈門大學歷史系博士學位論文，2004 年。

151　（唐）韓愈：《祈雨告城隍文》，正德《袁州府志》卷十一《藝文二》。

152　《明太祖實錄》卷三十八，洪武二年春正月丙申，台灣中央研究院歷史語言研究所校印本 1962 年版。

門的廟制和祀典，建立了上下統屬的城隍神祀系統[153]。清承明制，以城隍主厲壇，規定每年仲秋祭都隍；每月朔望，有司至都城隍廟上香，暘雨愆期則禱。

此外，在各地民間，對龍王的祈禱也是較為普遍的一種祈禱（尤其是祈雨）方式，成為本地區比較普遍的習俗之一。龍王是古人幻想出來的動物神，是四靈（麟、鳳、龜、龍）之一，在古代傳說中，龍往往具有降雨的神性，因傳龍王能興雲布雨，故凡有水之處，無論江河湖海，淵潭塘井，莫不有龍王掌握該地水旱豐歉。

> 龍，靈物，屈身變化莫可端倪，行則威龍，飛則震龍，居則戢龍。春分而登天，秋分而潛淵，其神之所棲，不臥雲即伏湫。凡夫雨暘之不若，禾麥之不秀，禱求之率應，海宇所以有龍王之稱，市鎮所以舉廟祀之典也。顧龍有四種：一天龍，守天宮；二神龍，興雲雨，能益人間；三地龍，決江開瀆；四伏藏龍，守輪王福藏。由此以推，世所崇祀者必是神龍。抑考之《山海經》，應龍處南極，偶殺蚩尤、夸父，不得復升，故地下數旱，人為應龍狀，乃得大雨，然則天下

153 可參見方木《水神崇拜的末流——談明清河員的迷信》，《四川水利》1995 年第 2 期；陶思炎《祈雨掃晴摭談》，《農業考古》1995 年第 3 期；張崇旺《明清時期自然災害與江淮地區社會經濟的互動研究》，廈門大學歷史系博士學位論文，2004 年。

肖神像而禮之者，又或是應龍歟？未可知也。[154]

　　另外，民間相傳能致雨的一些人格神靈也得到了敬祀。這些神靈包括全國性範圍之神，如關帝、劉猛將軍等；更多的是地方性神靈，如許真君、蕭公神等。關公開始本是作為忠義之神所祀典，後來逐漸演變為司雨之神，民間相傳說是關公用的青龍偃月刀，磨刀時要用大量的水，所以每年端午前後，都要下起傾盆大雨，俗有「磨刀雨」[155]之稱。 在江西，傳說「磨刀雨」由楊泗菩薩負責，如果沒有下雨，關公則在六月初六楊泗菩薩曬袍那天下雨，讓其曬袍不成，德安縣有「五月十三日楊泗菩薩既未拿雨水給關爺磨刀，所以今日關爺亦不拿太陽給楊泗菩薩曬袍也」[156]的民謠。劉猛將軍是載在祀典的驅蝗正神，是國家崇信的禳除自然災害神靈的重要代表。[157]而蕭公和許真君，則是掌管江河的水

154　民國《廬陵縣志》卷十三上《禮典・廟》。

155　（清）顧祿：《清嘉錄》卷五《五月・關帝生日》云：「（五月）十三日為關帝生日……又相傳九月十三日為成神之辰，其儀一如五月十三日制，俗以此二日雨為關王磨刀雨。」參見張智主編《中國風土志叢刊》第 34 冊，廣陵書社 2003 年版，第 242-243 頁。

156　《德安楊泗菩薩曬袍之風俗》，胡朴安撰：《中華全國風俗志》（下）卷五《江西》，張智主編：《中國風土志叢刊》第 9 冊，廣陵書社 2003 年版，第 1094 頁。關於楊泗菩薩詳情，筆者不能得知，但從中似乎可以認為，它和關帝都是具有掌管晴雨職能的神靈。

157　參見車錫倫、周正良《驅蝗神劉猛將軍的來歷和流變》，《中國民間文化——稻作文化與民間信仰調查》，學林出版社 1992 年版；參見吳濤、周中健《劉猛將軍信仰與吳中稻作文化》，《農業考古》1998 年第 1 期。

神，皆為江西地區的主要地方性神靈[158]，在全省各地大都建有廟宇祭祀[159]，民眾「凡水旱、疾疫有求皆應」[160]。

> 神曰晏公，清江鎮人，洪武中以護國封平浪侯；曰蕭
> 公，新淦人，永樂中以護國封英佑侯，凡水畔俱有其祠。[161]

除了上述神靈外，在江西各地小區域內還存在著其他各種類型的神靈，成為人們祈雨求晴崇祀的另一類對象。這些神祇來源蕪雜，其中主要是當地的鄉賢名宦，也包括一些傳說中的人物。他們在生前做了一番事業，死後封神，各管一方。民間立廟祭祀，祈求能得到他們的庇佑，所以向這些神的祠廟祈晴禱雨就成了一件較為普遍的做法。如新淦縣（現新幹縣）的蘇王廟：

> 陳永定中（557-559 年），蘇為巴邱令，有政聲，沒葬
> 秋山，鄉人立廟祀之……凡水旱疾病祈禱輒應。[162]

158 隨著明清江西民眾向其他地區的流移，二神信仰也逐漸由贛江流域波及全國各地，成為具有全國影響的水神。參見向柏松《中國水崇拜》，上海三聯書店 1999 年版；參見章文煥《中華人傑許真君》，《江西科技師範學院學報》1995 年第 3 期。

159 廟宇名稱存在地域性差異，前者主要有蕭公廟和水府祠，後者主要有許真君廟和萬壽宮兩種名稱場所。

160 （明）曾鼎：《蕭公祠記》，同治《新淦縣志》卷二《建置志·壇廟》。

161 同治《新喻縣志》卷三《壇廟》，同治十二年刊本。

162 同治《新淦縣志》卷二《建置志·壇廟》。

　　除了上述壇廟外，本地區眾多的山川也成為民眾祈禱的場所。《禮記・祭法》曰：「山林川谷丘陵，能出雲，為風雨，見怪物，皆曰神。」許多山區的潭、泉、井，因其水深幽靜而神秘，民間相傳有龍出沒其中，故被稱為龍潭、龍泉和龍井，也是民眾祈求雨晴的重要場所。

　　（遂川）大龍潭，在縣東南四十里，潭之下又有小潭，方廣可一畝許，沿岸皆磐石壁立，旱則禱焉；薯州潭，在縣二十八都，潭外有香花潭，又有搖籃潭、拖龍石，旱禱輒雨；天馬山，上有龍潭，潭東有白石廟，相傳唐時有兄弟三人顯神於此，指白石為姓，鄉人立廟祀之，祈禱輒驗。俗云白石龍靈，求雨得雨，求晴得晴。[163]

　　（新余）蒙山，上有施龍泉和風雨潭，邑大旱，輒請擊龍取水致雨，有奇應，雲有龍宮；百丈峰雷祠，邑值旱祈雨得雨，故祀；龍頭岡，上建有龍神行祠，天旱祈雨多應。[164]

　　（吉安）虎峰山，在安平鄉，山上有石岩，就岩築有廟宇，神因地靈顯頗著，四方祈禱絡繹不絕；武華山，在安平鄉，居人以卜陰晴，高數十里，峰巒疊秀，其麓有泉，經旱不竭，禱雨者嘗於石下投符，多奇應。[165]

163　同治《遂川縣志》卷一《地理志上・山川》，同治十二年刊本。
164　同治《新喻縣志》卷三，《壇廟》。
165　民國《吉安縣志》卷二《地理志・山川》，民國三十年刊本。

明正德《袁州府志》中登載了唐代著名文學家韓愈在袁州刺史任上寫的到境內仰山廟中進行祈雨的祭祀文和降雨後的謝神文：

> 維年月日，袁州刺史韓愈謹以少牢之奠，祭於仰山之神，曰：神之所依者，惟人；人之所事者，惟神。今既大旱，嘉穀將盡，人將無以為命，神亦將無所降依，不敢以不告。若守土有罪，宜被疾殃於其身，百姓可哀，宜蒙恩閔以時賜雨，使獲承祭不怠，神亦永有飲食。謹告。[166]

> 維年月日，袁州刺史韓愈謹以少牢之奠，祭於仰山之神，曰：田穀將死而神膏澤之，百姓無所告，而神恤之；刺史有罪，而神釋之，敢不有薦也！尚享。[167]

二、其他農事活動習俗

(一)「摘木梓」習俗

在江西大部分山區和丘陵地帶，存在著很多天然或人工種植的木梓（油茶）樹，當地人們常採摘其果實木梓（油茶籽）榨成食用茶油，為家庭食用油的主要來源。人們在採摘油茶籽的過程

166 （唐）韓愈：《祈雨告仰山文》，正德《袁州府志》卷十一《藝文二》。

167 （唐）韓愈：《謝雨告仰山文》，正德《袁州府志》卷十一《藝文二》。

中，形成了一些活動習俗。

油茶籽分為「秋分子」、「寒露子」和「霜降子」三類，主要因其在「秋分」、「寒露」和「霜降」節氣前後採摘而得名。在贛州地區，摘木梓時，東家一日五餐茶飯款待幫工。本應採完一片，方許撿木梓，但東家為顯示慷慨，在採摘將結束時，留一小塊讓大家共同採摘，俗稱「打秋風」。此時，眾人比賽吹樹葉、唱山歌，皆大歡喜。晚餐加菜、燒米果，喜慶豐收，謂之「做下山」。山主宣告採摘結束後，任何人都可進山拾木梓。在井岡山，摘茶梓忌東家烹吃冬瓜、南瓜，俗說吃了瓜上山，下嶺就會打滑、摔跤。

（會昌）會邑田山參半，山居谷汲之民以山為業，松、杉、竹箭其產無多，無事勤動為木梓則重岡復嶺，彌漫無際，當六七月農務稍閒，鋤去草萊，名曰「鏟嶺」，迨至青女司寒，梓桃成熟，蟻附猿攀，往還採摘，日暴殼裂，篝燈揀仁，雖婦女以夜闌為度，不得少休，山業多者延至臘月，尚徹日連宵，撞槽榨油，其作苦如此。[168]

舊時，很多地方民眾採摘木梓常因收摘時間不一或山界不明而亂收摘，引起爭端甚至械鬥，故各地均制定有鄉規民約，規定進山採摘時間和亂山罰規。新中國成立後，每年由各縣人民政府

---

[168] 同治《會昌縣志》卷十一《風俗》。

頒發布告，作出收摘木梓的具體規定。屆時，農家三五成群，挑蘿背筐，登山採摘。新中國成立後，「做下山」之俗，絕大多數地方在人民公社集體化時期已廢，八〇年代初又興。

（二）燒磚瓦習俗

磚瓦是建築房屋必不可少的材料，各地民間都建有不少磚瓦窯場，在燒磚瓦過程中，形成了一些活動習俗。

在靖安縣，舊時燒窯，建窯時東家設宴，窯師端坐首席。窯成開火之日，即行窯祭，用雄雞冠血灑點，焚香化紙朝拜，然後點火燒窯。每窯如此，所以一般窯邊都建有冷壇廟，內擺小菩薩或趙公元帥、李廣先師神位牌。新中國成立後此俗漸廢。

在贛州，民間燒磚瓦窯，設有窯棚。每逢「進棚」、「散棚」和每窯裝好點火之前，要殺雞燒香敬魯班，在家置辦酒肉請全體窯工吃一餐，謂之「做瓦祭」，又稱「做神福」。磚瓦燒好出窯時，東家要宴請窯工，謂之「開財門」，至第三、七窯時，窯主必挑選質量好的一塊青磚、四片白瓦敬奉社官，同時宰殺小狗祭窯，祈求生產順利、生意興旺，至第四、第八窯時，又要備辦香燭紙錢向社官叩謝。平時，如遇燒窯不冒煙，需殺小黑狗祭煙囪，鎮邪惡。新中國成立後，敬社官、祭窯諸習漸廢，「做瓦祭」之習仍興。

在吉安地區，過去農家建房，一般都是自家建窯燒磚。燒磚瓦窯時，窯匠師傅造窯，點火頗為講究，有一套世代相傳的習俗，稱「祭窯」。一般的「祭窯」，實際上是祭祀火神。火神主宰人間煙火，民間傳說為祝融，又稱「火德星君」。

「祭窯」時，一定要宰殺雄雞，滴血於窯門前，然後再點火燒窯，說是為了免除災禍。相傳古時有只九頭惡鳥，被二郎神楊戩斬去一頭，常年滴血不止，它到處飛鳴，其血滴在誰家院中，誰家必遭禍事。只有見到火光，它才遠遠地飛開躲避。殺雞滴血表示已破了九頭惡鳥的邪氣。

「祭窯」，除祭祀火神，殺雞滴血避邪外，還要祭敬趙公元帥和李廣先師，說是希望磚瓦一火燒成功，不出廢品次品。所以，窯師行祭時，常常在窯門前寫明「趙公元帥，李廣先師神位」。然後殺雄雞、灑雞血，焚香鳴炮，酹酒禮拜，將雞頭插在窯門上，口中念念有詞：「先師坐東朝，弟子今開窯，一盅雄雞酒，叩敬先師嘗，有事弟子在，蒙師多關照」，最後點火燒窯。[169]

（三）挖冬筍習俗

在江西許多山區，挖冬筍是當地農民喜愛的一項採集活動。如在井岡山一帶地區，農曆十一月以後，冬筍即開始生長，山民們身背背簍，手握鋤頭進山挖筍，他們一般都熟知冬筍生長規律。進山後，選擇「當年」母竹（「背年」竹筍少），沿竹梢方向尋找稍微隆起或已爆坼開裂的地面，清除表面落葉，試挖之後，有的即可見到筍尖；有的則只能看到竹根，須順根再挖。如

169　《吉安市志》第三十一篇《風俗》第三章《生產習俗》第二節，工商習俗。

竹根長毛（裏有箬衣），表示竹齡較幼，此根無筍；如竹根鮮活
橙黃，則表明長有冬筍。挖到筍後，還可沿竹根走向，繼續尋
挖。

挖冬筍者多選擇「走邊竹」尋挖，此種竹生筍較多，有「橫
三豎七」的說法，如果筍從竹根橫向伸出，意味著該竹根生筍不
多；如冬筍生長方向與竹根平行，說明生筍較多，甚至一窩可挖
到幾個冬筍。[170]

（四）燒木炭習俗

在江西各地山區，由於林木資源較為豐富，人們常於冬季上
山砍伐林木，並在山中挖製木炭窯，有的也將窯挖在房前屋後，
將林木燒製成木炭，或作為冬季自家烤火之用，或運至鄰村外地
出售。

木炭窯主要由出風口、窯身和燒柴口三部分組成，一般是挖
在斜坡上。在挖製過程中，要求燒柴口、窯身和出風口與風向一
致，即三部分按順風方向挖製，如果方向相反，則出炭率不高，
容易燒成粉末。

（五）狩獵習俗

江西省境四周基本上是山區，野味資源豐富，這些地區的人

---

170 《井岡山志》卷二十四《人口社會》第六章《風俗》第五節，生產、
生活習俗，新華出版社 1997 年版。

們在農閒之餘，流行進山狩獵，於是長期以來形成了許多相似的打獵習俗，有的至今仍在沿用。

如在銅鼓縣，狩獵有「大獵」、「小獵」之分，獵取老虎、豹子、野豬等大動物，叫「大獵」。「大獵」的活動範圍有幾十裡，大都結伴而行。一人一犬，活動範圍很小，專獵「兔」、「野雞」等小動物，謂之「打小獵」或「打單趟」。

狩獵隊有嚴格的分工，尋找野獸蹤跡的人叫「抄山」，是最為艱苦的操作。大家根據「抄山」人提供的線索，分頭把守等待，這叫「上趟」，也叫「坐趟」。

「坐趟」的人要嚴守兩條規矩：1. 來得慢，打得慢；2. 來得快，打得快。這是因為獵物走得慢時，表示它正試探著前進，尚未發現有人要對它開槍。獵物走得快，則表示它已經有所警覺，這時開槍要快，以免它倉皇逃竄。

銅鼓山區狩獵還有許多說法。如：「高打頭、低打腳，平飛打嘴角」。「野豬多隱匿山腰」，「麂子多跑山坳」，故也有「豬打橫坡麂打坳」的說法。

射擊獵物時，開第一槍的人為「打頭銃」，打頭銃的人在分配獵物時候先分獸頭，如果打頭銃的人沒有將獵物打死，開第二銃的人則要與打頭銃的人分一半獸頭。「抄山」人分內臟，外加兩隻蹄腳，多餘的，按上山狩獵的人數進行平均分配，獵犬也享有與大家一樣的待遇，只不過獵犬的這份由獵犬主人領享。[171]

171　《銅鼓縣志》卷二十七《社會》第二章《風尚習俗》第一節，生產

在萍鄉地區，狩獵常結伴而行，大規模狩獵稱「打大山」。先由一本領高強者繞山查看野獸出沒蹤跡，驅逐「山精妖怪」，謂之「圍山」。然後獵手分頭把「關」，首射獵物者，謂之「響頭銃」，得獵物的頭和兩只腿。倘由別人補槍才得獵物，補槍者得獸頭一半；「圍山」者得獵物內臟和另兩隻腿，其餘獸肉按人頭平均分，獵犬亦得一份，由主人領走。平常還有放鐵夾、爆藥獵捕野獸者。[172]

在撫州南豐縣，山區農民常於冬閒季節，或發現野獸危害莊稼時，聚眾搜山圍獵，或在野獸經常出沒處，安裝弓箭或陷阱。圍獵時，由善於識別野獸行蹤的人攜狗搜山，將獵物從隱蔽處趕出，以便於持槍銃獵手射殺。如有獵獲，搜山者和第一槍射中獵物者，分配獵物從優，其餘參與者則平均分配。安裝弓箭、陷阱，均在傍晚後進行，並在其周圍標明示禁，第二天拂曉前拆除，以防誤傷行人。[173]

在贛州，進山狩獵，結伴同行。每人腰間繫一條用豬血或桐油漿過的麻繩網絡，以「避邪」。抄山者，頭戴草帽或斗笠，與獸類區別而保安全；「守堂者」，埋伏在預定範圍內，待機開銃。首先命中獵物者，謂之「打頭銃」，可分得獸頭和兩份獵物，其

習俗，南海出版公司 1989 年版。

172 《萍鄉市志》第四十七篇《生活·習俗》第二章《風俗》第一節，生產習俗，方志出版社 1996 年版。

173 《南豐縣志》卷三十《風俗宗教》第一章《風俗》第一節，生產習俗。

餘按人均分。有獵犬參與，也分一份，歸犬主。[174]

　　在宜春靖安縣，狩獵常常是邀伴而行。分「搜山」、「坐杖」。獵物出現時，首先開槍射中者稱「打頭銃」。分配獵物時，打頭銃的人得獸頭（以耳朵貼頸脖，靠耳朵尖割下）以及兩只腿；如一槍未擊中要害，因補槍而使獵物倒下，補槍的人要分半邊獸頭，搜山的人則得另外兩隻腿及內臟。獸肉則按人數平分。獵人狩獵，根據野獸特徵尋跡追捕，民間流行「虎走棋侖，豬過橫。麂過坳，狐狸犴狗滿山跑」的說法。[175]

　　在贛南地區，民間素稱狩獵為「打獵」。舊俗出獵要挑選日子，並講究什麼日子走什麼方向。有的還有看獵狗出門後的情緒預測出獵結果的習慣。即：一出門狗就主動前行，出獵順利；狗在路上打滾，意味著打獵大有希望；若狗賴著不肯出門，或走回頭路，則此行不會有好結果。結伴相邀進山狩獵，每人腰間須掛一個用豬血和桐油浸過的麻繩網絡作為「辟邪」之物。尋獸跡帶路的「抄山」者，頭上還得戴頂草帽或斗笠，以區別人、獸。發現獵物，多由站在最佳位置或槍法精者首先射擊，俗稱「打頭銃」。如果一槍命中獵物要害，分配獵物時，打頭銃者得獸頭，另加兩條腿，「抄山」者得另外兩條腿及內臟，獸肉按人數平分，如有獵犬，犬主也參加分得一份。但各地分配獵物的習俗也

174　《贛州市志》第二十八篇《宗教、風俗》第二章《風俗》第一節，
　　　　生產習俗‧農事。

175　《靖安縣志》卷三十二《風俗、宗教》第一章《風俗習慣》第二節，
　　　　生產習俗。

有不同，有的為首中者得雙份，在場者人均一份；有的按獵物身體部位分；也有的按獵物的體重比例分。分配山羊等小獵物，多實行「一銃頭，二銃皮，膛肚供獵狗」的分配方法。**[176]**

　　贛州、上饒等地畬民多依山而處，過去主要以狩獵為生。他們外出常挾帶敷以毒藥的弩矢，射中猛獸無不立斃。並設立機關陷阱捕獸。近代畬族獵人多持具有本民族特色的八節銃狩獵，其形狀為七棱八面，與眾不同。狩獵對象多為山區常見的野豬、豺、刺蝟、山牛、山羊、麂子、鹿、獐、狐、獺以及各類山禽等。

　　另外，瑤民也善於狩獵，但每月初三、十三、廿三日不外出狩獵**[177]**。

　　在井岡山，打獵這天，獵手忌在廚房議及打獵事，出門時必須以左腳先起步，可保行動安全。

第三節 ▶ 漁業生產及其習俗

　　江西歷來被人們稱為「魚米之鄉」，境內河流湖泊密布，港汊縱橫，漁業資源十分豐富，從而促進了本地區漁業生產的發展。俗話說：「靠山吃山，靠水吃水」，據考證，早在夏商時期，

176　《贛州地區志》第二十七篇《宗教、民俗、故事、傳説》第二章《民情風俗》第四節，行業習俗。

177　《贛州地區志》第四篇《人口、民族、人民生活》第三章《民族》第二節，少數民族・畬族。

本地區就有很多人開始了打漁生活，出現了以湖為生的專業漁民。古人描繪秦漢時期江西居民的生活狀況時，有「飯稻羹魚、火耕水耨」[178]之說，從側面反映出捕魚業的情況。在長期的發展過程中，這種生活方式一直流傳並沿承至今，逐漸形成了一種漁業民俗文化。

一、漁業生產操作習俗

（一）漁業捕撈

歷史上魚類捕撈有天然捕撈和養殖捕撈兩大類。前者是以自行繁衍的江河湖泊魚類為主要捕撈對象，後者以池塘、水庫中人工放養的魚類為捕撈對象。由於工業污染等原因造成江河魚類繁殖越來越少，天然捕撈愈顯困難。現在江西大部分地區漁業的捕撈主體為養殖捕撈，主要有湖區捕撈、水庫捕撈和池塘捕撈三類。天然捕撈主要以河流、鄱陽湖區為主。

1. 捕撈漁場。其中天然捕撈場所主要分布在鄱陽湖區和江河流域等地；養殖捕撈場所主要以池塘、水庫、小型湖泊等地。

（1）天然捕撈場所。在鄱陽湖區，存在著不計其數的天然漁場，具體可分為魚類繁殖、越冬和捕撈三類場所。以都昌縣為例，魚類繁殖場所主要有三處：縣境南岸洲產卵肥育場、縣境北岸洲產卵場、鯔魚索餌洄游場；越冬場所主要有磯山港、下岸

178　（漢）班固《漢書》卷二十八下《地理志第八》。

角、塔下港、鐵樹基、馬鞍港、老爺廟港、虯門港等七處，主要有鯉、鯽、鯰、青、鯿、鮊、鱖等魚類；捕撈場所既包括南長河港、酬謝湖漁場等大型場所，也包括眾多的零星湖片區，如戴家湖、老橋湖、珍珠湖等。[179]正德《南康府志》中記載了當時該府及所屬縣應交的魚課稅額，從側面反映了這一時期鄱陽湖區漁業的發達：

> 魚課米六百二十石五斗七升（俱建昌縣，今分安義），魚油一萬九千二百四十斤零十三兩九錢四分。星子縣八十三斤五兩一錢，都昌縣一千二百四十九斤零十兩，建昌縣六百二十九斤六錢，今分三百二十六斤一兩八錢二分五釐安義縣，安義縣三百二十六斤一兩八錢二分五釐；楊林河泊所一萬六千九百七十八斤一十四兩二錢四分；魚鰾四百零一斤六錢一分，星子縣一斤十二兩三錢八分，都昌縣二十六斤一兩，建昌縣十九斤五兩六錢，今分六斤十一兩安義縣，安義縣六斤十一兩。[180]

此外，在贛江、撫河、信江、修水、潦河及其眾多支流等河流也主要是以天然捕撈形式為主。

（2）養殖捕撈場所。主要存在於眾多的池塘、水庫以及小

179　《都昌縣志》卷十二《水產》第一章《捕撈》第一節，漁場。
180　正德《南康府志》卷之五《課程》，《天一閣藏明代方志選刊》本。

型湖泊等地。其所捕之魚主要是靠人工養殖而非自然所產，這種場所主要分布於眾多村莊的房前屋後、田地之中。水庫主要為新中國成立之後所修建，大多數是在山區、丘陵地區，庫址一般選在農田上游地勢較為狹隘之處，早期主要是以灌溉農業為主，近些年來各地庫區養殖發展較快，灌溉和養殖並重。

2. 捕魚期。也叫「魚汛」。其中江河湖泊的天然捕魚期較多，人們根據魚類活動規律產生了不同的捕魚期；而對廣大小型池塘、水庫中的養殖捕撈來說，則捕撈期一般只是在年終。

（1）江河湖泊天然捕魚期。每年江河湖泊裡的魚類出現有規律的繁殖、索餌、越冬洄游活動，形成魚汛，即捕魚期。隨時令季節變化，可分為春汛、夏汛、秋汛、冬汛四類，其捕撈規律是：春捕潮水游，夏圍魚聚群，秋截魚入江，冬撈魚窩藏，農家有「春汛一刻值千金，一網魚蝦一網銀」之諺。根據魚類的生理差異，不同季節有不同的魚類，如在鄱陽湖區，茨花開時出青魚，麥黃時節產鱅魚，清明穀雨出搭籽（產卵）魚，八月起風打混出銀魚，拜社出河豚，立秋出鳳尾。

春夏水滿時，可以隨意捕魚。舊時鄱陽湖區民眾還有「塹湖」捕撈活動。塹湖時，先打兩根樁，樁上紮紅布，叫「紅門樁」。樹「紅門樁」要放鞭炮。塹湖要樹標號（插一根竹竿，竿上紮點稻草）。樹了標號，別人就不能在那裡捕魚。從樹標號開始，三天內如果有人在該處捕魚，則進行勸阻，如接受勸阻就不能留難。三天後，如果還有人到該處捕魚，可視作蓄意侵犯，可沒收他的漁具。

另外，為了保護魚類資源，湖區每年還會進行「禁港、禁

湖」的儀式活動，即劃出一定湖區，規定在一定時期內禁止捕撈魚類等；禁期結束後，相應地要舉行「開港、開湖」的儀式活動，當天附近的漁民前往禁湖區進行捕撈。

舊時禁港、禁湖時，要插封標，放鞭炮，有的還請酒，邀請當地的頭面人物赴宴，請他們支持。禁港、禁湖時，既禁捕魚，同時也禁止挖掘和採摘蓮、藕、菱、芡實等水生物。禁港、禁湖期間，外縣過往漁船，三天內可以捕魚，謂之「菜魚」，意思是捕少量的魚自己當菜下飯，不能捕大量的魚出賣。「開港」時也要放鞭炮，開大港、大湖還要放銃，有的事先還要請酒。

在餘干縣，「下泗段」漁場是鄱陽湖最有名的漁港，被稱為鄱陽湖的「珍珠港」，它位於鄱陽湖南沿，信江入湖處，這裡背風朝陽，潭深水暖，食料豐富，是鄱陽湖有名的魚庫。這是一塊小湖面，面積不到幾百畝，可水中層層有魚。每年中秋後，這個漁場就被保護起來，不準閒散漁船捕撈，到了春節前夕，約定日期，各地漁民都來捕撈，名曰「開港」。這種傳統習慣一直延續了三〇〇多年，形成了鄱陽湖一年一度的漁民盛會。開港這一天，不僅遠近漁民皆來歡聚，觀看開港的遊人，也有成千上萬，場面非常熱鬧。

開港前一日傍晚，附近漁民便來到港區，並聽令「進段」（即到指定的位置停船）。第二日凌晨，港邊船連如市，一千多條漁船排成長隊，漁民們立在船頭上，等待指揮撒網信號。湖岸上，人山人海，鬧聲如潮。天剛破曉時分，「叭、叭、叭」三聲信號槍聲拉開了「開港」的序幕，漁船如潮水般湧入漁場，幾千條漁網幾乎同時撒開，如天女散花般，鋪天蓋地。

收網時刻，當網兜拉起至水面時，在晨光映照下，湖面上的魚像鋪水湧雪一般，十分壯觀。一般不到半個小時，船上便會傳來一陣陣喧鬧的鞭炮聲，此起彼落，響成一片，這是魚滿艙的告捷豐收的信號。

過去鄱陽湖區「開港」之日，不管親戚朋友，也不管生人熟人，到哪條船上，都會受到煮魚擺酒的招待，同慶豐收之樂，而觀看的遊人也樂於品嘗漁民煮魚的特殊風味。

為了保護漁業資源，新中國成立後，政府明令禁止「塹春湖」形式，規定每年七月開始「塹湖」圍捕活動。

（2）養殖捕魚期。在較大型養殖場所，捕魚期也如江河湖泊捕魚期一樣，各個季節都會進行捕撈。由於是養殖為主，其所捕魚的種類則主要是養殖的種類。在小型的池塘、水庫場所，捕魚期一般都是在冬季春節前，如所養之魚較大（一般養了 2 年以上），則在農時或節日中會進行零星捕撈售賣。

3. 捕撈工具。主要以網具為主，兼有鉤具和釣具等類。

過去捕魚的網多採用麻結成，敷以豬血、柿油以利爽水。新中國成立後，從二十世紀六〇年代開始各地逐漸使用尼龍絲、乙烯絲等人造絲網具，主要有尼龍圍網、定置網、躍進網、十人網、流水網、單層刺網、雙層刺網、三層刺網、條網、變層高刺漁網等，麻製網具逐漸被淘汰。漁網主要由鋼索、網身、沉子、浮子等部件組成，而網身的長短深淺、網眼大小細密決定著漁網的類型。按其形狀、用途和施放形式，可分為拖網、拉網、圍網、流網、罩網等類。

其中拖網是指採用拖拽法捕撈底層或中上層魚類的網具總

稱，分為大型密目拖網（俗稱「大蘇網」）、大型稀目江網、湖網、扒網、腰拖網等種；圍網又稱絲網、刺網等，網身延長成長條形，分為稀目、密目兩類，通常習慣以手指徑計算網目大小，分二指、三指、四指等；罩網是從水面向下圍罩魚類的網具，俗稱打網、拋網，網口圓形，用鐵條做袋子沉子，以加速網身下降。此外，在許多鄉村，人們還普遍運用竹籠（俗稱「毫子」）捕魚，屬於袋型網類，圓柱形，入口處具有竹製尖倒刺，魚入內則不能逃出，常放於河口洩水、流水窄港中。

鉤具主要是用於掛捕大中型魚類的工具，由綱索、鉤繩、魚鉤、浮筒組成，其種類主要有沉鉤、浮鉤、流鉤、鏐、梭鉤、鐵扒等。其中沉鉤、浮鉤、流鉤又稱捆鉤，綱索長約五十米至三〇〇米，鉤形較大，鉤尖較為鋒利，將鉤柄繫於鉤線一端，鉤線另一端固定在綱索上，每尺餘一鉤，浮筒置於綱索兩端，張放於流水側，刺捕體型較大魚類；鏐主要捕刺水底層魚類，靠行船拖動將魚掛住；梭鉤主要是將捆鉤紮於較粗綱索上，由二人各拉一頭，在河湖中往返拖動綱索掛住大魚；鐵扒形狀如竹扒，一端爪形，上紮捆鉤，另一端捆在竹竿上，以伸入河底扒掛魚類。

釣具主要是採用誘餌裝鉤釣捕魚類的工具，由綱繩、釣線、魚鉤（或筏子）、餌、浮筒組成。

在鄱陽湖區，舊時漁民捕魚使用的漁具都有嚴格規定，大網、把網、高網等大型漁具，哪個村用什麼網，用多少張網，都有「約定俗成」的習慣，不能亂用。而在其他河流之地，則沒有太多規定，主要是以捕魚需要而定。

（餘干）漁之事具為罾、為大網、為罩網、為絲網、為台網、為敲網、為扒網、為索網、為寢網，截江為跳網、為白船網、為捆鉤、為劃鉤、為舂鉤、為篾撈鉤、為鱉叉、為絲車、為鐵鐐、為腰須籠、為花籃、為芒椎籠、為狗頭籠。[181]

明人陸深在《豫章漫抄摘錄》中也描述了環鄱陽湖區漁民的捕魚工具狀況：

鄱湖之濱，民以巨罾漁，乃洞其底，以承之，設逆焉，使魚能入而不能出也。上施轆轤網而觀魚之有無，以漸約致魚之初失水也，跳躍不已，以漸約至下，入而水始裕，而不知死地之近也。[182]

4. 捕撈方法。捕撈工具的多樣性決定了漁民具體捕撈方式存在多種類型。

網捕是使用最為廣泛的捕撈方式之一，它包括張放、拖曳、流剌、圍殲、攔阻、罩捕等作業方式。通常是兩個人一條竹排，一人撐篙，一人撒網；也有一個人立在小船（或大的木盆）中放

181　同治《餘干縣志》卷二《輿地志二‧風俗》。

182　（明）陸深：《儼山外集（外三種）》卷二十《豫章漫抄三》，上海古籍出版社 1993 年版。

網的；在小河、水庫中常游泳放網；在溝渠地帶則用三角網捕撈。放網一般在傍晚，於次日早晨收網。在較大湖區，人們常聯合作業捕魚，如有一種由十個漁民分坐四隻小船同時撒一網的「十人網」捕魚法，每人各執一端，齊心協力將網內的魚圍住並慢慢收攏，一般能捕獲較多魚類。舊時捕撈工具落後，新中國成立後，對網捕方式進行了一些改革，如改淺水作業為深水作業、改小划船為機動船、改水層裙式網捕法為水層流刺網捕法等。

鸕鷀捕魚在鄱陽湖區等地也是一種較為常見的捕魚方式。鸕鷀又稱「魚鷹」、「魚老鴨」，善於潛水捕捉中小型魚類。可馴養繁殖，漁家舊時多有飼養。捕魚前，漁民先用細繩紮住鸕鷀喉管部，以免鸕鷀將捕獲的魚吞入肚中，但不能紮得過緊。然後將鸕鷀或載於木排，或載於小划船上，用竹篙猛擊水面，吆喝鸕鷀潛入水中捕魚，也可用其追趕魚類闖入撒好的網中。這種方式適於港汊河灣圍捕，新中國成立後還為常見。

在河流、湖泊、水庫等各處入水區，鄉間民眾常用魚籠捕魚。以細竹篾織成一頭大一頭小的竹籠（俗稱「毫子」），小頭封閉，大頭以尖篾編成的漏斗作蓋。春夏降雨時節，將竹籠裝於入水狹窄之處，魚類進入其中則被篾條鉤住不能外出。

鉤捕也是舊時常見的捕撈方式，分拖曳、排放、扒掛等作業方式，其中拖曳法主要為冬季使用，其他則在夏秋季常用。

釣魚是各地普遍的捕魚方式。有三種方法，一是手持釣竿，鉤結餌料，身坐河、塘岸邊，候魚上鉤；二是鉤結餌料，將釣竿插在河邊，夜晚下釣，凌晨收竿，叫做「放夜釣」；三是將許多魚鉤按適當間隔繫在一根數十丈長的細線上，隨竹排或小船順流

而下，投放鉤餌於水中，凌晨收線捕魚，叫做「攔河釣」。

此外，還有一種車（抽）乾湖（水）捕魚的方式，參加車水的人在前面捕，沒有車水的人可跟在後面捕，在後面捕魚的人叫「打橫」。參加車水的人不能禁止別人「打橫」，「打橫」的人亦不能「搶前」捕魚。

夜間用魚叉捕魚也較為常見。春夏季節，在山區河渠湖畔、田間塘角，夜晚常有鱔、鰍、石魚等出來活動覓食。人們手持照明工具、魚鉗（或魚叉），身帶魚簍，照魚叉取。秋末冬初，江河魚類喜歡在陽光下取暖，這時也可用魚叉到江河淺灘叉魚。

用茶麩（茶籽榨油後的渣物）、石灰等撒在塘、溪流中以毒死魚類（俗稱「藥魚」），是以往農村常用的一種捕魚方法。但它常使渠、塘、溪流中大小魚類全部死亡，對魚類生產和河流環境危害極大，現在在一些邊緣山區還存在。也有地方民眾偷偷地用土製炸藥往溪流、渠塘中炸魚。

在都昌縣，還存在一種獨特的捕魚方式——「沉船」。其方法是取松木製成船狀，入冬前沉放於河港深潭內，船口朝下，鯰、鱖等喜分類群居魚類越冬會鑽入到其中，次年枯水期則可掛船取魚。這種方式歷史悠久，投資少，經久耐用，直至上世紀八〇年代還大量應用。[183]

（二）漁業養殖

---

[183]　《都昌縣志》卷十二《水產》第一章《捕撈》第四節，捕撈方法。

江西地區河流湖泊眾多，港汊縱橫，漁業較為發達。自古以來，除了各濱江沿湖地區主要是自然漁產外，很多漁區也有魚類繁育和養殖的習慣。江西各地區的魚類主要是以鯉、鱅、鰱、鯽魚四大類為主。

（宜春）魚：鯉（小而金色者曰金鯉）、鯇魚（色青，俗名草魚，首春蓄苗者，來自醴陵界中，買數寸，日以草飼之）、鰱（大頭而細鱗）、鯽（鮒也）、鯿（魴也，縮項細鱗，魚之美者）、鱖（巨口細鱗，在石罅中）。[184]

（九江）魚類：鯰、鯉、鯽、河豚、蚌、黃穎。[185]

1. 魚種繁育。魚苗，也叫「魚花」，孵化不久便成為幼魚，也就是魚種。魚種按季節有春花、夏花、冬花、仔口和老口等不同名稱。舊時主要以採購天然魚苗為主，新中國成立後開始逐漸採用人工孵化的方式養殖魚苗。

過去由於生產技術條件的限制，在一九四九年前，漁區人工養魚都只是進行人工培育，魚苗都是捕撈到的天然魚苗，沒有人工繁殖魚苗的方式，大多魚種的魚苗多是在長江、鄱陽湖、贛江等河湖中捕撈後經過培育而成的。每年的春末夏初之時，鄱陽湖流域漲水，漁民們便來到湖邊、江邊捕撈天然魚苗，形成了新安、九江、吉安等著名產魚苗之地。

由於特殊的水域優勢，自唐代以來，九江就形成了捕撈、孵

---

184 正德《袁州府志》卷二《土產》。

185 正德《南康府志》卷之五《物產》。

化、銷售、養殖「一條龍」的淡水魚苗生產基地，是中國最早的天然淡水魚苗基地，詩人皮日休《種魚》詩道：「移土湖岸邊，一半和魚子」，寫的就是捕撈、孵化魚苗的情景。唐代著名詩人白居易在任江州（今九江）司馬時，也寫下了「溢魚賤如泥，烹炙無昏早」的詩句（溢水是九江的一條河），當地魚價「賤如泥」的狀況反映出當時漁業的發達。宋代九江放養四大家魚（鱅、鯉、鯽、鰱）的養殖技術逐漸傳播周邊地區，於是魚苗業更加蓬勃發展，形成了當時全國最大的天然淡水魚苗基地。[186]南宋文學家周密在《癸辛雜識》書中，描述了九江魚苗的生產狀況：

> 江州（今九江）等處水濱產魚苗，地主（指當地人）至於夏，皆取之出售，以此為利。[187]

明代以後，養殖四大家魚遍布九江各地，養殖技術不斷提高。明代文人陸深在《豫章漫抄摘錄》中描述了當時九江魚苗得天獨厚的優勢以及魚苗業的興旺發達狀況：

> 今人家池塘所蓄養之魚，其種皆出九江，謂之魚苗，或曰魚秧。南至閩粵，北越淮泗，東至於海，無別種也。蓋江

---

186 田禾：《九江——中國最早的天然魚苗生產基地》，《九江日報》2009年4月21日。

187 （宋）周密：《癸辛雜識》續集卷下《魚苗》，吳企明點校，中華書局2001年版。

湖交會之間，氣候所鐘，每歲於三月初旬挹取於水，其細如髮，養之舟中，漸次長成，亦有贏縮，其利頗廣，九江設廠以課之。[188]

民國《萬載縣志》中記載了該縣魚苗取自九江的狀況：

萬載地居上游，水淺灘多，產魚素少，唯鯉、鯽生子，其鯇、鏈、鱅、鯿之類，皆出九江。每歲三月，土人至彼貨其水，謂之「挑魚苗」，轉售城鄉池塘養之，惟樗樹潭魚肥而價廉。[189]

每當魚苗汛期，附近漁民以及各地魚苗商人便雲集魚苗之地，採購魚苗，運往各地轉銷販賣。如樟樹市張家山鄉郭坊廟村漁民在每年春季便往九江採購長江天然水花魚苗在本地培育成夏花或冬片，再銷往外地。[190]這種魚苗培育轉銷形式的流行，在各地產生了「魚苗客」的稱呼，它是對養魚苗和販賣魚苗者的通稱。

魚苗販運有兩種途徑，一是船運，一是人力肩挑，兩者都要求掌握高超的技術，尤其是人力肩挑更是有所講究。挑「魚

188 （明）陸深：《儼山外集（外三種）》卷二十，《豫章漫抄三》。
189 民國《萬載縣志》卷四之三《食貨・土產表》。
190 《清江縣志》第四篇《農業》第五章《水產》第二節，魚苗繁育。

水」，不同於挑其他貨物。第一，工具特別。扁擔長而細，兩頭各有兩只橫梢，只能挑四十～五十斤重。魚苗簍也稱魚苗桶，或稱油籮，形如花籃，上大下小，用毛竹絲編織。魚簍內層用棉紙漆黏貼上，用桐油涂過幾遍，比較輕，能盛水而不漏。魚苗簍蓋有很多孔，成六邊形。這種魚苗簍一直使用到近現代，在二十世紀五六十年代還能見到。挑魚苗的人，要隨帶劈水（出水）、巴斗（水桶）、漂箱、產區土等。第二，挑功特別。挑魚苗的人，先要經過模擬訓練，經老師傅考核後，合格者才可挑魚苗，成為魚苗客。魚苗客挑魚苗時，所跨出的步伐，多是很重的硬步。左右兩簍在扁擔兩端，隨著腳步起伏，上下均勻顫動，使魚簍中的水形如池中湧泉，中央水上升三四寸至簍蓋止，簍子四周的水則會下降一點，魚水不能潑出簍外。這樣可以增加水與空氣的接觸面，從而增加水中氧氣，使魚苗不致缺氧死去。

　　魚苗挑了一段時間，遇路邊有清水，要卸下擔子，打開簍蓋，用劈水（出水）和巴斗（水桶），將水舀出三分之一，另加進三分之一清水，並在清水中加一點產區泥水（用產區泥土在水中洗一洗即成）。

　　夜晚投宿時，首先將魚苗用漂箱漂在清水中，並給魚苗餵蛋黃水，每擔魚苗每次餵三分之一個蛋黃即可。操作方法是：將雞蛋（或鴨蛋）先煮熟，冷卻後，剝去蛋殼，去掉蛋白，剩下蛋黃用一塊手帕大小的布包好，用臉盆裝兩碗水，在水中洗壓，使蛋黃溶在水中；再將蛋黃水灑到魚簍或漂箱中，讓魚苗自行取食。每日餵二三次。水邊留人站崗，確保魚苗安全。長途販運的魚苗客，成群結隊，自行入伍，集體活動，互相照顧。宋代文學家周

密在《癸辛雜識》書中，對九江魚苗的生產、捕撈、運輸、銷售、養殖等都作了詳細的描述：

> 販子轉集，多至建昌，次至福建、衢、婺。其法作竹器
> 似桶，以竹絲為之，內糊以漆紙，貯魚種於中，細若針芒，
> 戢戢莫知其數。著水不多，但陸路而行，每遇陂塘，必汲新
> 水，日換數度。別有小籃，制度如前，加其上以盛養魚之
> 具。又有口圓底尖如罩籬之狀，覆之以布，納器中，去其水
> 之盈者。以小碗又擇其稍大而黑鱗者，則去之。不去則傷其
> 眾，故去之。終日奔馳，夜亦不得息，或欲少憩，則專以一
> 人時加動搖。蓋水不定則魚洋洋然，無異江湖；反是則水定
> 魚死，亦可謂勤矣。至家，用大布兜於廣水中，以竹掛其四
> 角，布之四邊出水面尺餘，盡縱苗魚於布兜中。其魚苗時見
> 風波微動，則為陣順水旋轉而遊戲焉。養之一月半月，不覺
> 漸大而貨之。或曰：初養之際，以油炒糠飼之，後並不育
> 子。[191]

魚苗客在交往中愛使用「漁家行話」。如「魚水」，指的是剛從魚仔孵化一周內的水花魚苗。「明子」，是指水花魚苗飼養半月至二十天後，生長到半寸至一點五寸左右規格的魚苗。「夏花」，是指「明子」培養一個月，長到二點五寸左右的魚苗。「冬

第二章・農業生產習俗

片」，是指已過了冬天的魚種，規格比較大，一般在二寸以上。「親魚」，是指「種魚」，即性成熟的魚，用於繁殖魚苗的。「出水」，是指網目最小的篩具，只有水能進去，魚苗不能過目，方言叫「劈水」。「漂箱」，即敞開式的網箱，用網目最小的網布製成，水可進出，魚苗無法出去。以前網布是夏布做的。「巴斗」，是一種打水的工具，是形狀特別的一種水桶（現為普通水桶所代替）。

新中國成立後，從五〇年代開始，大力發展家魚人工孵化技術，各地都建有魚類人工孵化基地，解決了魚苗供需問題，大部分漁業養殖地都實現了自繁自育。

2. 魚類的養殖。從魚類放養的場所來劃分，魚類養殖有內湖放養、池塘放養、水庫放養、稻田放養等類。前兩種魚類養殖法古已有之。人們在長期捕撈、養殖過程中，總結了一些方法，民眾有「養魚不瘟，富得發昏」、「豬肥吃糖糟，魚肥吃糞草」、「草糊野塘，鯉魚開荒」、「清明魚產子，穀雨鳥孵兒」之說；對於魚苗的選擇和養殖，也有「須撈小滿水，莫撈芒種魚」、「夏至丁，三年長一斤；芒種花，不到家」等謠諺。[192]

人們一般利用村前屋後的肥水塘或內水湖來養魚，採取的是「立體養魚法」，混養在水中的魚有多種類型，如草、鰱、鱅、鯪、鯽魚等。這樣，投入的各種飼料，先被生活在水面上層的草

192　《臨川縣志》第四篇《歌謠、諺語、傳說、故事》第二章《諺語、歇後語》第一節，諺語·農事諺語。

魚吃了。草魚的糞和剩餘的飼料經由水中的微生物分解後，養殖了藻類和浮游生物，成為水塘中層鰱、鱅魚的主要食物來源。而鰱魚、鱅魚的糞和吃剩的魚食也成為水底生活的鯉、鯽、鯪魚的飼料，形成了科學的養殖食物鏈，有利於魚類的生長。傳統的水塘養殖法在春季投放魚種，冬季或翌年春節前後起捕。

稻田放養散見於江西各地村落，有稻魚並作和稻魚輪作兩大類型。鄱陽湖沿湖的山丘地帶居民也有以稻田養魚的習慣。一般是在開春犁田灌水後，開始在田間放養魚苗。遵循肥田多放、瘦田少放的原則。在很多地區，二十世紀八〇年代以來，農藥、化肥的大量使用，對稻田水質造成較大污染，不適合魚類養殖，稻田養殖也逐漸轉衰。民國《萬載縣志》中記載了當時該地區存在的稻田養鯉魚的情形：

> 鯉，所在池澤有之，土人早禾耘畢，取魚苗置田中，刈時取供農工，長可三四寸。[193]

水庫修建是在新中國成立後開始的，至今全省各地存在著眾多大小不一的水庫，因此水庫養魚主要是新中國成立後產生的養魚方法。最初大多採用「人放天養」的形式進行養殖，收效不是很好，魚的產量比較低。近些年來，全省大部分水庫都採取了立體養魚方法，由漁戶承包，在水庫區建立家禽、家畜養殖與魚類

養殖相結合，特別是養豬與養魚的結合，使得漁業發展迅速。

二、漁業祭祀與禁忌

（一）漁業祭祀

在漁業生產和漁民生活中，為了祈求出港捕魚一路平安、滿載而歸，漁業養殖順順利利，魚苗茁壯成長等，民眾在捕魚過程中以及在一些特殊時日會舉行一些祭拜祖先、神靈的活動，祈盼能護佑降福。

舊時養魚要祭塘，俗稱為「割塘」，一年兩次。第一次是在放養魚苗時殺一隻小狗，以狗血滴入塘坎下的水中；第二次是在農曆六月初六，宰殺一只鴨子，也將鴨血滴入地坎下的水中。鄱陽湖一帶的漁民於每年農曆六月初六在養了魚的池塘裡插上根小竹竿，上端用紅紙紮「包尖角」，又叫「紅花」，用雞血打紅花，有除害滅災、預兆漁業豐收的寓意。他們在做魚秧時，有的地方還舉行請財神、拜湖的儀式，如在捕魚的船頭祭供豬頭、大魚、全雞三牲，燃香點燭，叩頭祭拜，請求神靈保佑買的魚秧無病無災，成活率高等。在「割塘」時，也要燒香燭，祈求神靈保佑。

在「禁港」日，民眾要放鞭炮祭告神靈。在「開港」日，也要舉行隆重的開港儀式。早在開港前三天，漁民們就要駕著小船到預定要去捕魚的湖灘水灣各處走一圈，又叫「看水」。每到一處，漁民們都要在船上點三炷香，跪在船板上向湖面虔誠地磕三個響頭，祈禱說：「又要開湖，又要打擾了，大恩大德，沒齒不忘，神靈保佑，風順船順，網打得圓，鉤排得密，該進網的魚都

是湖神爺的恩賜，躲得開的魚是神靈的意願……」

在上饒波陽、餘干等濱湖地區，農（漁）民出湖下水捕魚叫「出山」。「出山」時要放鞭炮預祝魚滿艙。大型漁獵「出山」還要「打牙祭」，買魚買肉聚餐，有時還買豬頭獻老菩薩，魚艙內也要放鞭炮，俗稱「燂倉」，亦預祝豐收之意。當魚艙盛滿魚時，後來捕的魚便放入官艙，叫做「下官艙」。「下官艙」要放鞭炮，慶祝豐收。每次大型漁獵活動結束，都要打一次「牙祭」。

在宜春地區，農曆六月初六，是園農、養魚業的「酆官節」，家家辦佳餚飲宴，用紅紙折成三角形糊在竹簽上，插於樹蔭處或塘邊，俗稱「立酆官」，祈禱園藝、魚塘豐收。**194**

吉水縣的漁民打魚時，對河神、風神以及沿江兩岸的古寺、廟宇祀奉的神特別敬畏。新春第一次下河捕魚，要向河神供奉牲、果，而且他們認為正月十五元宵夜出月亮不好，月光對捕魚不利。

（二）漁業禁忌

漁人主要靠打魚謀生，在水上風裡來、浪裡去，在祈盼捕獲更多魚的同時，也要時刻提防危險事故的發生，因此在長期發展過程中，漁區民眾除了產生許多祭神活動外，也有不少禁忌。

---

194 《宜春市志》卷三十七《生活習俗》第二章《習俗陋風》第二節，傳統節日與新增節日。

舊時魚苗客在挑運魚苗返回途中，如果出現有魚苗死亡，不能說「死」字，只能說「九江魚倒歸九江」一類的話，並且只能將死魚丟下河裡或圳裡，不能丟在路上。回到家後，魚苗客們還要敬神，感謝神靈一路庇佑。

漁民們在船上禁講「貓」、「鼠」、「烏龜」、「王八」等字。這是因為「貓」是魚的敵人，貓吃魚，講「貓」就沒有魚捕獲，就是有魚聽見貓也會跑掉；講「老鼠」，也會趕跑魚，因為有鼠必有貓；「烏龜」、「王八」是對崇拜物的忌諱，黿為水神，俗名「王八」、「烏龜」。黿聽到有人在船上罵自己，自然會生氣，它就不再會顯靈。有些諧音字，也忌諱出口，如干魚與「趕魚」諧音，不吉祥，要稱之為「長耳」。芹菜，音為「沉材」，意為沉船，要稱之為「膨菜」。如果有的漁民一天都沒捕撈到魚，碰上人問他：「今天怎麼樣？」他肯定會回答：「搞了個貓窩」（意思是沒有魚）或「放貓」。而當漁民如果幾天都沒有捕到魚時，他們會認為是有邪氣作祟，於是就用草紙燒火烘船網，以去邪氣。放鳥捕魚的漁民，在船靠岸時，決不會用船頭靠岸，而是用船尾靠岸，因為船頭靠岸意味著「碰船」，這不是好兆頭，下次出船，不是會遇難，就一定是一無所獲，沒有好事。

另外，河湖邊的漁民關於吃飯用的碗、匙、筷也有一套避諱的說法。吃飯時，碗不能翻撲，如翻撲，碗的位置顛倒，底朝天，那將意味著不是翻船就是空倉而歸。吃飯時用的匙子也是不能翻撲的，因為匙形如船，用時不注意翻撲了，也意味著翻船。筷子就更有講究，擺上桌時，一定要筷子頭朝前，筷尾朝後，如調個頭，那將意味著船要倒楣，出不了港捕魚。如筷子插在飯

上，那就不是人吃的，而是「落水鬼」吃的飯了，所以一定是要避諱的。

在都昌縣，漁家禁忌「貓」、「兜」等字眼，因而連錨亦改稱「拿魚」，菜刀亦改稱「發碼」，樹樁、柴草等兜網之物也忌直呼其名，統稱「屑得」。出湖時辰喜遇手裡拿著東西的男子，以為預兆「不打空水網」。清晨忌亂說話，尤其忌諱出湖時撞見女人，故是時漁村婦女多主動在家回避。江豚，尤其是白鰭豚，為最不吉祥物。

在贛州，舊時沿河兩岸人家靠水吃水，多以捕魚為生。捕魚人風裡來浪裡去，也有不少禁忌。除了時日忌外，同進山伐木一樣，講究「口風」（禁忌的言語）。為避凶趨吉，也有一套行話，如出門忌言「阿彌陀佛」，因其附會吃齋而捕不到魚；行船忌「翻」，因「飯」與「翻」諧音，故飯湯、飯勺、飯甑分別稱為引湯、盛勺、順甑，等等。遇溺水者，漁家一般也不搭救；若有被漁船搭救者，被救人需用雄雞、香燭在漁船頭敬神，並用一塊紅布覆蓋船頭。不少漁家也帶徒弟，學徒三年，師傅不給徒弟付工錢，徒弟也不需付給師傅錢，出師時，師傅給徒弟置辦一套漁具。以上習俗，新中國成立後基本革除。

漁民吃魚一般不刮魚鱗。意謂吃了刮鱗的魚，魚鱗會去報信，魚逃走了，就打不著魚。有的漁民還不吃甲魚。傳說甲魚是黿將軍，黿將軍會打洞。吃了甲魚，魚就會從黿將軍打的洞裡逃走。

第四節 ▶ 林業生產及其習俗

　　江西東、南、西三面環山，中部為丘陵地帶，山地、丘陵約占總面積的百分之七十。大面積的山丘和濕潤的氣候，適宜各類林木生長，林木資源非常豐富。俗語說：「靠山吃山」，很早以前，本地區人們就開始了林業開發和生產的步伐，根據記載，在唐末五代時，龍泉縣（現遂川縣）就已成為重要木竹產區，專門為朝廷提供木材，後來產生了著名的「龍泉數碼法」。人們在開發、利用山區資源的同時，也推動著當地社會的發展，成為僅次於農業生產的另一個主要社會生產方式。

　　長期以來，山區人們在對林木的開發過程中，認識和總結了許多樹木的生長習性和特點，掌握了一些相關經驗，並利用它來從事林業生產；同時由於生產條件和技術的限制，人們也產生了許多禁忌和忌諱，形成了許多林業生產和生活習俗。

一、林木資源及分類

　　江西地區屬於亞熱帶常綠與落葉闊林葉混交林帶，林木種類較為豐富。人們在開發山區過程中，主要形成生產和種植的林木資源包括馬尾松、杉樹、油茶、油桐、果樹、茶樹、毛竹、樟樹等種類。

　　馬尾松、苦櫧、楓樹、櫟樹、檀樹、杉樹等闊葉樹是各地常見的林木資源，同時也是作為地方民眾許多生產和生活工具材料來源的用材林木。其中馬尾松、苦櫧、楓樹、櫟樹、檀樹、樟樹等林木大多為天然自生，杉樹則主要為人工營造林木，其後在各

地區廣泛種植。

　　油茶樹、油桐樹、果樹和茶葉、毛竹等是本地區主要的經濟林木資源。其中油茶樹廣泛分布於各山區和丘陵地帶，其所產茶油為民眾食用油的主要來源之一，而廣受人們重視，新中國成立後，各地區營造了許多人造油茶林。

　　油桐籽所產桐油在過去為鄉村民眾家具、勞動工具等所塗的主要油料，認為塗此油乾燥後可以防蟲耐用，因而也在眾多地區得到種植。

　　果樹主要以柑橘、梨、棗樹等為多，其中橘樹尤為著名，我省柑橘種植歷史悠久，早在宋代就已享譽海內，在當時士大夫的詩文中經常有反映。歐陽修說：「金橘產於江西，以遠難致，都人初不識，明道、景祐初，始與竹子俱至京師。竹子味酸，人不甚喜，後遂不至。而金橘香清味美，置之樽俎間，光彩灼爍，如金彈丸，誠珍果也。都人初亦不甚貴，其後因溫成皇後尤好食之，由是價重京師。余世家江西，見吉州人甚惜此果，其欲久留者，則於綠豆中藏之，可經時不變云。」[195]今豐城至新幹一帶贛江沿岸的連片柑橘林在當時就已栽培，范成大《清江道中橘園甚夥》描繪了該地「芳林不斷」的橘林風光，詩云：「芳林不斷清江曲，倒影入江江水綠。未論萬戶比封君，瓦屋人家衣食足。暑風泛花蘭芷香，秋日籬落明青黃。客舟來遲佳景盡，但見碧樹愁

195　（宋）歐陽修：《歐陽文忠全集》卷一百二十七《歸田錄二》，台灣中華書局 1936 年版。

春霜。」[196]其中聞名於世的紅橘產地新幹縣三湖鎮，現已為全國柑橘生產基地之一。

進入現代以來，臍橙生產開始推廣，其中贛南尤為出名。自上世紀七十年代開始種植臍橙以來，贛南臍橙產業從無到有，從小到大，逐步發展起來。目前已經成為臍橙種植面積世界第一，年產量世界第三、全國最大的臍橙主產區，已被列為全國十一大優勢農產品之一，為國家地理標志保護產品，榮獲「中華名果」榮譽稱號。

南豐蜜橘是江西另一著名的柑橘種類，也是中國名特優果樹品種之一，已有一三〇〇多年的栽培歷史。自唐朝開始，就被歷代列為皇室「貢品」，享有「橘中之王」的美稱。新中國成立後，特別是二十世紀九〇年代以來，南豐縣大力實施「蜜橘興縣」戰略，蜜橘生產得到很大發展。

毛竹是另一種較為普遍種植的經濟林木資源，在各地區廣泛種植，其中又以吉安井岡山等地最為著名。人們用毛竹製成各種竹製生產和生活工具，如竹籃、竹椅、竹製戽斗、橘槔、筒車等；另外人們還挖竹筍，並曬成筍乾，為農家、酒店的佳餚之一。

二、林業生產

新中國成立前，江西各地的山林包括國家所有的「公山」（也

---

196 （宋）范成大：《驂鸞錄》，《范成大筆記六種》，第 49 頁。

叫「官山」）、宗族或村落所有的「眾山」、單戶家庭所有的「私山」三類，其中又以私山居多，所以林業生產也以私家採植為主。新中國成立後，山林收歸國有，集體採植成為林業生產的主要方式，各地政府成立了許多國營農場，作為林木生產經營和管理的基本單位。二十世紀八〇年代以來，各地成立了許多林業基地，進行育苗配種工作。具體地說，林業生產主要包括採種育苗、造林育林、採伐運輸、護林管理等幾大方面。

（一）採種

為了彌補天然生長和繁殖的不足，人們較早就有採集樹種的傳統習慣，如都昌縣從清順治年間起即有採集馬尾松的習俗。[197] 就採種方式而言，有自然採種和人工採種之分。過去主要是自然採種的方式，即人們主要根據本地樹種進行採集，主要依靠樹木結果成熟後掉入泥土中自然繁殖；人工採種方式並不多見，主要是農家單戶行為，所採物種基本上是果樹，人們將果核倒入園中或固定場所，在發芽長苗後再移栽。一九三五年，吉安縣在城西青塘墾設立了吉安中心苗圃，開始公營採種育苗。[198]

新中國成立後，採種育苗工作受到重視，各地大力推行人工採種，除了當地沒有或者稀少的物種靠引進外，一些常見的如馬

---

197 《都昌縣志》卷十四《林業》第二章《營林生產》第一節，採種育苗。

198 《吉安市志》第十二篇《林業》第二章《森林營造》第一節，採種育苗。

尾松、杉、泡桐、苦櫧等樹種都是自行採集，許多地方都實行了
「自採種、自育苗、自造林」的方針。每年十月至十一月的霜
降、立冬時節，林木種子大都成熟，地方民眾因而開始進行人工
採種工作，人們用長竹竿等綁上採種鐮、刀、鉤等工具，將樹上
的果實採下，經過處理後獲得種子。如松樹種子，先將採集到的
松樹鮮果堆積在濕地上，用禾草覆蓋，再以石灰水或草木灰澆
透，漚半個月至一個月後，再經過曝曬後即可取出種子，曬乾後
可儲藏；杉樹種子也是經過曝曬後取出，再曬乾儲藏；而樟、烏
柏、油茶、女貞、柑橘、茶等鮮果則要先脫去肉質或臘質，再陰
乾後以沙儲藏。

自二十世紀五〇年代開始，江西各地陸續引進了濕地松、火
炬松、意大利楊、泡桐、水杉、馬掛木、油橄欖、銀荊、木荷、
紫穗槐等數十個優良樹種或苗木觀賞物種。特別是九〇年代以
來，各地在城鎮街道、公路兩旁等地栽培了許多不同種類的觀賞
性苗木。

（二）育苗

與採集方式相對應，育苗方式也分為自然育苗和人工育苗兩
種方式。舊時江西各地主要是採用自然育苗的方式，即山上林木
主要靠其果實天然落地生苗而成，處於自生自滅、自然繁衍的狀
態，但一些地方也存在人工育苗的方式，如都昌縣萬戶鄉江家嶺
民眾早在明清之際就已開始人工育苗，至今已有四〇〇餘年歷

史。[199]

　　民國前期，育苗方式大多還是靠天然落地生苗，也有一些地方油茶、油桐、板栗、棕櫚等經濟林木種子實現了自採自育。三〇年代起，江西許多縣開始設有小面積苗圃，作為育苗基地，對一些主要樹種進行人工培育，如桐、茶、樟、柏、棕樹苗等，但數量很少，主要用於營造風景林、防護林和綠化縣城。其中著名的主要有如江西農業院一九三五年開辦的吉安中心苗圃，畝地二十七畝，到一九三六年擴大到近百畝。[200]

　　新中國成立後，人工育苗的方式受到重視，成為主要的育苗形式。各地成立了國營苗圃農場，採取以國營、個人並舉的方法進行人工育苗，使得育苗面積和數量有了很大增長，種類也有所增加。八〇年代以來，農村生產責任制建立，育苗專業戶和重點戶應運而生，國家、集體和個人育苗形式進一步加強，各地建立了眾多苗圃生產基地，風景苗木類育苗增長迅速。

　　人工育苗所採取的方式具體又可分為四類：一是點播，也稱為「穴播」，就是按一定距離打穴播入種子，再用泥土蓋住的方式；二是條播，就是種子按照一定的行距、密度和深度撒到泥土中，再用泥土覆蓋的播種方式；三是散播，即比較隨意地播種，沒有前兩種方式那麼嚴格；四是直接挖取野生樹苗進行培育。

199　《都昌縣志》卷十四《林業》第二章《營林生產》第一節，採種育苗。

200　《吉安市志》第十二篇《林業》第二章《森林營造》第一節，採種育苗。

此外，還有桿插育苗和嫁接育苗兩種人工育苗方式。桿插育苗是指選取優良的樹木作為母本樹種，從上面剪取枝條，再插入苗床，進行苗木培育，是一種無性繁殖的方式。嫁接育苗是指選取優良的樹木作為母本樹種，然後剪取其他樹種的枝條或嫩芽插入到母本樹枝上，進行培育，主要應用於改良品種等。如南豐縣蜜橘種植，原僅限於城區及附近沿河地帶，從實生法繁殖演變為靠接法、切接法繁殖。[201]樹苗無性繁殖技術有許多種類，其隨著農業科技的進步不斷在發展，六〇年代主要有插條、插根、壓條、壓根、埋根、埋條等方式，八〇年代以來發展為劈接、髓心層對接、嵌合枝接、芽接等方式。[202]

近些年來，容器育苗發展迅速，具有適用樹種廣、成活率高、生長快、不受場地和季節限制等諸多優點。培育時，用塑料薄膜袋盛經過配方的營養土作容器，將種子或是種芽放在袋中，等苗木長成後，可連袋一塊移栽。

（三）植樹造林

舊時江西各地山林多為私人占有，部分如墳山、風水山、村後來龍山、河岸、港邊、塘壩、堰旁等林地、山林則屬歸村落或宗族所有的「眾山眾林」，因此人工造林方式主要是以個人為

---

201 《南豐縣志》卷三十《風俗宗教》第一章《風俗》第一節，生產習俗。

202 《吉安市志》第十二篇《林業》第二章《森林營造》第一節，採種育苗。

主，基本上沒有組織和規則。農民們在自己擁有的小塊山地中零星植樹，擁有大面積山場的地主和富農則請人種植油桐、油茶、杉木等混交林等等。廣大山區的地主或富家往往會將山林轉租給無山農民，從而形成山林租佃關係。林農租入一塊山林、經過多年的經營，最後只得到收益的三到四成，稱為「耕份」。

此外，農家也多在村莊周圍、房前屋後、河邊路側、菜園、田頭地角等處人工栽植零星果木、棕櫚、烏桕、油桐、樟樹等樹木，一直沿襲至今。

一九三〇年，國民政府規定每年三月十二日為全國植樹節，各地政府逐漸開始動員民眾植樹造林，人工造林面積上百畝，如都昌縣到一九四六年人工造林面積為一五九畝，主要栽植的是油茶、油桐、馬尾松、杉樹等樹[203]；黎川縣在一九三六年全縣人工造林面積為五二〇畝[204]；等等。

新中國成立後，山林收歸國有，政府號召民眾進行植樹造林活動。五〇年代提出「普遍護林、重點造林」口號，運用栽植和直播造林方法，進行大面積造林活動。七〇年代起，按照林業生產基地化、林業經營林林場化的要求，各地開始了成片造林活動。進入八〇年代，隨著農村生產責任制的建立，以及一九八二年「植樹節」的重新規定，各地出現了個體造林、集體造林和國

---

203 《都昌縣志》卷十四《林業》第二章《營林生產》第二節，植樹造林。

204 《黎川縣志》第三篇《經濟》第二章《林業》第二節，森林培育，黃山書社 1993 年版。

營造林三者相結合的局面，江西各地大都成立了綠化委員會，大搞荒山造林活動，特別是一九八六年後，各地大力營造速生豐產林，迅速擴大了森林面積。經過多年的造林活動，全省綠化率得到很大提高，現已位居全國第二位。

在個體造林活動中，以整片的杉木林、油茶林居多。其中杉木林的栽植多採用萌芽更新、插條和種臂杉三種方法。萌芽更新方法是指在老杉蔸萌發的芽條叢中保留下一到二株健壯的芽穗繼續生長，將其餘芽苗全部砍掉，從而通過人工撫育達到成林目的。插條方法是指每年春社前將杉蔸所發一到二年的芽苗選擇粗壯者砍下，將其下端削成馬耳形，糊上黃泥漿後插入事先挖好的穴中，再用土蓋好壓緊。這種方法要求插苗前要先選擇適宜的山場，進行煉山、掘土。種臂杉方法與插條方法相似，在每年春社前，選擇老杉蔸萌發的三到五年的粗壯芽條，將其用鋤頭連苗帶杉蔸根部一起挖下來進行移栽。種臂杉方法成活率較高，林木生長快，也不怕被牲畜踐踏損壞，但是取苗不易，常用於村莊附近、山窩造林和幼林補種。現在主要林區進行補植時，仍時有運用。

江西油茶栽培歷史悠久，清初就已有油茶生產和榨油茶寮的記載。民間人工栽植油茶的方法主要有直播和挖野生苗移栽兩種，其中直播方法是指將採摘的成熟茶籽埋入事先挖好的小洞穴當中，蓋上泥土，任其出芽長苗，也有的將挑選的油茶籽放入地窖或牆角存放，當籽殼破裂露出芽苗時，再挖穴拌種移栽，為了防止蟲鼠害，茶籽事先要灰尿或桐油浸拌；挖野生苗方法是指到山上挖取野生的幼樹苗，移栽到指定地方，根據幼樹苗的根系分

布挖洞穴，洞底填以肥土，移栽要保證幼苗根系舒展，按原狀扶正蓋土壓緊。人們在對油茶林進行補種也常採取上述辦法。[205]

相對農戶家庭造林活動的單一性、小型性，集體造林和國營造林形式則表現為時間和勞力的集中性、規劃性等特點，造林活動方法也更為統一和豐富。特別是採用飛機播種造林更是實現了大大超出個體造林種類和面積的造林方法。

在贛州地區，民間崇尚「前人栽樹，後人得福」之說，素有植樹之習，房前屋後必種幾株或成片樹木。松樹被稱作大夫樹，喜在祖祠背後山嶺種植，謂之「後龍樹」，世代嚴格保護，神聖不可侵犯，故贛南多古松。榕樹被看作富貴樹，古時多習慣種在衙門、學府所在地，至今江河沿岸等處仍有蔭冠浩大的古榕，現已成為贛州市的「市樹」。清代以來至新中國成立初期的很長一段時期內，由於地區的開發和戰爭等各種因素的影響，贛州地區的林木資源毀壞嚴重，生態環境遭到嚴重破壞。新中國成立後，特別是八〇年代以來，人民政府大力提倡綠化，當地人們開始了植樹造林活動，尤其是七〇年代末開始大力種植臍橙等橘樹，許多荒山禿嶺已成了四季常綠的橘園。

（四）封山育林

封山育林是傳統的育林方法。人們常運用鄉規民約對山林進

205　余悅主編：《江西民俗》第二章《生產民俗・二・林業生產及其民俗》，甘肅人民出版社 2004 年版，第 29 頁。

行封禁，任其自然繁殖，主要為禁止過度開墾，保護山林樹木生長，特別是村後「龍山」更是如此。有時地方政府為防止民眾進山逃稅、占山為寇等，也對某些山區進行封禁，在明中葉以來較為常見，如贛東北閩浙贛三省交界處的銅塘山、贛西北宜春與九江交界處的黃崗山等先後在明嘉靖朝被封禁，客觀上促進了山區林木的繁殖。但是到清中期後，這些封禁山區也被逐漸蠶食，以致「有禁之名，無禁之實」[206]。過去各地封山育林做法不一，有的地方保護較好，有的地方則毀壞嚴重。封禁範圍也各不相同，有的地方僅限於村莊風景樹、後龍山上的「龍脈樹」不准砍伐，有的地方則全面封禁或無規定。

新中國成立之初，各地曾經發生了亂砍濫伐現象，給林木資源環境造成較大破壞。八〇年代後，封山育林工作開始走上法制化、規範化軌道，國家運用行政和法律手段禁止亂砍濫伐，實行木材砍伐審批制度，並成立林業公安機關，對破壞森林的濫伐行為進行查處，對林木砍伐規格和數量進行嚴格控制。

如在上饒地區，當地民眾歷來重視造林育林，有「三分造，七分管」，「疏栽桐，密栽松」，「砍小留大出壯筍，砍大留小敗竹林」，「竹林開花，不死要搬家」，「千棕萬桐，永世不窮」，「家有千株竹，後代享清福」之說。重視封山育林，起封之日在祠堂、廟宇或公眾場所宣布封山禁約，殺豬示眾，並在封禁山林木

206　（清）蔣繼洙：《稽查銅鑼山稟稿》，同治《上饒縣志》卷五《山川》，同治十一年刊本。

間綁以稻草，以示封禁，違禁則罰宰豬重新封禁。土地改革和農業合作化後，山權、林權雖經多次變革，而民間封山育林仍多沿用舊習。[207]

在撫州南豐縣，凡村落水口與後龍的竹木群林，大都立龕建廟，借助神靈嚴禁砍伐。對成片山林都有封山育林之規，有的由山主定出禁規，有的由集體議定鄉規民約，在禁區入口處出示禁牌，違禁者一律按規約處罰，效應顯著，相沿至今。[208]

在宜春靖安縣，過去民間有對毛竹林普遍實行封山蓄竹的習慣。每年從清明節開始，在「當年」（發筍年為「當年」，不發筍年為「被年」）的竹林的大小道路口和竹林邊插上書寫「封山蓄竹」字樣的禁牌，禁止採挖春筍，以保護春筍生長成竹。新中國成立後，政府把封山育林作為保護和培育森林的重要措施之一，除了沿襲傳統封育毛竹林外，對人工造的用材幼林和殘次天然用材林也實行封山育林。封育期間，禁止非撫育人員和牲畜進入山場，禁止砍柴、放牧和燒火、土灰等活動，以防止損壞幼樹，封期每屆五至六年，視其林狀而定。[209]

在九江都昌縣，山林座垫（村後風景林）歷來由村落姓氏管理，平時封禁，期間任何人不得擅取一草一木，違禁者除了沒收

---

207 《上饒地區志》卷三十七《風俗民情》第四章《生產習俗》第一節，農林牧漁習俗。

208 《南豐縣志》卷三十《風俗宗教》第一章《風俗》第一節，生產習俗。

209 《靖安縣志》卷六《林業》第五章《森林保護》第三節，封山育林。

偷伐之樹木柴草及砍伐工具，還得受到經濟上的處罰。至冬季草木枯萎，各村商議間伐割柴時間，謂之「開山」。間伐俗稱「散椏」，定刀定人，按刀、人、權屬分柴；割茅草則由各家自請親戚幫工，多割多得。砍伐竹木，另由專人進行，他人不得擅自砍伐。該縣多寶鄉長沖劉家有一片沙山上長的闊葉樹林，至二十世紀八〇年代已封禁二〇〇餘年，林內古木參天，有效地擋住了風沙，保護了村莊。[210]

（五）林木撫育

過去民眾無專門林木撫育習俗，僅以在林內砍雜和套種作物代替撫育。新中國成立後，林木人工撫育在各地逐漸得到推廣。

人工撫育主要分為幼林撫育和成林撫育兩類。幼林撫育主要以中耕除草、除蘗防萌、林農間作三種形式進行。中耕除草每年為兩次，分別在公曆四至六月和七至九月時雜草、灌木幼嫩，種子尚未成熟前進行，中耕深度約十釐米左右。等到第三年的六至九月，用長柄柴刀在不鬆土的情況下劈山一次，全面砍除雜草和灌木。除蘗防萌則結合中耕除草進行。鬆土時，除去蘗條兜部培土防止再萌。大部分經濟林中可借助林農間作，即以幼林中的間隙地種植花生、豆類、紅薯、西瓜等，以耕代撫，既可收撫育林木之效，又利用充分地力，以短養長，增加收入。

210　《都昌縣志》卷三十四《風俗·宗教》第一章《風俗》第一節，生產習俗。

成林撫育主要採取撫育間伐型、封育型及封育改等方式，具體措施為「六砍六留」，即砍雜留主、砍叢留一、砍彎留直、砍弱留壯、砍密留稀等，一般在林木生長至二到三年後進行首次間伐，目的是間除生長差、妨礙林木發育的劣質林木，以提高林分質量。相隔幾年林木生長稠密擁擠時，又進行再次間伐，以調整林木密度，改善林地中的陽光、空氣、養分狀況，擴大其營養空間。

　　為提高油茶單位面積產量，自二十世紀六〇年代中期起，各地開展了油茶墾復活動，其方針是：一年一淺鋤，三年一深挖；夏季淺鋤，冬季深挖；幼林淺鋤，老林深挖。具體墾復方法是將油茶樹木邊上灌木雜草砍除，把上層泥土連草根成塊翻轉，對油茶樹修枝整形和合理施肥等，稱之為「修山」或「鏟山」。每年兩次，頭一次在農曆四至五月，第二次在農曆七至八月，山區有「七鏟金、八鏟銀，九冬十二月鏟表青」之諺，以農曆七八月為鏟山的最佳季節，因而油茶墾復通常在每年早稻收割結束後進行。經過墾復的油茶生長較快，一般是三年開花，四年結果。

　　人們對毛竹的墾修，主要是在新中國成立後。從五〇年代起，各地民眾開始實行毛竹墾修活動，主要是對竹林進行砍雜、淺挖、施肥等。

　　南豐民眾對蜜橘的撫育形成了一套方法，在生長過程中，須把握「小空大不空」原則，採取「三剪一、五除二」整枝修剪法，進行整形疏刪，果實採摘後，普挖塘泥壅苑。橘農習慣在幼齡橘樹間隙中，栽種蔬菜，改善橘地墒情。柑橘進入成熟期須搭

棚看護，至立冬日方開剪採摘。[211]

三、林業砍伐及運輸

（一）林業砍伐習俗與禁忌

　　山區砍伐樹木是一項極為辛苦和繁重的工作，也是一項具有危險性的工作，人們在砍伐過程中容易受傷。因此，過去各地山區民眾在長期砍伐過程中形成了一些習俗和禁忌，其內容大都相同，有些形式稍有差異。

　　如在銅鼓等縣，人們砍伐杉木一般多在農曆四月和八月，其中四月砍稱「菜花皮」（此時正是青菜收獲季節，杉皮易剝落），八月砍稱「秋白」（此時水分逐漸縮減，樹幹光滑潔白）；而砍伐竹木則一般在冬季（冬竹不易生蟲）。進山砍伐稱為「開山」，在砍伐前須殺牲畜，具供品，祭山神。

　　開山以後，砍樹人員一般由四人組成「一排斧」。第一人叫「掃槎」，負責選好樹，並清理樹兜部細小雜木，剝下兜筒馬皮；第二人叫「掌碓」，負責砍樹；第三人叫「帶挽」，負責樹的倒向和剝下第二筒麻；第四人叫「下麻」，負責將餘下馬皮剝落。砍杉木要求砍口「上碗下碟」（即要求砍倒的樹幹底部形狀像個覆碗，中間凸起，樹樁兜則像碟，中間部分低凹），砍竹則

211　《南豐縣志》卷三十《風俗宗教》第一章《風俗》第一節，生產習俗。

要將蔸部竹節敲通，便於蔸部儲存雨水，加快萌發新枝。竹木倒向要求蔸下尾上，以利於加快水分蒸發和運輸。砍伐樹木過程中禁忌很多，如忌直呼同伙姓名，斧頭叫「鎚子」、柴刀叫「橫鐵」，吃飯叫「打鐵」，收工叫「班師」等。[212]

在南豐縣，上山砍伐木竹，一般在農曆四月或八月，砍杉樹要求砍口「上碗下碟」，即砍倒的樹身底端呈碗狀，樹蔸像碟，中低沿邊平斜。砍竹須將蔸部竹節戳通，以利蓄水養鞭，竹木倒向要求蔸朝山下，以利溜放。伐木時禁忌甚多，各種工具均使用代用語、呼喚同伴不叫其名，只以口哨或拉長音調呼喊，結伴下山，稱作「班師」。[213]

在浮梁縣，舊時每年有兩次集中性的砍伐杉木的習俗。首次多在農曆正月底或二月初，另一次是農曆九月下旬至十月上旬。每年第一次進行砍伐必先祭拜山神，即於山口點香燃燭放鞭炮和焚燒紙錢擺設供品，進山勞作者都行跪拜禮，並祈求山神保佑平安。此習現已廢除。但一些操作規矩仍保留。如進山伐木，不能喊人姓名，只能用「嗚呼」的呼叫聲進行聯絡；不能講「死、倒、打」等不吉利的詞語；山中看見蛇只能稱其為「扁咀佬」。砍樹必靠土開斧；樹蔸留凹口以利盛水、發芽、抽枝再生。砍樹有砍兩口的，有砍三口的，樹必須向高地勢的一向倒，故此朝地

212 《銅鼓縣志》卷二十七《社會》第二章《風尚習俗》第一節，生產習俗。

213 《南豐縣志》卷三十《風俗宗教》第一章《風俗》第一節，生產習俗。

勢高的一向，斧口要低一些。不能讓樹完全倒臥於地，應使其樹梢一頭擱於其他樹椏間或灌木叢上，利於樹內水份的蒸發，並將樹兜一頭一米處削去樹皮，謂之「脫褲」。[214]

在贛州地區，民間舊俗，山主進山伐木、種菇、燒炭、削筍、做紙等，事前均須備香燭祭品，敬奉社神或山神，求神靈保佑平安。農曆每年初二、十六日為「牙祭」日，屆時由山主置辦酒肉，祭祀山神和聚眾會餐。開始砍伐（行話叫「起工」）、木材集結（行話叫「齊倉」）和紮排水運到岸，這三道工序，山主或貨主要辦酒席酬勞工人。木材採運業風險較大，故禁忌亦多。俗稱進山採伐木林為「走青山」，走青山特別注意時日忌。採伐工用竹片、杉皮搭成的臨時住所叫青山棚。搭棚前要「開山」卜吉凶。在青山棚內，言行限制很嚴。早晨人們一般不太開口說話，生怕犯忌，須待早飯後上工一陣且抽過煙（行話稱作「順草」）方可說笑。如有人不慎說錯話，則要挨一頓訓斥；如當天開工遇有工傷事故，還要承付傷者的工資、醫藥費用。早上，還忌拍打鞋子，以免口角是非；忌工具對擊，以免工傷事故；忌與女人相撞，以免倒楣。若遇上吃生飯，便認為是不祥之兆，便一天不上工，怕發生事故。此外，為避凶趨吉，從採伐至集運，從日常生活到操作程序、使用的工具，常以代名詞指稱，形成了一整套行話（亦稱「隱語」）。如杉樹叫「現樹」，避和方言「賒」

214　《浮梁縣志》第二十七篇《社會風土》第二章《民間風俗》第四節，生產習俗‧農事。

字同音；榕樹叫「富貴樹」或「萬年青」，避和方言「窮」字同音；楓樹叫「活樹」，避免和「瘋」字同音；等等。伐樹時，砍口要求「上碗下碟」，即砍倒的樹身底端要像碗足，樹兜上部要像碟盤，邊沿向內平斜，中間低窪，以利蓄水發兜。砍竹子，要將竹兜上的節敲通，以利蓄水保養竹鞭。砍伐竹木的倒向，必須「樹往上倒，竹往下倒」。[215]

在靖安縣，上山伐杉木，由七人組成的叫「大班斧頭」，四到五人的叫「小班斧頭」。人們分為掃窩、剝頭麻、斫壓、帶鉤、剝麻等。伐木時，斫口要求「上碗下碟」，以利樹兜蓄水發兜。砍毛竹，要把竹兜上的竹節敲通，以利蓄水保養竹鞭。砍伐木竹，倒向必須向上，以利輸運。為求安全和吉利，進山砍伐木竹禁忌較多，如砍條用的小斧叫「啄腦」，刀口叫「駝背」，挑麻用的竹篙叫「船篙」，砍條子叫「眠條」，集中竹子叫「攏丈」，吃飯叫「打鐵」，酒叫「三點」，抽煙叫「打銃」，收工回家叫「班師回朝」等等。[216]

在井岡山，民眾伐竹首先要「開山」，即在採伐竹材的山頭上，舉行「開山」儀式。事先派一人帶上香紙、工具，到山場最高和最偏僻地段，砍三根竹梢。這三根竹梢不能倒順水（即竹梢朝下），不能倒向「煞」方（如庚午年北方為煞方）。然後悄悄

---

215 《贛州地區志》第二十七篇《宗教、民俗、故事、傳說》第二章《民情風俗》第四節，行業習俗。

216 《靖安縣志》卷三十二《風俗、宗教》第一章《風俗習慣》第二節，生產習俗。

離山回家。離山時不得回頭看。在整個山場的竹材未下山之前，這三根斷梢的竹子不准砍伐。

「開山」之後是「進山」。進山伐竹時伐竹人講話要講「江語」（行話），如草鞋叫「馬」，出發叫「起馬」，砍叫「換」，砍竹叫「換條子」，砍刀叫「開山」，又叫「大師傅」，柴刀叫「長腰子」，一根竹料叫「一碗條子」，老竹叫「遮風」，新竹叫「瘦老哩」，下雨叫「吊錢」，回家叫「班師」，不出工叫「鎮棚」。最先砍竹的人，叫「打先鋒」，又叫「掃地」；第二人先剝一筒青竹皮卷好，叫「做企人」，砍竹料的人叫「掌大師傅」，用竹篾捆縛竹子叫「帶狗」，竹子枝椏叫「搖風」，打椏叫「打搖風」，飯食叫「鋼子」，吃飯叫「陷鋼」，筷子叫「船篙」，飯碗叫「蓮花」，豬肉叫「滑老哩」，魚叫「擺尾哩」，蛋叫「圓卵哩」。油叫「過缸」，鹽叫「鹹味」。手叫「拿字」，腳叫「踩字」，眼睛叫「亮字」，耳朵叫「順風」，鼻子叫「嗅老」。一日叫「一年」，今日叫「今年」，明日叫「明年」，昨日叫「去年」。

一天之中，上午休息二次，下午休息二次，叫「四期煙」。頭期煙（上午第一次休息前），禁忌最嚴，最忌諱說「砍」、「殺」、「死」、「苦」、「累」、「血」、「吃」等詞語，唯恐觸怒了山神。收工下山後方可隨便說笑。

新中國成立後，舊時的一些砍伐經驗得到沿承，也有許多習俗逐漸廢除。年輕一代農民砍伐樹木已不完全按上述規矩操作，如有的樹蔸留得很高，蔸上不一定留凹口，並現砍現馱等。特別是一些祭神習俗和禁忌已不復存在，如語言禁忌基本廢除。

（二）林木運輸習俗與禁忌

　　山間樹木運輸主要分為陸運和水運兩種方式，其中陸運主要包括人力肩運、木軌道運、板車運、索道運、汽車運等形式。人力肩運形式最為多見，且常與其他運輸形式相結合，如或將木材從山中扛到溪流邊再水運出山，或扛至馬路邊改為板車、汽車運輸等，單獨運輸主要見於小規模砍伐。扛運時，根據木材大小，或一人扛一根，或兩人合抬一根，較大的則在木材兩端紮上橫擔由多人合力運出。

　　而對採伐面積較大、數量很多的伐木，則多利用山體坡度鋪建木軌道進行運輸，先用木材在山坡間鋪建一條軌道，將其他木材沿軌道運出，至平緩地帶，修建板車道，用板車運輸。新中國成立後，特別是八〇年代以來，很多山場或利用山勢架設索道，將木材沿索道進行搬運，或用挖土機挖出一條通往山谷的通道，將汽車直接開進山谷運輸木材。

　　水運主要是利用山間溪流、江河水流運輸木材的方式，也稱為「放排」。舊時山間樹木運輸全靠肩扛，至小溪邊後，再將木頭沿溪一路漂流隨放叫做「趕羊」。將十幾根木材的樹尾粗略紮在一起由山內溪流放出叫做「放小水」，將三四十根木材列成一排紮好叫做「羅把」，十來個「羅把」紮在一起叫做「一掛排（或龍骨排）」。漂流過程中還有一些禁忌，如忌說「翻」、「撞」等字眼，如改飯匙叫「順匙」，筷子叫「篙子」等。

　　如在浮梁縣，將集中於小澗、小河旁的杉樹長木每根於莞上鑿穿一方洞，粗的十根左右，細的十五根左右用山藤穿連紮緊，

中段按樹數分開各一半用紅藤紮緊，此稱「一條排」。將一條一條的排用山藤連結成一串，一般七到八條作一串，多的十幾條作一串，稱「一吊排」。每一吊排由一人撐頭，一人撐梢。撐頭的一人，應是放排技術好的，他要隨時避開礁石，撥正流向，不撞上別的排。縣內放排時間多為每年農曆三四月間。五〇年代以前，縣內林區杉木全部由水路紮排順流而下放至景德鎮，交付經營木材的樹行驗收。五〇年代中期至七〇年代初，放排逐漸減少，多由公路運輸，至七〇年代中期完全中止。[217]

在吉安，舊時，在余家河放運竹木排的排運工分為大王工、頭盤、二盤、三盤、四盤五個等級。放排時，大王工站在排前觀天色，辨水路，指揮全排工人操作。頭盤掌排頭刀（即舵）、裝犁（停排拴纜），二盤掌篙、搖排尾刀，聽大王工調遣，三、四盤從事勤雜工。解纜行排，必選吉日，舉行隆重的啟航儀式，或在岸邊燒香殺雞，將雞血灑於河中，並燃鞭炮祭河神，祈禱竹、木排安全到達目的地。[218]

在井岡山地區，竹子出山多數依賴水運。將大批毛竹散放至溪流中，隨水放運，遇有停滯或擱淺者，用長竿牽引驅走，稱之為「牽豬趕羊」。毛竹水運的方式和行話很多，除了「牽豬趕羊」以外，還有將散竹十幾根，在樹尾部粗略紮一下，人立竹上，手

---

217 《浮梁縣志》第二十七篇《社會風土》第二章《民間風俗》第四節，生產習俗‧農事。

218 《吉安市志》第三十一篇《風俗》第三章《生產習俗》第二節，工商習俗。

執排篙，定向加速，由山峽小河內放出，叫「放小水」；將三四十根毛竹，列成一排，牢固地紮緊樹尾部，叫「做排」；做好的排，稱「羅把」；七八個或十餘個「羅把」連接起來，叫「一掛排」（又稱龍骨排）；數掛排連接組成者，稱「一篷排」。

放排時還有不少特定的地方行業用語：一個人放一掛排，叫「跑單幫」；兩人放一掛排，居頭者，叫「放頭」，居二者，稱「撐梢」；放排不慎碰在石頭上或崖壁上，叫「打腦」；竹排擱淺灘、暗礁上，稱「打黃蔊」。做排等還有各種名稱：拆開羅把，把竹排列在水中做排，叫「打平伙」；竹排停靠時，牽掛竹排用的長條叫「提條」，將縛住竹排的提條另一端插掛在提樁上，叫「操提」；竹排正式起運，由老板弄一頓酒肉吃，叫「開河」；到達目的地，同樣由老板弄一頓好菜好飯，叫「到岸」。

排運工的生活，閒時閒得無聊，累時累得要命，故有「神仙、老虎、牛」之稱謂。順水工夫輕鬆，逆水工夫很累，有「願吃順水粥，不吃逆水飯」之說。竹排上最忌人說「翻、滾、沉、散」等同音字；盛飯時，飯勺忌翻放；雨傘（與散同音）不叫傘，改稱「遮子」，姓陳不叫陳，改叫「耳東」；斧頭不叫「碓子」，因有顛碓之意，而稱「襄陽」等。放排工報路時用唱歌的形式，連說帶唱，稱「灘歌」。「灘歌」是排工的口頭創作，有許多是即興發揮，淳樸、粗獷、灑脫，寓報路、聯絡、提示、鼓勵、娛樂於一體，是一種特殊的歌，歌聲在河面上回蕩，可傳出

很遠。[219]

在贛州地區，樹木採伐集結好，便紮成木排沿江河順水放運。開排時，要殺雞、殺狗、焚香燭燃燃放喜炮，老師傅高贊：「開排——！一路福星——！」沿途逢岸邊有廟必燒香。平時排工言行規矩亦嚴，見人落水遇險，只是伸竹篙或用繩子綁塊木板丟下河，讓落水者抓住後再拉上來，排工不能跳水相救。[220]

新中國成立後，各地燒香敬神、放排工不能入水救人等傳統習俗逐漸破除，其餘習俗不同程度地沿襲至今。

（三）林木運銷習俗

江西林木運銷歷史悠久，尤其是明清時期更為興盛，形成了許多著名的「木幫」，如清江縣（今樟樹市）的「臨清木幫」，起源於明代初期，利用明帝王大量營建宮殿陵墓廣徵木材之機，「多領部銀，採買皇木」，遠至雲南、貴州、廣東等地，明清時期逐步發展為著名的木幫商，號稱「富甲諸賈、利甲諸郡」，與樟樹藥幫同為清江兩大行幫組織，有「河東藥材、河西木材」之說。至民國時期，發展成為江西三大木幫之首（其餘兩個是龍南幫、洪都幫），木材運銷量占到全省的百分之八十以上。其所購木材大多來自贛江、袁河、錦江、撫河、信江、修水、潦河等上

219　《井岡山志》卷二十四《人口社會》第六章《風俗》第五節，生產、生活習俗。

220　《贛州地區志》第二十七篇《宗教、民俗、故事、傳說》第二章《民情風俗》第四節，行業習俗。

游林區，稱為「西木」；也有至湖南、廣西、貴州等地採購，稱為「廣木」。

舊時林木均以「碼子」為計量單位。碼子又稱碼兩，俗稱「龍泉碼價」，相傳於明崇禎年間（1628-1644）由龍泉縣（今遂川縣）三十二都三溪（今五斗江鄉）郭家村郭維經婦女所發明，是為計算木材價錢的方法，如一尺三分，意為從距木材菀上五尺處下尺，圍長一尺的木材價值三分銀子，以此類推。這種計價方法一直沿用至二十世紀五〇年代初。

龍泉碼口訣：七寸一分，八寸（含九寸）二分，尺木三分，尺零半三分半；尺一四分，尺一半四分半，尺二五分，尺二半五分半；尺三六分，尺三半六分半，尺四七分，尺四半八分；尺五九分，尺五半一錢零半，尺六一錢二，尺六半一錢三分半；尺七一錢五，尺七半一錢六分半，尺八一錢八，尺八半兩錢零半；尺九二錢三，尺九半兩錢五分半，兩尺兩錢八，兩尺零半三錢零半；兩尺一三錢三，兩尺一寸半三錢五分半，兩尺二三錢八，兩尺二寸半四錢零半；兩尺三四錢三，兩尺三寸半四錢五分半，兩尺四四錢八，兩尺四寸半五錢零半；兩尺五五錢三，兩尺五寸半五錢八，兩尺六六錢三，兩尺六寸半六錢八；兩尺七七錢三，兩尺七寸半七錢八，兩尺八八錢三，兩尺八寸半八錢八；兩尺九九錢三，兩尺九寸半九錢八，三尺一兩零三（三尺以上至五尺未列

入）。**221**

五〇年代後，木材實行國家統一經營方針，至八〇年代改革開放以來，私人經營重新出現，特別是邁入二十一世紀，由於林權改革的實行，眾多山區林木資源歸入家庭和個人所有。在林木運銷價格上，過去廣為實行的「龍泉價碼法」為按木材體積計價法所取代。

第五節 ▶ 畜牧業生產及其習俗

作為農業生產的組成部分之一，江西畜牧業生產歷史也較為久遠，在民眾生活中占據著比較重要的影響和作用，在長期發展過程中形成了具有地方特色的生產習俗。

一、畜牧業生產習俗

（一）畜牧業品種

1. 畜類品種。主要為耕牛、生豬、狗、貓等。

（1）耕牛。江西是一個以農業為主的省份。耕牛是農業生產的主要動力，也是農家飼養的主要畜類之一。江西地區牛種主要分為黃牛和水牛兩種，其中黃牛一般在水稻田較少的山地和沙

221 《清江縣志》第五篇《林業》第四章《木竹生產》第二節，調銷。

地區較為常見；水牛則一般在水稻田較多的平原湖區和丘陵地帶多見。相對來說，黃牛一般通體為黃色，體型不大，成年牛平均體重約二○○多公斤，較為抗熱、抗寒，耗料少，易為管理，適宜旱田（或少量水田）耕作；水牛一般通體為灰色或灰褐色，體型較大，成年牛平均體重約五○○公斤左右，力大勁韌，適宜較多面積水田耕作，抗熱性較弱，耗料較多，夏季一般在水中生活。

　　牛的生命周期大體在十五到二十年左右，其中耕作黃金期是在第三到十年期間。牛是較大的哺乳型動物，犢牛一般在出生六到八個月後自行斷乳，到一年時可穿繩栓，滿二年左右便可試耕犁耙，第三年以後逐漸承擔耕作力役，第五至六年牙齒長齊。

　　在古代至現代相當長一段時期內，耕牛一直在農家占據著相當重要的地位，農家有「一頭耕牛半個家」之諺，因而深受農民重視，在許多山區一般每戶農家都購買有耕牛。目前隨著拖拉機等農業耕作機器的廣泛使用，在「耕田不用牛」的影響下，許多農戶家庭特別是平原區的農戶家庭開始逐漸放棄了養牛習俗，作為耕田、拉車等力役之用的耕牛逐漸減少，與此同時，諸如乳牛、肉牛等品種開始增加，許多地方還出現了專門的乳牛、肉牛飼養生產基地。

　　（2）生豬。也是江西地區農家飼養的主要畜類之一，是農家副業收入的主要來源之一。中國生豬飼養歷史悠久，早在先秦時期人們就已掌握了生豬飼養技術。江西地區生豬飼養為農家所喜愛，過去大部分農戶都飼養生豬，少則一頭，多則一戶數頭；近些年來，出現了較多的養豬專業戶以及大型的養豬農場，數量

從幾十頭到數千頭不等。

過去農家所養生豬多為本地所繁殖，一般通體黑色或者黑白相間，稱為「土豬」。但各地又有所差異，體現出地方特色，如都昌縣的「六白豬」，因其額面、尾尖、四肢下部為白色毛，具有六白特點而得名，有二百多年養殖歷史，是省內體型最小、成年體重最輕的地方豬種，成年生豬體重平均僅為五十公斤左右。[222]新中國成立以來，隨著養豬繁殖技術的提高，各地興辦了許多畜牧良種繁殖場，開展對豬、牛等地方優良畜禽品種的選育提純工作，並不斷引進良種，在此基礎上進行良種雜交和人工雜交，使得生豬品種逐漸增多，各地飼養的生豬主要有從外地引進的約克夏、盤克、長白、中約、大約、蘇白、上海白、巴克夏及萍鄉、樂平等豬種，其中很多毛色大都為白色，民眾稱之為「洋豬」。相對來說，單戶農家也會飼養少量的本地「土豬」，而在一些較大型養殖場所，則常常飼養那些易於生長的新型豬種。

（3）狗。是江西各地農家所喜愛飼養的家畜種類之一，主要用於護家或狩獵。有些地方人們在喜慶或其他特殊場合也常會殺狗，但在很多地方，狗肉為春節和婚喪等節日中忌諱的食物，有「狗肉上不了桌」之說。新中國成立以來，狗肉已成為市場暢銷的肉類食品，養狗農戶日益增多，並出現了養狗專業戶。

近年來，在眾多城鎮，市民飼養「寵物狗」之風逐漸興起。

222　《都昌縣志》卷三十四《風俗‧宗教》第一章《風俗》第一節，生產習俗。

所養狗主要是從國外引進品種，與傳統的狗類存在較大差異。

（4）貓。在廣大農村，人們有養貓的傳統習慣，主要用於捕鼠。過去農家房屋主要是木瓦結構，老鼠在牆間來往較為容易，常偷吃農家食物，因而養貓之風較為盛行；近些年來隨著鄉村鋼筋磚瓦結構房屋的建設和化學藥物滅鼠措施的廣泛採用，農家養貓之風也逐漸減少。

2. 家禽類品種。主要以雞、鴨、鵝、蜜蜂養殖為主。

（1）雞。是廣大鄉村農家最為普遍飼養的家禽類之一。過去農家每戶幾乎都會飼養，各地品種不一，各家所養基本上都來自於自家用雞蛋孵化而成，也稱為「土雞」。民家通常用雞蛋或殺雞招待客人，或者作為節慶日中所用，有的也出售雞蛋或雞來補貼家用。近些年來，雞的品種不斷增多，較為常見的有蛋雞、雜雞、「洋雞」等，電氣自動孵化逐漸普遍，也出現了養雞專業戶。

（2）鴨。在廣大山區和濱河地區養殖較為普遍。過去江西地區農家所飼養的鴨主要為本地品種，體型較小，成年鴨體重只有一公斤左右，但味道鮮美，口感較好。二十世紀八〇年代以來，一些外地品種逐漸傳入本地，主要有如北京鴨、鵝鴨等，體重較大，有的達到三到四公斤左右。

（3）蜜蜂。主要有中華蜂和意大利蜂（簡稱中蜂和意蜂）之分，前者為中國所產，主要由山間野蜂轉化而來，喜分群，抗蟎力強，具有野生習性，除家庭飼養外，常見集巢於石洞、樹洞、古墓、牆洞之中；後者為從意大利引進的蜂種，不喜分群，抗蟎力弱，無野生習性，繁殖力和採集力均比中蜂強。由於蜂蜜

以花粉為原料，因此蜜蜂養殖主要是在一些山區或樹木、果林較多之區才較為普遍。

蜜蜂飼養歷史悠久，舊時人們多以木桶、木箱、穀籮飼養，產蜜量較低。二十世紀五〇年代以來，逐步引進推廣意蜂，並改進飼養方法，改桶養為活頁框養，產蜜量得到大幅提高。**223**

（二）畜牧業飼養

在長期飼養過程中，人們對牲畜、家禽的養殖形成了一整套方法，民眾有「牛牽養、豬圈養、雞散養，牛豬雞皆有欄（窩）」之說。

1. 牲畜飼養。主要為耕牛、生豬的飼養。

（1）牛以草食放牧為主，也有的地方採以廄舍圈養的方式，主要是肉牛、奶牛等類。春、夏、秋三季，湖洲、草地、山丘、田埂、路邊都是牧場，以牽牧為主，農家有「豬要餵得飽，牛要吃青草」之諺。草盛時，早晚摸黑放牧，使役時割青草餵養。冬季青料枯萎，則以欄舍圈養為主，平時餵以稻草，「三九」嚴寒冰凍之天，還得修堵牛欄牆眼，用柴、布等糊住窗口，加墊稻草，用於防寒保濕，有「老牛難過冬，就怕西北風」之說，並適量餵牛以米糠、棉餅、麻餅等精料，餵以溫水或淡鹽水。

夏、秋熱天，人們夜晚用煙火為牛驅蚊子，水牛也可拴在池

223　《吉安市志》第十篇《農業》第五章《畜禽和蜜蜂飼養》第三節，蜜蜂飼養。

塘、溪流邊，讓其在水中消暑避蚊。春耕前，視牛體質，分別輔以食鹽、生薑、稀粥、豆渣等為牛催膘。清明節前，天氣多變，耕牛不可淋雨；須在雨天役牛時，要給牛披上棕絲織成的「牛衣」。不能使役的老牛，養戶不能宰殺，只能出賣或養至死去。新中國成立初的農業合作化時期，耕牛由生產隊統一建牛欄（多為磚瓦結構），供給飼料，固定專人或多家輪流飼養；實行家庭聯產承包責任制以後，又改為各家各戶單獨飼養。

（2）山區餵豬有放養的習慣，其餘地方一般都為圈養。過去豬欄舍多以土磚砌成，蓋以稻草，且多為牛豬共欄，欄內墊草厚，濕度大，欄旁邊設有排糞尿溝（坑），鄉村有「養豬（牛）無巧，欄干食飽」之諺。豬為農家肥料之源，農家有「養豬不賺錢，回頭看看田」、「畜豬不賺錢，肥得一畝田」之說。新中國成立後，豬舍有所改進，磚牆蓋瓦，水泥地板，欄外積肥漸多。豬圈有時與廁所、牛欄一道建，有時則和廚房連在一起建。

生豬分仔豬、架子豬、肥豬三個飼養階段，每個階段餵養方式有所不同。餵豬主要存在生乾精料餵養和熟食料餵養兩種方法。一般農家主要採取熟食料餵養方式，熟食料餵豬主要以青菜、薯藤、野草為主，佐以米糠、麥麩和家庭的殘羹剩飯、洗碗水、淘米水等煮熟而成。一些地方在冬季青料缺乏時，農民還多有貯藏習慣，青貯方法有的煮熟入缸，有的入窖泥土封密。乳豬一個月後開始餵食，先以米煮粥餵養，後以青菜、蘿蔔、瓜類等青飼料加米煮熟飼餵。斷奶仔豬一般不餵糠，待長到五六十斤後再以米糠、薯藤、紅薯、麥麩、豆渣、菜類、野草等煮熟飼養，

農家有「豬吃百樣草，飼料不難找」[224]之諺，出賣或宰殺前一兩個月以碎米或花生餅、南瓜、紅薯等催肥。

生乾精料餵養方法主要是新中國成立後，特別是八〇年代以來採用較為廣泛，主要在較大型養豬場、養豬專業戶和缺燃料地區的農戶，從小豬餵養開始，就多採用配（混）合飼料，輔以青飼料，並改餵熟食，這樣大大縮短了飼養周期。過去農家一般養豬周期為十到十二個月，現在則只需四個月左右。

2. 家禽飼養。農家飼養雞、鴨、鵝等，一般都採取散養方法，以覓食天然飼料為主，輔之以少量精飼料。但在較大型養殖場、農村養禽專業戶和城鎮居民養家禽，則主要實行圈養或籠養，餵以配合飼料為主，加餵青飼料。

過去山區民眾一般採用桶裝固定養蜂法，蜂源多來自剛捕的野蜂（即中蜂），用篾籠或木桶飼養，任其自由採花釀蜜。人們一年取蜜一到二次，蜂蜜產量不高，質量不能得到保證。二十世紀七八十年代開始改桶裝為箱裝，改蜜蜂自然築巢為人築巢，使用搖蜜機增加取蜜次數，提高了產蜜量。由於季節的變化，人們常要不時將蜜蜂轉移地方，以利於其採集花粉。

3. 疫病防治。在牲畜家禽的飼養過程中，疫病防治是一項非常重要的工作，過去由於生產技術條件的限制，人們對畜禽疫病並不太了解，基本上處於無防治狀態，當畜禽發生疫病時，大

---

[224] 《奉新縣志》卷三十五《諺語、歇後語、傳說》第一章《諺語》第一節，農事諺語。

都是聽天由命，或者祈求神靈，有的則根據經驗採取一些傳統的辦法。新中國成立後，地方政府逐步建立和健全畜禽疫病防治體系，對畜禽疫病採取了積極防治措施。

二、畜牧業習俗與禁忌

（一）飼養習俗

長期以來，人們在飼養畜禽過程中形成了許多豐富的經驗，也有許多禁忌和忌諱。

1. 養牛習俗與禁忌。習俗認為，牛的長相好壞，會給養戶帶來吉凶，故買牛時極其注意觀察牛相，切忌買到「破相」牛。農家買賣耕牛，有「黃牛看齒，水牛看圈（指牛毛旋紋）」的說法。民間俗稱水牛有「蛇口、黃蜂針、棺材針」三大破相；黃牛有「暗花、白舌、破刀花」三大破相。認為養這樣的牛會傷主人家，或者會跑掉而使人傷財。

在一些地方，買賣耕牛要披紅掛彩，新買耕牛到家時還要放鞭炮迎接。將牛買回家後的第三天，有的人家興供神飯、點香燭敬社官，給牛「做三朝」，還要換去舊的牛繩，將舊繩掛在社官樹上。

母牛下牛崽後，養主將剪下的小牛胞衣以及剁掉的黃爪用稻草紮緊拋掉。三天過後，要給小牛「做三朝」，習俗較為隆重。這天要用溫水給牛犢洗澡、削刮小指甲，並用米篩給篩灑冷水，認為這樣能增強其禦寒能力，養主做齋餅還願，並用米酒等給母牛發奶。有的還在這一天備酒肉加餐。

　　除夕晚上，牛也要「過年」，主人用細糠、米飯、青菜拌和的精飼料餵牛。正月初一拜年後，牛主人走進牛欄，先在牛欄上貼一張紅紙條，插三根香，放一掛鞭炮，然後將牛牽到河邊飲水。待牛飲足水後，又放一掛鞭炮，再將牛牽回牛欄，餵以酒糟及拌有米飯、烏豆之類的精飼料。稱為「牛出行（方）」，意思是新年伊始，願耕牛吉利平安，槽頭興旺。五月初五清晨流行「放神仙草」，牽牛踏青吃露水草，並可進入封禁山林放牧。十月初一日為「牛生日」，做粑慶賀，並餵牛以粑。

　　另外，放牛時，黃牛一般不能騎，俗諺「水牛騎長膘，黃牛騎斷腰」。

　　2. 養豬習俗與禁忌。一般人家在購買豬仔時要很仔細地查看仔豬，要求「皮鬆、毛稀、腿直、嘴翹」，忌諱鼻端有白毛的「破鼻花」、四肢下端長黑毛的「鬼腳豬」、腳上多生了一個爪子的「五爪豬」，還有「戴孝豬」、「鐵砧腦」、「烏卵秋」等都不受人們歡迎，認為養這樣的豬輕則不易出欄，重則傷財損丁。購買小豬崽，多為約定時間上門選購。上門購買時，養戶辦小筵招待一餐，飯後由買者確定買哪隻，有時由買者抽籤決定。出售大的活豬，養主須呼喚「大豬去，小豬回」，以圖吉利。買懷胎母豬回家，要在豬背上塗紅水或圍紅布，以示吉祥。

　　在贛州等地，人們將豬崽買回進欄前，要在欄內用稻草點火熏煙，然後把豬崽放進欄內。挑豬崽回來的人，要站在欄門口連喝三碗酒，並贊曰：「斗斗乾！」意在盼豬能餐餐飽食。如果放在牛欄內，還要向牛叮囑：「不准欺負它！」將豬買回家後的第三天，有的人家興供神飯、點香燭敬社官，給豬「做三朝」，豬

產仔的第三日，也要為其「做三朝」的，是日做米果敬社官和饋贈鄰居。

在上饒等地，農家建豬欄，欄門朝南開，不興朝東開，俗有「欄門對了東，十隻豬欄九隻空」的說法。為防疾病，多用紅紙書寫「姜太公在此」貼在牛、豬欄門上，以鎮邪辟瘟。村上若遇某家豬遭瘟，其他人家就在豬欄門口放把掃帚辟邪。豬厭食，多在豬背上放撮黑硝點燃，使豬亂竄棄痧而想吃食，謂之「印子脹，烙鐵燙」。

在靖安縣，母豬下小豬後第三天，養主燒香鳴炮，並煮一盆鱔魚公雞湯給母豬發奶，俗稱「做三」。小豬出欄，養主提食桶，用溲勺敲打，口中作喚豬聲，以祝順遂。發散豬仔時養主燃放鞭炮，買豬的人家說「用沖篙去捉豬」，以示豬日長夜大，膘肥體壯。

3. 養狗習俗。江西各地農村喜歡養狗，選擇狗種亦講究長相，以「老虎腦、獅子嘴、大鼻孔、不花舌、尾卷左」為上品。

4. 家禽飼養。過去人們購買小雞、小鴨飼養，忌諱買五隻和八隻，而以買七隻為吉利，謂之「七生八死」。買回小雞，要用淘米水浸潤雞喙和雞腳，用紅水抹雞頭或雞背，認為這樣處理後，小雞愛吃不亂走，快長不遭瘟。親友贈送家禽家畜飼養，必須象徵性地給贈者一點錢，或包一紅包，以圖吉利。母雞孵化，要在孵盆蓋上置刀斧。過去農家所養雞、鴨，主要以自家（或親鄰）孵化為主，雞、鴨苗多以母雞孵化為主，一般為春季，秋季也較多，但夏、冬季較少，孵化期為二十天左右。二十世紀八〇年代以來，各養殖專業戶和農場則多採用恆溫箱和電力孵化的形

式，大大降低了孵化期限，提高了成活率，許多農家也到市場上
購買雞、鴨苗進行飼養，特別是鴨子幾乎全由電力孵化。

（二）宰殺習俗與禁忌

過去人們在對牲畜、家禽宰殺時，也有一些禁忌。

在撫州南豐縣，殺豬又叫放豬，過年殺豬時要燃放鞭炮，將
黃裱紙沾豬血貼在豬欄上，或拿豬頭到本村或附近福主殿「還
願」，祈禱「六畜興旺」。《南豐縣志》卷三十《風俗宗教》第一
章《風俗》第一節，生產習俗。

在景德鎮浮梁縣，殺豬時，要放鞭炮，主婦一邊走，一邊用
勺敲打豬食桶，一邊「羅羅」地喚著。現時老年人還有此習，中
青年不興。《浮梁縣志》第二十七篇《社會風土》第二章《民間
風俗》第四節，生產習俗·農事。

在上饒都昌縣，殺年豬希望出血塊，並將豬血煮熟切塊，分
與左鄰右舍，親戚家還另送豬肉一條，以共享歡樂。《都昌縣志》
卷三十四《風俗·宗教》第一章《風俗》第一節，生產習俗。

在吉安地區，農家殺豬前，要準備好紙錢，並要焚香點燭燃
放鞭炮。殺豬地點也有講究，如在廳堂殺，稱為「祭祖」；在大
門口對天殺，稱為「祭天」；對著牛欄殺，稱「祭姜太公」。殺
豬時，要灑一些豬血在紙錢上，稱為「灑血錢」；要將「血錢」
貼於欄門邊，並且將豬嘴唇、尾巴煮熟後供奉神靈，以祈求「六
畜興旺」。《吉安市志》第三十一篇《風俗》第三章《生產習俗》
第一節，農事習俗。

而在安福殺牛時，要以衣服把牛的雙眼蒙住，圍觀的人要把

手背到身後，意為雙手被縛、無法相救，以表示對耕牛的最後敬意。

在贛州地區，民間認為狗和狗血能驅妖壓邪，不少地方凡抬屍體進棺、池塘淹死了人、放養魚苗下水、燒磚瓦點火、開山砍伐等，都要殺狗淋血以保平安。

會昌縣農民則認為雞有五德：「頭戴紅冠是喜德，足有勁爪是勤德，好前爭鬥是勇德，見食相呼是仁德，報曉不誤是信德。」自古將紅公雞作為吉祥的象徵，凡辦喜事，必殺紅公雞，工程完成時，泥、木匠師傅手舉紅公雞，高唱贊詞以示吉祥。

第三章

商業組織與商事習俗

　　江西傳統經濟文化的發達與工商業的繁榮，是與全國經濟重心南移同步的。其間，具有重大影響的因素：一是政治中心的南移和運河的開通，特別是明一口通商給江西帶來的過境貿易的繁榮；一是江西地理環境有利於農業生產，而且較少成為兵家爭奪之地。江右商幫作為全國十大商幫之一的興起，也是在此期間，明清發展到鼎盛時期。

　　盡管在江右商幫中，既沒有出現像徽商那樣坐擁巨資、堪與王侯相比的富商巨賈，也沒有形成像晉商那樣經營著壟斷行業，還沒能如浙商那樣成為中國近代資本的源頭，但江右商幫以其人數之眾、操業之廣、滲透力之強為世人矚目，對當時的社會經濟產生了一定影響。

　　當時江西商業活動的主體是離開土地的流民，他們在遷徙過程中迫於生計而從事買賣，大多「小富即安，不思發展」，少有做大商人的野心。大部分商人的主業化經營並不明顯，他們挾小本、收微貨，走州過府，隨收隨賣，操業甚廣，以經營各土特產品為主要手段。

　　江西商人在經商的過程中結幫而行，形成各種幫會與行會組

織，進而發展為同業公會及商會組織，在具體行商過程中形成一些商業規則，維護商人利益，維持市場秩序，避免惡性競爭，同時交易過程中形成了商事習俗及商業禁忌，這些都體現了江西商人獨有的商業文化。

第一節 ▶ 商業、手工業組織

江西商業、手工業組織經歷了從商幫、行幫、會館、同業公會到商會的過程，自明清以來一直延承不息，對本地區商業和手工業發展產生了重要影響。

一、商幫與行會

商幫是以地緣關係為基礎的地緣組織。由於籍貫相同而具有相同的口音，相同的生活習慣，甚至相同的思維習慣和價值取向，從而形成同鄉間特有的親近感，自古有把「他鄉遇故知」視為四大樂事之一，俗語說「親不親，家鄉人」，都表明中國人特別是傳統的中國人的鄉土觀念是極為濃厚的，商幫就是建立在地緣基礎上的商人組織。行幫則是指建立在行業基礎之上的商人團體，舊時也稱行會。

「商幫」的類型有如下幾種：一是「一業一幫」，有較多的行業存在這種情況。如油、紙、酒等幫即是，比較單純，不再細分。二是「一業多幫」，如茶、木、布、藥等幫就屬此類。以「茶商業」為例，早期按地域有「本地幫」與「客地幫」之分，統一經營多種茶類產品；繼之範圍逐漸縮小，則按經營業務分為

「紅茶」、「綠茶」等幫；三是「先合後分」，原為一幫，後因經營品種多，析出單獨設幫。四是「按區域設幫」，這種情況多屬手工業類。五是「大幫套小幫，幫中有幫」，有的行幫旋設旋散，形式與名稱都不一樣，小幫多受大幫控制，充分表現了行幫這一民間組織的鬆散性。各幫劃定各自的「勢力範圍」，都具有保守、排他、壟斷的性質。總之，各行幫可以自立門戶，各自為政，自議幫務，自定行規，自選幫首。

明清時期，隨著商品經濟的發展，商品行業繁雜及數量增多，商人隊伍壯大，競爭日益激烈，在「重農抑商」背景下，商人們為了保護自己，增強外部競爭力，利用天然的鄉里、宗族關係聯繫起來互相支持、和衷共濟，商幫在這一特定經濟、社會背景下應運而生。就江西全省而言，由於當時官私纂述多將江西稱為江右，因而本地域商人和商業組織也被統稱為「江右商」或「江右商幫」。

隨著全國經濟重心的南移，江西在兩宋時期成為全國經濟文化的先進地區，其人口之眾、物產之富，均居各路前茅。《宋史·地理志》對江西的物產作了概述，「（自）永嘉東遷，衣冠多所萃止，其後文物頗盛。而茗荈、冶鑄、金帛、秔稻之利，歲給縣官用度，蓋半天下之入焉。」[1]歷元至明，江西的這一經濟優勢仍繼續保持。元世祖至元二十七年（1290），江西在冊戶、

---

[1] （元）脫脫等撰：《宋史》卷八十八，志第四十一《地理四·江南東西路》，中華書局 1985 年版。

口數分別占全國的百分之二十點二和百分之二十三點三，居各省之首。至明代，雖然人口次於浙江而居全國十三布政司的第二位，但江西每年所納稅糧，據孝宗弘治十五年（1502）和萬曆六年（1578）的統計數，卻超過浙江，由此可見產糧之富。其他如茶葉、紙張、苧麻、藍靛、木竹、油料以及製瓷、造紙、木竹加工、煙火等手工業也都在全國占重要地位。農業和手工業的發展，使得江西本省範圍內的商品經濟和商品資本較為活躍，並為江西商人的外出經營提供了條件。運河—長江—贛江這一南北貿易通道的開闢，也為江西與外省商品的流通提供了極大的便利。

明以後，隨著江西人口的外流，脫離土地的江西流民，或是從事農墾，更多的則是從事商業或百工技藝。北京也是「百工技藝之人亦多出於東南，江右為夥。」[2]這些散布在各地的江西商人，或久居一方，或往來於江西與各地之間，形成了人數眾多的江右商巨流，為世矚目。可以這樣說：明代江右商幫的興起，正是江西流民運動的產物，同時也反映出江西流民運動的特徵。明人張瀚曾對江西流民多從事工商業活動的狀況進行了闡述，他說：

（江西）地產窄而生齒繁，人無積聚，質儉勤苦而多貧，多設智巧，挾技藝以經營四方，至老死不歸，故其人內

2　（明）張瀚：《松窗夢語》卷四《百工紀》，盛冬鈴點校，中華書局1985年版，第76頁。

嗇而外侈。[3]

明代當時人王士性也曾說道：

江（西）、浙（江）、閩（福建）三處，人稠地狹，總
之不足以當中原之一省，故身不有技則口不糊，足不出外則
技不售。唯江右尤甚……故作客莫如江右，而江右又莫如撫
州。[4]

撫州人艾南英也不無自豪地聲稱：

民稠而田寡，不通舟楫貿易之利。雖上戶所收，不過半
畝數鐘而已，無絲泉、竹木之饒。故必征逐於四方。凡其所
事之地，隨陽之雁猶不能至，而吾鄉之人都成聚於其所。[5]

各地方志中也有一些記載：

（撫州）民務耕作，故地無遺利。土狹民稠，為商賈三

3　（明）張瀚：《松窗夢語》卷四《商賈紀》，第 84 頁。

4　（明）王士性：《廣志繹》卷四《江南諸省》，呂景琳點校，中華書
　　局 1981 年版，第 80 頁。

5　（明）艾南英：《天傭子集》卷九《白城寺僧之滇黔墓建觀音閣疏》，
　　艾為珖編輯，康熙三十八年刊本。

之一。[6]

　　（浮梁）商工皆出四方以就利。其貨之大者，摘葉為
茗，伐楮為紙，坯土為器。富則為商，巧則為工。[7]

　　但是總體來說，江西商人偏保守，一般經商只涉及所屬之地
土特產品，至於鹽、絲絹等貨物販賣者多為外鄉人，即便經商或
不遠遊，或小本買賣。大部分江西有資本者多求田問舍，過著小
富即安的日子。

　　（會昌）民唯素拙，不善治生，兼之舊土是安，憚作遠
客，故資舟車以行其貨者甚寡。如杉木為邑所產，康熙、雍
正間，尚有運至金陵以售者。近年，木客不過販及省垣青山
而止。粵東引鹽，銷售於瑞金、寧都、石城、雩都、興國，
俱從本邑上游順流泛舟。然販售者，邑人僅十分之二，閩、
粵之客十有八。居貨之賈，只米飯、酒席、海物、雜色、豆
腐等，即開錢鋪者，亦屬寥寥。至一切絲絹、布帛、藥物諸
類，取息稍重，無非他郡異省之人，列肆而居。邑之人謝不
敏焉。推原其故，貧者身無資本，束手無策；富者積金至
萬，唯求田問舍，食租衣稅是計。[8]

6　康熙《西江志》卷二十六《風俗·撫州府》。
7　道光《浮梁縣志》卷二《風俗》。
8　同治《會昌縣志》卷十一《風俗》，同治十一年刻本。

（安遠）不樂遠遊，往來不過吳粵間。日中為市，斗秤公平。富商巨賈多運布帛，其餘肩挑負販，競逐錐刀耳。[9]

（奉新）里人重農逐末者寡，無富商巨賈操奇贏於通都大邑，市販持空囊走四方。其挾資懋遷者，唯火紙、葛布、紅曲數種，往來吳楚之交，稍獲贏餘。賦稅日用，咸取資焉。[10]

（萬安）商賈鮮列肆通都大邑者，鮮擁重資販賣他省者。唯貧人走蜀，由小買賣而致大開張。去家日久，多於彼處娶親生子，賈田入籍，不能舉家歸本邑。行商唯收買土產，茶油、草紙。其最也，坐唯銀錢、布匹、碎貨、酒米、肉腐之屬。其餘店鋪多外府人。故逐末雖多，巨富者少。[11]

（南康）江西金溪人賈書，臨川人賈筆，清江人賈藥，饒州人賈瓷，各因地土所產懋遷寄焉。南康人業微業，利微利，寧棄弗顧。棄農作商，康人絕少，故鄉曲少凍餒之家，而亦少千金之子。[12]

明清以來，江西地區各種商幫、行幫林立，一般以地域、行業和組織職能分類，但往往又幫中有行，行中有幫。

---

9 同治《安遠縣志》卷一之八《地理志・風俗・商賈》，同治十一年刊本。

10 同治《南昌府志》卷二《風俗》，同治十二年刻本。

11 同治《萬安縣志》卷一《方輿志・風俗》，同治十二年刻本。

12 民國《南康縣志》卷六《社會・風俗》，民國二十五年（1936）鉛印本。

（一）按地域分類

　　主要是指按商、行組成成員的籍貫進行分類。在南昌地區，商幫主要包括兩大部分：一是由本省人員組成的奉靖（奉新、靖安）幫、撫建幫（撫州、建昌）、吉安幫、清江幫、豐城幫、樟樹幫、南昌幫等，二是由外地人員組成的安徽幫、廣東幫、江浙幫、上海幫、福建幫、河南幫、河北幫等。

　　在景德鎮地區，主要圍繞瓷業生產形成了名目繁多的行幫組織，各種大小行幫約四〇〇多個。掌握景德鎮經濟命脈的主要是三大幫系，即都幫、雜幫和徽幫。三大幫系互相交織，具有行業和地域的兩重關係。都幫和雜幫把持工業（主要是瓷業），徽幫則壟斷商業。三大幫勢均力敵，鼎足而立。

　　清道光年間（1821-1850），樟樹藥商首先在大本營樟樹鎮結幫，省外也有清江、豐城、新余、新幹、峽江籍的藥商結成「江西幫」，也稱「樟樹幫」、「臨豐幫」、「臨江幫」等，成為了與京幫、川幫並列的全國三大藥幫之一。由此可知，僅用「樟樹人」來圈定「樟樹藥幫」的人員範圍是不準確的，應該將江西臨江府五個縣的藥商都包括進去。樟樹藥幫分布極廣，在抗日戰爭時期，藥幫的總人數已有七八萬之眾。在省內，樟樹藥幫基本上實現了市場壟斷。民國時期，樟樹藥幫在吉安城裡建了三十一家藥材行、號、店，而當時當地總共也只有四十餘家藥材店鋪；贛州城內的三十二家藥材店號全都是樟樹藥幫的產業；在其實力最雄厚的地區——南昌，他們開設的藥店也在當地近四十家藥店中占了大半，並創立了黃慶仁棧、樟樹國藥局、盧仁堂、元生藥店

等知名老店。

在省外，湖南湘潭、湖北漢口、四川重慶是其發展的三個中心和基地。一九四九年前，樟樹幫在湘潭共有藥號三十一家、咀片店五十九家、藥行二十六家，幾乎湖南省所有的城鎮都有樟樹幫的身影足跡。樟樹藥幫同時也成為武漢藥幫之首，憑此而包攬了漢口的藥棧和藥材行。在重慶，他們也有二十多家字號，系陳懷記、保安堂、聶開泰、裕隆恆等。除此之外，樟樹藥幫還涉足江蘇、浙江、福建、安徽、河南、山西、陝西、遼寧、吉林、甘肅、廣東、廣西、貴州、雲南以及香港、澳門等地，推進了各地醫藥事業的發展。

（二）按行業分類

明清以來，江西地區手工業和商業涉及眾多行業領域，因而也形成了不同領域的行業組織，在不同地區之間表現出不同，並形成了一些特色專業市鎮。

以南昌為例，自建城以來，南昌就一直為郡、省、府、道、縣治所在地，是江西地區的政治、經濟中心，有完備的官僚機構和相應的消費需求。七十二行的商賈和手工業者，從遠古年代起就應運而生。早在唐朝時，城內就已是人煙稠密，商業發達，亭閣樓宇鱗次櫛比。象徵古代南昌文明的滕王閣，就建於唐永徽四年（653）。唐代南昌地區在青瓷器的燒造、漆器、紡織的生產、銅器製造以及金銀首飾的生產工藝方面都有很大發展，一度是江南的冶煉、紡織、造船中心和商業都市。「洪州窯」是當時八大名窯之一。而且，從六世紀末葉起的隋、唐市肆中，已經有了工

商業者為維護自身利益而組織起來的行幫等社會團體。五代南唐時，中主李璟升洪州為南昌府，定為南都，於交泰元年（959）遷都南昌，是江南西路治所。北宋時南昌仍稱洪州，造船工業已發展為全國五大造船中心之一。隨著水路交通和工商業的發展，城池續有擴展，「城圍三十一里，門十六」[13]。北宋初年，經濟繁榮，工商店鋪遍及全城。明代形成「三湖九津」的水網體系，城區分東西兩部，城西為官署府衙集中地，城東除東湖外，還有商店和街坊。城北有眾多的貿易市場。市內交通發達，經商方式，主要有坐商和行商兩種，以坐商為主。

當時南昌主要有商業和手工業。就商業種類而言，有錢鹽業、米糧業、建築業、南貨業、綢布業、土布業、船運業、國藥業、洋貨業等，生意興隆。手工業方面，南昌的手工業勞動者，在傳統社會被稱為「九佬」、「十八匠」。

「九佬」是：一為割腳佬，指修腳、刮腳的手工服務者，多在澡堂裡勞作。二為剃頭佬，指理髮匠。一副剃頭擔子擺在人行道旁，行人走累了，往椅子上一坐，剃完頭，再一躺，一面休息，一面刮臉。刮臉時，理髮師傅動作極輕極慢，鋒利的剃刀如春風在臉上吹拂，較為舒服。三為閹豬佬，即拿著一把鋒利小刀閹公雞、閹公豬的人。四為補鍋佬，一個師傅帶著一個小徒弟，挑著火爐風箱，每到一個街頭便擺開場面，那個黑衣黑臉黑手黑

---

13 楊壽祥：《抗戰前後南昌市的中藥概況》，《江西文史資料選輯》總14輯，1984年，第38-41頁。

腳的小徒弟去沿街叫喚：「哦，生鐵補鍋」，邊叫喚邊收集人家拿來的破鐵鍋、破鼎罐，送到師傅擔子邊來補。五為洗麻佬，指挑擔子上街磨刀剪的匠人。六為渡船佬，指在小河中劃小木渡船送人載貨過渡工。七為殺豬佬，指專門殺豬的屠宰手。八為捕魚佬，指捕魚人。九為打槍佬，指打獵人。

「十八匠」是：一為金匠，指用手工方法熔煉黃金首飾、器皿的人。二為銀匠，指用手工方法熔煉銀質首飾的人。三為銅匠，挑擔子上街修銅器，配制鎖匙的人。四為鐵匠，挑爐子上街、或擺攤點的打鐵人。市區有鐵街，集中很多鐵匠鋪，製作菜刀、火鉗等物。五為錫匠，指將錫錠冶鑄成錫器的手工人，如茶壺、酒杯、燭台等。市內有一條錫街，集中了很多錫匠鋪。六為木匠，分大木、小木，大木造屋、做棺材，小木做家具；還有圓木，專門製作飯甑、木盆、木桶等。七為瓦匠，做泥水的，包括給房子檢漏的。八為窯匠，用窯燒磚、製瓦、燒木炭的人。九為石匠。十為漆匠。十一為彈棉匠。十二為篾匠。十三為染匠。十四為畫匠。十五為雕匠。十六為酒匠。十七為裁縫。十八為皮匠。這些工匠的手工勞動各具特色。

「九佬」、「十八匠」的技藝，一般傳授給自己的子侄，也有很多帶徒弟的。徒弟要先做酒敬拜師傅，過年要給師傅拜年。學徒期為三年，只有飯吃沒有工資，還要幫師傅家裡做家務、帶小孩。學完三年，徒弟便可以滿師，不用再為師傅做家務了，而且還有些零花錢。一般情況下，一個師傅一年只帶一個徒弟。徒弟學滿後，也可以到別的地方去參師。俗話說「不怕無人請，就怕藝不精」。

大部分相同行業，以自己的行業祖名組成行會，如修水縣記載：

> 各行業均有行會，維持本行生產秩序，形成對行業壟斷狀態。縣城主要手工業行會有：金、銀、銅、鐵、錫的老君會，石、木、泥、礱、篾、機的魯班會，縫紉、紡織、彈花編絮的軒轅會，還有鞋業孫祖會，理髮業羅祖會，刊刻業文昌會，裝裱業黎祖會、柴香業福主會，油漆業漆寶會，度量衡三皇會等。**14**

在景德鎮市，主要是形成了以瓷器生產和貿易為主的工商業組織。當地瓷業分工很細，行業就很多，大體上說，有掘瓷土業、匣缽業、燒窯業（有柴窯與槎窯之別）、製瓷業（有圓器與琢器之別）、彩瓷業（舊稱紅店）、著色業、包裝業以及為瓷業服務的其他主要行業。細分共有八業三十六行。

與製瓷業相關的行幫較多。景德鎮製瓷業總的說來，分為兩大類：一是以製造碗、杯、盤、碟等為主的圓器類，一是以製造缸、針、匙、雕塑、人物為主的琢器類。其中由都昌人組成的都幫就專營圓器類瓷器，生產普通的日用瓷，如藍邊器、灰可器等，同時也生產一些中高檔日用瓷如白釉脫胎瓷器等。圓器生產

14　《修水縣志》卷三十四《風俗習慣》第一章《生產習俗》第三節，手工業生產習俗，深圳海天出版社 1991 年版。

的興盛，使俗稱「窯戶」的陶瓷圓器廠經營者和燒窯者從中獲利不少，為都幫在景德鎮製瓷業中從人力、物力上占據優勢、基本把持全市陶瓷業務、並成為三大幫中最大一幫打下了基礎。

雜幫主要從事製瓷業的另一大類——琢器類的生產。因為琢窯戶多為撫州人，所以雜幫中經營陶瓷業的又稱「窯幫」或「撫幫」。

窯幫中又成立了三窯九會，其成員主要是經營大致相同的陶瓷制品的小業主和廠主。這其中絕大多數從業人員都是都昌人。

帶有陶瓷服務行業性質的瓷行則包括在雜幫之中，諸如看色（選瓷）、茭草、紅店（陶瓷加工）、包裝、搬運、木箱、籃簍、花簍等等都是。

與都幫、雜幫並列的徽幫，主營商業，陶瓷原料的瓷土、顏料等都是他們的經營範圍。在當時，徽幫把握了全市的經濟命脈，他們在全市開的錢莊、錢店按資金大、中、小之分有福、祿、壽三等，約七八十家。福字錢莊就有何廣有、大有恆、恆大、怡和昌、吳隆元等。

在婺源地區，則主要形成了茶葉生產和貿易為主的工商業組織——茶號、茶莊。茶號的組織形式比較簡單，一般設經理、掌號、會計各一人，水客若干人，即可百事俱舉。一九三四年，婺源縣內有茶號、茶莊一七八家。一九四○年，有茶號、茶莊一八三家。到一九四一年，婺源縣內茶號、茶莊發展到二四三家。[15]

---

15 劉隆祥、詹成業：《「婺綠」茶史考》，《農業考古》1992 年第 2 期。

茶號不僅進行茶葉精加工，更重要的是進行茶葉貿易。婺源茶商早在唐代開始就應運而生，明代時經商已成為婺人靡然從之的社會風尚。到了清代，婺源茶商憑借血緣姻親和地緣鄉誼關係，或是子佐父賈，或是翁婿共賈，或是兄弟聯袂，或是同族結伙，「業此項綠茶生意者，係徽州婺源人居多，其茶亦俱由本山所出」[16]。

除婺源外，江西一些茶葉主產區都有各具特色的茶葉經貿習俗。如出產寧紅的修水，興盛時期的茶莊分本、客兩幫，總共有一〇〇餘家。這些幫別不一的茶莊，其中有廣幫十餘家、徽幫十餘家、本幫及雜幫六十餘家。此外，還有俄商設立的新泰、順豐、阜昌等洋行分行三家，采辦紅茶和花茶運銷海外。

（三）按具體職能分類

行幫等職業組織的職能大約有三類：第一類與行業關係最為緊密，直接構成其生產過程的一部分，大部分行幫都屬此類；第二類與行業關係稍微緊密一些，但不從事生產，而是為生產服務；第三類與行業關係最遠，是為行業產品進行服務的。

都幫、徽幫、雜幫、五府十八幫和三窯九會這些行幫都直接參與了景德鎮瓷業的生產，屬於第一類職業組織。瓷業中的另外

16　《光緒十七年九江華洋貿易情形論略》，《通商各關華洋貿易總冊》下卷，第 59 頁，轉引自彭澤益《中國近代手工業史資料（1840-1949）》，第 2 卷，中華書局 1962 年版，第 325 頁。

兩個比較特殊的組織——保槎公所和保柴公所則屬於第二類民間職業組織。首先，它們是由行幫派生出來的民間組織。保槎公所直屬於燒槎窯業的陶成窯，保柴公所則屬燒窯業的陶慶窯，其組織者為窯柴經濟行業，兩者規模相當；其次，它們具有特殊的使命和身分。簡單說，就是陶成窯和陶慶窯為了確保其燒窯材料而設置了兩個公所，所以，它們是間接為瓷業生產服務的。

雜幫中包含了許多行業，其中外地瓷商所組成的行幫就是專門進行瓷器產品交易的，體現了第三類的原則。除了以寧、紹、關、廣四幫為首的八幫瓷商，還有鄂幫、客幫這樣的後起之秀。他們不僅開拓了江西瓷器的流通之路，也成為雜幫財力的重要支柱，在他們的支持下，雜幫的發展絲毫不遜色於都幫與徽幫。

（四）幫中有行，行中有幫

雖然江西各商業組織一般以地域、行業和組織職能分類，但往往是幫中有行，行中有幫。現列幾個在南昌的主要行幫。

1. 錢鹽業。錢鹽業是南昌市最具經濟實力的行業。錢、鹽本是兩個行業，因晚清時銷售食鹽，是採用官督商銷辦法，由官商售給鹽商的特許證，叫做引票。有了引票，才可以到鹽產區買鹽，而後銷售。南昌市的錢莊，凡殷實富戶都擁有引票，置有鹽船，備有鹽倉，兼營鹽業。有的還掛「錢鹽」吊牌，豎「官引分銷」的座牌，以示錢鹽為一家。晚清民初，南昌市的錢莊、鹽商有一五○多戶，其中又有五個幫：一為奉靖幫，有乾大信、德昌祥、惠康厚、協呂厚、德孚、升恆、裕元等；二為撫建幫，有義昌仁、泰豐仁、裕通等；三為吉安幫，有祥隆、同吉、裕孚等；

四為南昌幫，有恆隆、裕隆、永大、同大協等；五為安徽幫，有元升恆、益大協等。其中，以奉靖幫歷史久遠，享譽四方。這主要與靖安人陳筱梅有直接的關係。據《靖安縣志》載，陳筱梅靖安香田顧山人，晚清時曾任刑部郎中、安徽商務督協，晉二品頂戴。以後曾任江西省咨議局副議長。一九一二年陳筱梅棄官經商，在南昌市有乾大信、德大信兩個大錢莊及生昌信鹽莊，在武漢、上海創設了分局。陳筱梅不僅廣置產業，在南昌市石頭街置有大片房產的「陳家公館」，而且樂善好施，重鄉情，在南昌設立了「靖安會館」，成為廣納靖安同鄉來昌經營錢、鹽業的一大行幫。

2. 糧食業。自古以來，南昌、新建兩縣為產糧區，故南昌市的糧食業只有南昌、新建兩大行幫。南昌幫實力較強，居行幫之首。除南新兩行幫外，沒有客幫。鄱陽、都昌、進賢等地到南昌運營糧食的為數不少，但未形成行幫。一些錢鹽業大戶兼營米業也未另立門戶，都同樣和全市糧食戶按期到廣外米市街的米業會館聚會。米業會館不僅成為行幫溝通信息、增進幫誼的場所，而且成為全市糧食交易中心，大小糧商都把經營的糧食品種各帶一包作樣品，來交易所進行比價、儀價或買進、賣出。在當年，米市街是名符其實而又十分繁榮的米市行幫交易的一條街。糧食業在以後的商會中更顯示了這個行幫龐雜的重要地位。商會選舉是按行業分配選票權。糧食業不僅戶數多，而且有近二〇〇家大戶，既是商業會員，又是工業會員，因此擁有多數選舉權，成為商會競選爭相拉票的熱門行幫。

3. 建築業。在南昌市的行幫中，人數最多、歷史久遠的是

建築業。建築業自遠古年代起就形成了人數眾多的撫州幫，以後隨著外地廠家的進入，在南昌，逐漸形成了撫州幫、南昌幫、江浙滬幫。這三個行幫中具有代表性的大戶是：撫州幫的張坤珍營造廠，老板張坤珍；南昌幫的虞正興營造廠，老板虞十全；江浙滬幫的震華營造廠，老板劉丙廬；建築業行幫之間的競爭，主要表現在大戶在投標、招標中的明爭暗鬥，其背後是人情網絡的競爭。撫州幫、南昌幫在競標中勢均力敵，因而所得招標黃金為最多。綢布業在晚清時，雖有蘇、杭綢緞店家，但未形成行幫，而是和土布業合在一個行業。

4. 綢緞布匹業。北伐成功，軍閥統治垮台後的三〇年代，南昌興起了綢緞布匹業，先後有了近四十家綢布店，分為四個幫：南昌幫的李祥泰、吳長記、江聚豐、國泰等；徽幫的新盛、大隆、程安記、景昌等；建昌幫的李怡昌、益和等；江浙幫的芳鳳館德記；廣東幫的廣益昌。綢布業實力雄厚，相傳全行業曾有五〇〇餘萬銀元的資金，在上海設有江西幫辦的綢布莊。土布業仍為一個獨立行業存在，有不少綢布店還銷售土布，老字號李祥泰，既銷綢緞，又以土布緞青為享譽市場的大宗業務。所以，綢布業和土布業是兄弟行業，一直延續到新中國成立前夕。以南昌幫為首的土布業與綢布業交往甚密，經常聚會，共商購銷、議價及相互宴請。南昌的棉花市，曾是棉紗、棉布的交易中心。

5. 南貨業。南貨業在南昌也是大行業，以其經濟實力、食品特色以及地域不同分為四大行幫：一是徽幫，有信茂、昌太祥、天祿齋、怡盛開、萬元、元裕、裕昌、豐太等大戶。徽幫資金雄厚，多有特色商品，銷售旺盛，居行幫之首；二是江浙幫，

有沈三陽、沈開泰獨家經營的兩個老字號;三是南昌幫,有四季春、彩戀、協泰等;四是廣東幫,有南昌隆、光華軒等。此外也有奉新、靖安、贛南等地的商家,都納入南昌幫之列。

6. 船運業。也是南昌市一個古老的行業。早在唐宋時期,南昌就成為全國五大造船地之一,其發達的水運使船運業幾乎控制了全市進出口貿易的命脈。一八九六年福康商號從上海購置了「飛渡」、「隱渡」、「利濟」三艘小火輪在南昌開航。但水運還是主要靠民間木帆船,當年全市共有大小帆船一七三六隻,二十四點九七七個噸位。民船業有四個大行幫:一是撫州幫(稱撫船);二是南昌幫(船俗稱小狗子);三是贛州幫(船俗稱杉桅);四是豐城幫(船俗稱銅殼子)。南昌、撫州的木帆船吃水深,可進入長江。贛州船吃水淺,但善於駕駛急流險灘,能從贛南直下長江。跑長江水運,一般是從南昌運出大米、木材及土特產,從南京、上海運回票鹽等。

7. 碼頭業。由於南昌航運業的發達,使得碼頭業務繁忙,因而形成碼頭幫派。在南昌的主要有熊家把、裘家把、武寧把等。一個碼頭一個把,把頭都是當地一霸,控制著碼頭的業務,與工商行業亦有不少聯繫。尤其是茶樓酒館、戲院旅棧等行業,為了依仗地方勢力,防止和威懾社會上流氓尋釁鬧事,有的參加了青、紅幫,與碼頭把頭結為「拜把兄弟」,有的商業老板就是青幫老大哥。

8. 國藥業。南昌市國藥業,以全福堂為最早,那時全城只有三四十家中藥店,分樟樹幫、南昌幫、河南幫、安徽幫等幫

伙，其中以樟樹幫為最多。[17]清江商人在江西本省則是幾乎壟斷了全省的藥材市場，他們在贛南以贛州為中心，贛中以吉安為中心，贛北以南昌為中心，形成了一個全省範圍內的藥業網。[18]以後河南人開的協盛全，是極少的客幫。

樟樹藥幫沒有總體組織，各地都有各地的組織，名為堂會，分為不同種類，不同身分的人參加不同的堂會。各地的組織名稱雖不相同，但活動內容大同小異。

9. 篷簍篾器業。多是手工生產，也有三個行幫；南昌的湖坊幫，以建造房屋紮竹架為主；撫州幫以產銷竹床竹板為主；安義幫以編織竹籬、竹籃等篾器為主。木材業，主要有吉安幫、贛州幫。

商幫既有利於商人們感情互動，又增進相互間的了解與信任，同時方便他們之間在各種業務上的信息交流。特別是有了這些活動，方便了商幫內老板與伙計、學徒之間人情化的交往，弱化了他們之間經濟上和身分上的不平等性，這無疑體現出商幫的團結、凝聚力量，強化了商人的地域意識和鄉土意識，他們的各種行為，無不體現或滲透出濃厚的鄉土情結和氣息。

行會是同一行業人員組成，訂有行規，主要調解會內糾紛，對外辦理交涉。以後隨著商品市場的發展，接著應運而生五花八

17 楊壽祥：《抗戰前後南昌市的中藥概況》，《江西文史資料選輯》總14輯，1984年，第38-41頁。

18 羅輝：《清代清江商人研究》，南昌大學歷史系碩士學位論文（未刊稿），1999年。

門的「軒」、「社」、「堂」、「會」或「會幫」，其實質都是「行幫」或「商幫」，名異而實同。

行幫的「幫首」又稱會首、福首、行頭、行首、行長、頭家、幫頭、總理等。多由各行業經濟實力雄厚、名望高的長者值年執事。其主要職責：首先是集議本行幫稅賦雜捐的分攤，協調商事的糾紛處理，商討舉辦福利、互濟、慈善、娛樂等事項，以及推選新「幫首」；其次是主持本行業神誕或傳統的春節、元宵、中秋及年關尾牙等節日，組織同業人員舉行團拜、慶贊、做福、上座、謝神、祭祀等活動，借以聯絡感情，增進團結，祈求商旅平安，生意興隆。

二、會館、公所

會館、公所在中國有悠久歷史，其萌芽至少在宋代已經出現，明清時期，在一些重要的商業城鎮，會館、公所已相當普遍。

會館是明清時期商品經濟和商人隊伍發展的產物。客居他鄉，人們首先想到的可以攀附的力量就是同一鄉貫的人，覺得「籍同里井者，其情較洽；籍同里井，而於他鄉遇之則尤洽」[19]。因而，明清會館就成為「以鄉土為紐帶、流寓各地的同籍人自發設置的一種社會組織，是流動社會中的有效的整合工

---

19 李華編：《明清以來北京工商會館碑刻選編·修建臨襄會館碑記》，文物出版社 1980 年版，第 23 頁。

具，是對家族組織的超越和對社會變遷形勢的適應與創造，亦體現了社會的進步及其限度」[20]。

會館的出現，依據目前發掘的史料大體可上溯到明永樂年間。首先是安徽蕪湖人在北京設置了蕪湖會館[21]。按王日根的說法，會館最初是同鄉聯誼、會舉試子之所，傅衣凌先生在他的《明清封建各階級的社會構成》講到：

> 省垣試館設立最早者為南昌之樂平試館。樂平建立會館於北京是在萬曆一六〇六年，其「省垣會館」何年建立雖不可確知，但早在康熙一六六四年「因年久圮壞」而重修，所以很可能亦創建於明季。此外樂平在饒州府城，鄱陽亦設有「會館」，惟年代不詳……
>
> ……江西樂平最早於萬曆三十四年（1606），在南昌設樂平試館，另有府城饒州也設有試館，又如再鄱陽本身雖係府城，仍有「郡城試館」。吉安府屬的泰和縣同治期間在南昌已設有試館五所，曰「泰和試館」、「雲亭試館」、「瓊林試館」、「書升試館」、「五六試館」。「五六試館」為該縣五十六都人士所獨建，專為該都赴省鄉試試子所設。[22]

---

20 王日根：《民營企業的歷史觀照》，湖北教育出版社 2000 年版，第 50 頁。

21 對此，王日根先生在其著作中有專篇進行論述，參見其著《鄉土之鏈：明清會館與社會變遷》，天津人民出版社 1996 年版。

22 傅衣凌：《明清封建各階級的社會構成》，《中國社會經濟史研究》1982 年第 1 期。

　　隨著商業的發展，特別是在都市省城會館愈來愈同商業化轉型，一方面原有會館的功能性轉變，一方面專門的行業性會館公所產生。上面講到的南昌商幫中，就出現有米業會館和鹽業公會，匯劃公所及錢業會館等。

　　會館建設與商幫發展相輔相成。對於行商而言，人們較早就認識到「惟思泉貝之流通，每與人情之萃渙相表裡。人情聚則財亦聚，此不易之理也。矧桑梓之情，在家尚不覺其可貴，出外則愈見其相親……無論舊識新知，莫不休戚與共，痛癢相關」[23]。桑梓之情成為旅外同鄉商人最易接受的聯繫紐帶，也正是依靠這種聯繫紐帶，各區域商幫才得以不斷拓展自己的活動空間。據吳承明先生研究：「原來販運商人屬於客商，到交易城市須投行。明代大商幫興起，已不盡是客商，而常挈眷在交易城市占籍。入清以後他們就大多在所到城市設立莊號，乃至批零兼營。」[24]這實際上就是指明清以來客商的不斷土著化。

　　其實，江西各縣商幫不僅在省城南昌，還在京城等地都建有會館，據光緒十九年楊靜亭在《朝市叢載》中記載，江西各縣在北京都有自己的會館，其中南昌西館設在長巷上三條胡同，南昌東館設在長巷下四條胡同。江西會館除幾個全省性會館外，多為

23　蘇州博物館等編：《明清蘇州工商業碑刻集》第十九目《會館建置·嘉應會館碑記（嘉慶十八年）》，江蘇人民出版社 1981 年版，第 350 頁。

24　吳承明：《中國資本主義與國內市場》，中國社會科學出版社 1985 年版，第 249 頁。

縣建、府建，或數縣合建或一縣數建。雖大部分是供一縣士紳聚
會及科舉會試，便於進京士子居留，但其中一縣數建的會館多數
為商幫私建，以南昌、豐城、撫州、奉新、金溪、黎川、吉安、
九江、武寧、修水、萍鄉、寧都等地較為盛行。此外，隨著商幫
經營的興起和發展，江西商人在西南各地也建有一定數量的會館
和公所。

會館的成立，一方面便於集結同鄉，聯絡鄉情；另一方面，
可以互相幫助，渡過難關。如金溪縣劉映輝，府志中記載：

少失怙，去服賈於蜀之重慶……集在蜀之同鄉立同仁
會，捐貲首倡以恤鄉人之貧無歸者、卒無葬者。[25]

明人王士性在《廣志譯》中也曾記載說：

（徽商）商賈在外，遇鄉里之訟，不啻身嘗之，釀金出
死力，則又以眾幫眾，無非亦為己身地也。近江右人出外亦
多效之。[26]

有的會館為提高自己的知名度與威望，甘願超越本會館從事
公共建設，從而亦在客觀上促進了地方社會的整合，在會館集中

25　光緒《撫州府志》卷六八《善士》。

26　（明）王士性：《廣志譯》卷二《兩都》，呂景琳點校，第 34 頁。

之區，會館間的相互交流也成為必然趨勢，各地域會館在彼此交流中更走向融合，從而實現著對地方社會的整合。長期在南昌經商，後落籍者，在南昌無根無基，也沒有政治、文化上的天然優勢，因而往往利用其雄厚的財富，積極參與當地公益活動，以期獲得認可。如浙江鹽商陶士遜，為鹽商世家，有從事公益事業的雄厚物質基礎，又能借助一定的政治勢力，因而能完全融入當地士紳階層，地方志中記載了其參與地方公益活動的情況：

> 南邑重修東湖書院，獨捐千金以助經費；葺貢院坐號，添砌門外石路。繩金塔凡兩次修築，育嬰堂之役則躬親董率，歲多全活。先賢祠廟暨義塚、義渡，如勝王閣、百花洲、螺墩諸名勝亦兼理焉。一切邑中公事竭力倡率，所費不貲，無少吝。[27]

還有如徽州商人許世奇：

> 六歲隨父由歙居撫州之滸灣，由滸灣徙南昌，遂家焉，性至孝……乾隆五十六年，督漕觀察因府學圮壞，勸諭府屬捐貲修建。世奇獨構明倫堂，規模宏敞，費數千金，率其子鳩工庀材，無吝嗇、無惰容，他如修縣學，釀文昌祭費，建考棚、橋梁、衢路以至古蹟名勝，靡不欣然倡建。至於救荒

27　同治《南昌縣志》卷十九《人物志之善士‧陶士遜》。

賑飢，尤為踴躍。親故之在江西及自歙來者，必為之計劃，
不令失所。**28**

對於各商幫在各地所設會館的情況，因資料所限，我們無法
得到具體的數據，但從上述商幫的活動情況及各行的祀神場所的
設立看，不乏其多。

萬壽宮的普遍興建，就是江右商人商業發展的產物。許真君
作為江西會館的神靈代表，成為客居他鄉的江西人（包括各縣
市）的文化整合工具，凝集著流布四方的江西商人，萬壽宮也成
為江右商幫的標誌性建築。據《大清會典》載：「許姓，名遜，
晉旌陽令，得道術，斬蛟除害。舊祠南昌，曰鐵柱宮，宋封神功
妙濟真君。」**29**另據《民國史志西湖文獻專輯》之《鐵柱宮》記
載，許是「晉汝南人，家南昌，字敬之。學道於吳猛。舉孝廉，
拜旌陽令，以晉室棼亂，棄官東歸，周行江湖諸郡，殲滅毒害。
寧康初於洪洲西山舉家四十二口拔宅上升，雞犬亦隨逐飛去，年
百三十六歲。宋封神功妙濟真君，也稱許真君」**30**。鐵柱宮，亦
名「萬壽宮」，在南昌廣潤門內，晉代建，後幾經廢興。在許遜
得道處新建縣西三十里之西山，亦建有一萬壽宮，稱西山萬壽
宮。

28　同治《南昌縣志》卷十九《人物志之善士‧許世奇》。
29　《欽定大清會典事例》卷四百四十五《禮部‧群祀‧祠廟》。
30　王國平主編：《西湖文獻集成》第 11 冊，杭州出版社 2004 年版，第
　　　746 頁。

據章文煥先生統計，現有省外萬壽宮數量約七二○多所，省內約六○○所。[31]

三、商會與同業公會

（一）商會

商會是指某一地域的商人不分行業組織起來的商人團體。中國商會產生於清末時期，最早是由英國商人於一八三四年八月在廣州設立的英商商會。據學者統計，至一九○四年外商已在廣州、上海、香港、天津設立了六個商會。[32]

處在內憂外患雙重衝擊下的晚清政府，從一九○一年至一九一一年間，圍繞廢科舉興學、發展實業、君主立憲三個方面頒布了一系列詔令，並要求各直省地方政府也進行相應改革，史稱「清末新政」。一九○三年四月二十二日，清政府正式設立了商部，作為制定商事法及相關法律的主要機構。商部成立後，於光緒二十九年十一月二十四日，即一九○四年一月十一日頒布了《商會簡明章程》，鼓勵各地開始創辦商會。一九○四年五月，中國第一個商會組織——上海總務商會成立，其後各地商會開始陸續建立。

31　章文煥：《萬壽宮》，華夏出版社 2004 年版，第 107、137 頁。
32　虞和平：《商會與中國早期現代化》，上海人民出版社 1993 年版，第62 頁。

關於清末江西商務總會的成立時間，據南昌商界耆老徐少相的回憶，為光緒二十七年，即一九〇一年：

南昌市商會成立於清光緒二十七年（1901 年），在華佗廟建立會所，定名為江西商務總會……推舉翰林劉景熙（灝如）為總理，職位與藩、臬平行，只對撫院用稟，另設協理。民國成立，江西商務總會在萬壽宮隔壁合同巷內建起了一棟大廈，於是總會便從華佗廟舊會址搬遷過來，並改組為「江西南昌總商會」，採用正副會長制，設正副會長各一人，下設會董七十餘人……**33**

但是有學者根據對清末全國商會創辦的歷史背景以及《南昌曾君家傳》、《奏定商會簡明章程》和《商務官報》等相關文獻資料的深入分析後，認為前所述一九〇一年應是江西商務局成立或商務總會試辦的時間，江西商務總會創辦的確切時間應該為光緒三十二年十一月十八日，即一九〇七年十二月。**34**

陳三立：先是，海內鑑於互市輒困敗，瀕江海之區，頗假商會聯結通情而救弊，江西居腹地，聲氣隔塞，圖建商會

33　徐少相：《解放前的南昌市商會》，《南昌文史資料》第一輯，靖安印刷廠 1983 年印刷本，第 64 頁。

34　張芳霖：《清末江西創辦商務總會考述》，《江西社會科學》2005 年第 3 期。

自君始。[35]

　　據稟暨清折均悉。查該商會此次所稟更訂章程，已將本部指駁各節，逐一刪改，所擬尚屬妥洽，自應照准。前舉候選道劉景熙為總理，候選道朱葆成為協理，應俟奏明後加札委派，並須發關防，以資應用，可也。此批。九月二十六日。[36]

此後，全省各地區陸續建立了商會，如新建縣吳城鎮於一九○七年成立商會，豐城縣於一九○九年成立商會等等[37]。有關吳城鎮商會成立的經過，由商部派駐地方的官員有較詳細記載：

　　（吳城鎮）為商販往來之區，素稱繁盛。（光緒）三十二年十二月，各幫商董議設商務分會，公舉光祿寺署正銜朱錫齡為總理，由商務總會稟報農工商部立案。三十三年，奉批核准，加札委用，繕發圖記式樣。該分會於四月初五日刊就開用，稟報本局備案查核。[38]

35　陳三立：《散原精舍文集卷九》，轉引自張芳霖《清末江西創辦商務總會考述》，《江西社會科學》2005 年第 3 期。

36　《商務官報》光緒三十二年九月。

37　豐城縣工商聯編：《豐城縣工商業聯合會史略》，《江西工商史料匯編》第一輯，1987 年，第 127 頁。

38　傅春官：《江西農工商礦紀略‧新建縣》，光緒丙午年（1906）刊，第 2 頁。

《江西商務總會簡章》共分兩部分，其一為報批成立江西商務總會時擬定的，稱《江西商務總會創辦簡章》，凡六章三十三條，計分宗旨一條，辦法五條，選舉八條，經費六條，會議五條，規制八條；其二為第二屆總理選舉時在原簡章基礎上的《增訂章程》，凡七章三十四條，計分入會出會規則二條，會友及會員五條，會議規則三條，全會規約五條，辦法五條，會內辦事規則十一條，並附列各件，如注冊繳費收條格式，選舉票格式，江西商務總會同人錄，附刊完稅事略，稟辦發給護照公文，護照格式，附設勸業場章程，試辦商徒啟智學校簡章等。

簡章以「保護商業，擴充商務」為本會宗旨，並提出：「凡江西商家無論本籍客居均享同等之利益」。從一九〇七年《奏辦江西商務總會章程並增訂章程》頒行以後，經過幾年的實踐，清末江西商會的發展形成了商務總會、商務分會的組織體系，廣泛分布於各商業較發達、集中的府、州、縣、鎮等區域內，並形成有機聯繫的縱向動態組織系統，成為近代江西各類商人社團中人數最多的一種，在促進本地商業發展和政治體制改革中發揮了巨大的作用。

按一九一五年新《商會法》第二章組織第三條規定，各地方最高行政長官所在地，及工商業總匯之各大商埠，得設立總商會。因而「江西商務總會」改組為「江西南昌總商會」。各地方行政區成立商會，形成全國商會聯合會、江西南昌總商會、商會及工商同業公會的網絡體系。

一九二七年，南昌總商會依新商會法第二條「商會為法人」，取消「總商會」之名，改組為南昌市商會，由會長制改為

委員制，設執行委員和監察委員。在江西形成了中華民國商會聯合會、江西省商會聯合會、南昌市商會、各地商會網絡體系。

民初以來，商會迅速發展，形成了橫向和縱向的互有聯繫的網絡結構體系，商會的對外聯絡功能不斷加強，而且各商會都制定了嚴密的組織章程，商會的內部組織運作更加完善，成為超越傳統的新型商人團體。

（二）同業公會

是指同業商人組成的團體組織。民國七年（1918），北京政府頒布了《工商同業公會規則》，這可以說是中國歷史上第一個關於同業組織的法規。它的制定和頒布對促使舊式同業組織的轉化產生了積極作用。

《工商同業公會規則》（民國七年四月二十七日農商部令第45號）第九條：「本規則施行前，原有關於工商業之團體，不論用公所、行會或會館等名稱均得照舊辦理。」這樣同業中新舊兩團體允許同時存在，也為新舊兩團體間的爭執埋下了種子，加劇了各地商會的內部鬥爭及各地社會的動蕩。

一九二九年八月，南京國民政府頒布了《工商同業公會法》，次年又頒布了實施細則。這是近代中國首部同業公會法，明確規定工商同業公會與商會一樣是獨立法人團體。《同業公會法》的頒布改變了舊式宗派勢力的盤根錯節，徹底打破了商會原有基層組織中依照傳統中國鄉緣、地緣、親緣、官緣等形成的各種五花八門的組織名目，在一定程度上遏制了商會內部的舊式宗派勢力，使商會的基層組織成為大致基於單一同行業利益（業

緣）結合而成的各同業公會。

第二節 ▶ 商事習俗

一、商店取名和開張

舊時的商號店鋪與新時期的工商企業，無一例外都要命名一個能體現自身特點的雅號。達到既名符其實、名正言順，又體現特徵、與眾不同；既言簡意賅、字義清晰，又寓意深刻、易識易記；既音義俱佳、諧音趨吉，又借名生輝，不落俗套。命名習俗，既有深奧的學問，又有厚重的文化底蘊。

（一）舊時商號店鋪命名習俗

舊時商號店鋪的命名，既受行業習慣的影響，更注重趨吉圖利、宣傳自我，使名稱醒目易識，便於辨別。

1. 行業習慣命名法。舊時不同行業對店鋪名稱有習慣性的分類原則，特別是規模大的商號，觀其名可知經營商品類別。如醫藥類稱「堂」，布匹雜貨類稱「莊」，糧食類稱「行」，書店類稱「局」，銀號類稱「樓」，糕點副食類稱「齋」，酒店類稱「居」，作坊類稱「坊」。規模較小者多稱「店」、「鋪」、「攤」、「館」等。

2. 趨吉圖利命名法。舊時，在商界流行傳統的取店名法，商店吉祥取名內容廣泛，表示數量眾多的有「萬、廣、豐」；表示規模巨大的有「洪、元、金」；表示發展順利的有「亨、通、

達」；表示關係和諧的有：「和、協、合」；表示生意興隆的有：「隆、茂、昌」；表示事業長久的有「長、恆」；表示萬事吉祥的有「瑞、祥、福」；表示公平信用的有「信、義、仁」。如「李茂興、鄒恆昌、徐和泰、大順祥、方福順、黃永盛、艾和泰、陳興隆、陳意祥、漢保榮」等。常用的有「永、恆、泰、湧、昌、盛、茂、慶、成、仁、和、義、德、隆、興、聚、增、豐、瑞、祥、生、全、同、福、林、公、裕、久、廣」等。如「聚興隆雜貨莊」，「興源堂中藥鋪」、「敦厚祥糧行」、「復興書局」、「瑞豐銀樓」、「廣義齋南糖點鋪」、「三慶居酒店」、「長聚源酒坊」等。

3. 品牌標誌取名法。有的店鋪名稱融入了商品產地或進貨地，借以宣傳品牌正宗，招徠顧客。如「晉源裕雜貨店」、「同義興京廣百貨店」等。

4. 迎合顧客取名法。為迎合顧客企盼吉祥平安、旅途順利的心理，有的店鋪名稱命名為「西來順客棧」、「高升店房」、「福星堂藥鋪」、「杯文堂文具店」等。

5. 展現自我命名法。店鋪名稱以精煉的文字，表達出商號的信譽和服務宗旨。如：「仁泰公酒店」、「瑞和鞋鋪」、「山義成雜貨鋪」、「老油宋香油坊」等。

6. 結合姓名命名法。將店鋪經營者的姓氏或名字嵌入商號名稱，更易使顧客注意。如「廣盛恆梁記肉鋪」、「德聚厚董記茶帽鋪」、「譚記京貨鋪」、「元吉鹽店」等。

7. 口語俗語命名法。有的店鋪用當地口語俗語或習慣稱呼嵌如商號之中，或冠於商號之前，使之更貼近普通百姓。如「張瞎子天順成油坊」、「賈老一燒雞鋪」等。

8. 寓意求新命名法。有的店鋪命名追求時尚，貼近時局，寓意新穎，如「中華飯店」、「啟華書局」、「文明書局」等。

9. 巧用數字命名法。有的店鋪名稱中嵌入適當的數字，使之更趨高雅。如：「三泉湧針線鋪」、「五福隆鞋鋪」、「雙合盛雜貨鋪」、「三慶居酒店」、「醉八仙酒家」等。以下舉出江西不同地方取名的相關習俗。

鷹潭：店鋪往往取個吉利、興隆的名字，如和順、同豐、怡祥等，並請地方擅長書法的人題寫，工匠雕刻，作為招徠顧客的一種手段。

月湖區：店主開業的時間很講究，請人挑良辰吉日，鳴鞭放炮，宴請賓朋，以討賓朋「開張大吉」、「財源廣進」的吉利話，並對第一個進店的顧客贈送紅包，讓顧客滿意。[39]

貴溪：新店擇日開業，稱「開張」，店門掛「開張大吉」橫幅，點紅燭、放鞭炮以示吉祥；商友、親戚送禮慶賀，店主設宴招待，並有開張後三天內降價賣貨之俗。[40]

（二）新時期工商企業命名習俗

改革開放之後，經濟多元化與所有制的多樣化促進了工商企業的蓬勃發展，其名稱由按部門隸屬關係、經營項目為主的單

---

39 《月湖區志》第四章《民情風俗》第一節，非物質文化遺產·工商習俗·店名，方志出版社 2007 年版。

40 《貴溪縣志》卷二十八《風俗》第四章《生產習俗》，中國科學技術出版社 1996 年版。

一、呆板性命名形式，向多樣化、新穎別致的命名方式轉化。門市部、商場、門店等程式化的命名習俗被打破，代之而起的是形形色色的中心、超市、商城、大世界、總公司、購物廣場等。

1. 以企盼興旺發達、吉祥如意命名，如鴻運煤炭運輸公司、吉祥煤業有限公司、宏達碳酸鈣廠、鑫源綜合貿易中心、華盛超市。

2. 以商品特色、行業特徵命名，如金泉純淨水、銀龍白雲岩粉末廠、天通通訊有限公司、巴蜀酒家、白玉灰粉廠、銀玉灰粉廠。

3. 以經營者姓名命名，如大春建築工程有限公司、永勝超市、永紅塑料紡織廠、永生電子銷售中心。

4. 以地名、山川命名，如上安水泥廠、岩峰水泥廠、河北掛雲山酒廠、金柱滑石粉廠。

5. 以追求新潮、時髦命名，如雅芳亞美容保健服務有限公司、環球化工有限公司、新世紀鈣業有限公司。

6. 以意示溫雅、平和命名，如友誼鈣業有限公司、大眾超市、金銅超市。

二、交易與借貸有關習俗

在長期的發展過程中，江西民間交易發達，農村日常生產、生活物資買賣頻繁，民眾外出交易常見，形成了一系列的交易習俗。

（一）商品交易習俗

江西各地商品貿易歷史悠久，類型豐富，主要可分為以下兩類：一是關於地方田地、房屋等不動產之間的買賣租賃交易，二是關於諸如瓷器、藥材、紙張等流動商品之間的買賣交易。前者又可分為買賣和租賃兩種類型，後者則主要表現為本地交易和外出經商等類型。不同的交易類型形成了不同的習俗。

　　1. 田地、屋產交易習俗。民間貿易主要圍繞日常生產、生活物品交易以及專業商品交易進行，無論是居家農耕民眾，還是外出專門經營商品貿易之民，都產生了一系列的相關貿易習慣，成為地方民眾物品買賣和商品交易約定成俗的習俗。

　　（1）田土、屋產買賣習俗。自土地私有制確立以來，江西各地民間土地、房產買賣一直較為頻繁，特別是明清以來更為顯著。在土地、房產等買賣過程中，各地區民眾形成了一系列約定成俗的慣習，這些習俗既有相同點，如買賣雙方議價並訂立契約等，又存在很多不同，體現出顯著的區域性。

　　在江西各地的田產交易過程中，一般可分為買賣和典當兩種情形，前者一般指所有權發生改變，後者則是指所有權限制，並不一定會改變，但是民間對兩者存在著許多不同，有些地方將兩者區分清晰，有些地區則較為模糊，且在具體規約中也存在許多差異。

　　　　買賣為所有權之移轉，典當為所有權之制限，權義分明，利害迥異，關於此種契約，界別宜嚴，不容淆混者也。贛省內地習慣每見紛歧：安義、安福等縣，不動產典契與賣契記載混同，通篇一律，皆用杜賣字樣，惟典契則中人不畫

押，以示區別而已；臨川、永豐、萬安習慣亦復相同，此一例也。靖安縣不動產典契亦書實賣，惟又書三十年為滿，原價回贖……[41]

樂安習慣，凡典賣田地、山場、房屋，所訂立者曰契約。此外，如賣買互易，則立合同，贈與則立撥約，租賃房屋則立租字，承蓄山場則立批字，耕種人田則立承字，其名目雖互有差異，形式仍相仿佛，其實皆契約也。書字雖有代筆，簽押必由本人，有不識字者，則畫一點圈，年邁者，則委長男代押，因之，遠年契據，以簽押辨別真偽，萬分困難。其中證，有書在見人，有書在場人，有書說合人，大半多係友、戚、族三種人為之，各人名下只有同押字樣，從未分名簽押；若因契據涉訟，中證不認在場，亦屬無從證明。契尾均填年月日，並書「當日支足價銀」等字樣。亦有空出價銀不填數目者，此係微細款項，若重要契據，皆填明價銀數目。茲將各種契約內容、效力略記於下：

不動產之買賣，若係絕賣，不准找貼贖回，通常皆不交上手老契，惟於親房間有交出者。典業可以取贖。不訂定年限者，隨時可贖；即訂定年限而限期已過，若出典人有錢回

---

41 前南京國民政府司法行政部編：《民事習慣調查報告錄》下冊，第三編《債權習慣》第十章《江西省關於債權習慣之報告》第十節，安義、安福、永豐、臨川、萬安、靖安、金溪等縣習慣‧不動產賣契與典契之異同，胡旭晟、夏新華、李交發點校，中國政法大學出版社 2000 年版。

贖，承典人無拒絕之權。典字契前寫賣字，契尾批明「典當」字樣，此係普通習慣。典田，則承典人有收租之權利，完納丁漕歸出典人，或歸承典人負擔，則以契約訂明。承典人可以轉典田於第三者。典山，則承典人有收取該山樹木滋息之權利，可以轉典於第三者。典房屋，則房屋之租金歸承典人收取，亦有住屋作息者。修理費用，小則歸承典人負擔，大則歸出典人負擔。亦可轉典於第三者。[42]

（廣昌）其農田有主者，謂之「大買」，立契納稅，過割契價甚便宜。農與農私相授，謂之「小買」，並不立契，只寫吐約頂約，以免納稅，過割契價則較之大買者加三四倍。無小買者，謂之「皮骨」。皆管或佃與人耕種，謂之「借佃」，始得田主委政。有小買者主佃兩不合，必待佃人自棄去，故往往逋租。遠鄉之佃尤甚。[43]

在南昌、新建一帶，鄉村的土地、房屋買賣除了簽訂契約外，還有如畫灰、插牌、立墩、貼條子等程序手續，用以表明田地所有權的轉移，在此過程中，如果該土地、房屋涉及第三方，則第三方需要即時進行交涉和清理，以避免以後產生糾紛。另外，在交易過程中，一般需要請中間人作證，買方因而也需要向

42 《民事習慣調查報告錄》下冊，第三編《債權習慣》第十章《江西省關於債權習慣之報告》第十七節，樂安縣習慣・第二，不動產契約之慣例。

43 同治《廣昌縣志》卷一《風俗志》。

中間人以及寫契人等支付費用，數額各地稍有不同，南昌一般為土地按照交易額的百分之三、房屋按照交易額的百分之四的比例支付，故有「田三屋四」之說；新建縣一般則是按照「中人三分、代筆人一分、酒錢二分」的比例支付。

　　凡買賣田地，成交後，向例有畫灰、插牌、立墩等手續。畫灰係將石灰畫成直線於所買之田四至，以明界限；插牌係插於買業四至之牌，或用竹質，或用木質，均無一定；立墩係買賣田業後所立之土墩。三者名稱雖各不同，然皆買業人於買受時，用之以表示該田權利業已移轉之意，如有利害關係之第三者，可向出業人清理，以免他日之糾葛也。[44]

　　凡買賣房屋者，對於該業有無糾葛，吾國未行登記法時，買主實無從考查。故贛垣慣例，買主於買賣房屋契約成立，尚未付款之時，須先貼條子三天，或七天於四圍牆上，苟對於該業有權者，應即將條子扯去，出頭主張權利，則買主可解除買賣契約。若貼條子之時不出，及至買主清價管業時，始出而主張者，則買主可不負此責任。[45]

　　南昌習慣，凡買賣田地房屋，在場作中之人，取得中人

44　《民事習慣調查報告錄》下冊，第三編《債權習慣》第十章《江西省關於債權習慣之報告》第七節，南昌、新建等縣習慣・第二，畫灰、插牌、立墩。

45　《民事習慣調查報告錄》下冊，第三編《債權習慣》第十章《江西省關於債權習慣之報告》第七節，南昌、新建等縣習慣・第一，貼條子。

錢，均由買主支給，如所買賣之田價為一百元，應給中人銀三元，屋價一百元，應給中人銀四元，故中人錢有「田三屋四」之稱。[46]

（新建）凡買業者，於業價之外，尚須出中人錢三分、代筆錢一分、酒錢二分，而中人之三分，則由正中得一分五，其餘散中均分一分五；代筆之一分則歸寫契人獨得；至酒席費須出二分，若買主願辦酒席，則無須再出酒錢。此歷來買賣之習慣也。[47]

此外，在南昌地區，當屋主將已租賃出去的房屋、土地進行典賣時，則遵循「典三賣四」的習俗，即房屋出典和土地出賣，前已租賃者可以免費再住三個月和四個月。

江西省城慣例，凡承租房屋者，遇業主將該屋出典，或出賣時，而新業主且欲收回該業自用者，則新業主應按照典三賣四之習慣，令房客退業。所謂「典三賣四」者，即該屋因出典，退業者再住三個月；因出賣，退業者再住四個月，

---

46 《民事習慣調查報告錄》下冊，第三編《債權習慣》第十章《江西省關於債權習慣之報告》第十三節，南昌縣習慣·第一，買賣不動產之中人錢。

47 《民事習慣調查報告錄》下冊，第三編《債權習慣》第十章《江西省關於債權習慣之報告》第十五節，新建縣習慣·第四，中三筆一酒二分。

在此期間以內，毋庸繳納租金之意也。[48]

在新建縣，如果出賣產業者的父母在世，則應該在契約之尾加上賣者父母的名字，並由其簽名，而且買主另外還須支付一定數目的費用，具體數額根據交易額的大小決定。買主買下土地後，一般需要在賣主戶內過糧完納，如果賣主不交糧，也可用交錢代替。

> 凡出賣產業者，如有父母在堂，須於契約後寫主賣父或主賣母，由父或母簽字，然後雙方議定，於契價外，買主須出主賣錢數串，或數十串不等，以業價之大小而定之。[49]

> 通例，凡買田者，應於賣主戶內過糧完納。然新建縣鄉間習慣有一種例外，即買主若不過糧，可交錢於賣主，由賣主戶內完納，俗謂之「完抱納糧」。故買賣契約一成立，即屬有效，不能以未過糧為有瑕疵。[50]

在安義縣，舊時買賣田地物產過程中，還有一種「預立賣契」的習俗，即買主如果不能付清款額時，需預先用一定財產向

48　《民事習慣調查報告錄》下冊，第三冊《債權習慣》第十章《江西省關於債權習慣之報告》第四節，省城習慣·第二，典三賣四。

49　《民事習慣調查報告錄》下冊，第三編《債權習慣》第十章《江西省關於債權習慣之報告》第十五節，新建縣習慣·第二，主賣錢。

50　《民事習慣調查報告錄》下冊，第三編《債權習慣》第十章《江西省關於債權習慣之報告》第十五節，新建縣習慣·第三，完抱納糧。

買主做抵押，財產價格由雙方商量。若買主在契約規定期限內付清所欠款，則收回財產，如果不能付清，則賣主將按日計息，一旦本息達到所抵押財產價值，則可自行將其處理，買主不得干涉。

　　安義縣有一種預立賣契之習慣，蓋因債務人不能取信於人，只得將所有不動產預立賣契，向債權人抵押，契內須載明時值價錢若干，惟此項時值價錢之額須高於所負債務之額，並須得債權人之同意。如將來債務人延不交息，債權人即可於年終將利息加入債務原本內計算，如達於契約內所載之時值價額時，即可將該不動產管業，債務人不得別持異議。但此時，債務人如於債權人尚未稅契之先，將本息償還全部或一部者，債權人亦不得以已滿契價為理由拒絕之。[51]

在進賢縣，瀕臨鄱陽湖一帶，民眾主要以捕魚為生，於是圍繞捕魚範圍、捕魚工具等事項，地方村落、宗姓之間常常訂立規約，由各方共同遵守。

　　進邑地濱鄱陽湖，東鄙之梅莊、三陽等處居民，多恃漁

51　《民事習慣調查報告錄》下冊，第三編《債權習慣》第十章《江西省關於債權習慣之報告》第二十一節，安義縣習慣・第一，預立賣契。

利為生，關於捕魚事項，此村與彼村，或甲姓與乙姓，恆訂一種規約，永遠遵守。約內載明雙方權利及其制限，約尾署名者非自然人，而為某村某姓，蓋含有世承勿替之意。其契約有絕對之效力，如此造未得他造之同意而有違反約內容之行為時，他造必出全力以相爭，往往因此發生械鬥重案。蓋濱湖居民多恃漁利為生，此盈則彼絀，故不惜以生命擁護之。至此種契約之性質，本為雙務契約，然一審查其內容，則支配權義並不平均。例如，甲、乙兩姓在同一地點有捕魚權，甲姓得用子、丑、寅、卯等多種漁具，乙姓僅許用其中之某一種；又乙姓非至一定期間之某日某時，不得下湖取魚，甲姓則否。當事者安之若素，旁觀者認為固然，乙姓偶鳴不平，別求發展，群且視為大不韙，而非議蜂起矣。推原其故，蓋此項契約未成立之先，原有一種慣行事實，雙方默認其效力，中間偶緣他故，發生劇烈爭執，經第三者出任調停妥協後，雙方因採取前之慣行明定約章，奉為圭臬，以杜釁端，故論該項契約之成立，實為先有習慣，後有契約，係沿革的，而非創始的也。[52]

在贛南地區，土地、物產的買賣交易表現出許多區域性特

---

[52] 《民事習慣調查報告錄》下冊，第三編《債權習慣》第十章《江西省關於債權習慣之報告》第二十三節，進賢縣習慣・第一，漁業契約之特質。

色，如買賣雙方為了逃避或減輕向政府交納稅銀，在買賣土地時
簽訂的契約中，對價格和日期等項目並留出空格不寫，待日後需
交稅時再按機補寫，並對所交易的田地、物產的具體情形也記載
較為含糊，於是形成了不完全契約的特殊情形。

　　上猶、安遠等處，民間買賣田土房產，雙方議妥，訂立
契約為憑，與他縣無異也。惟該兩縣相沿習慣，對於契約上
要點之價額一項，往往空出數格，並不載明數目，甚至有連
訂約之年月日，亦空格不填者。推原其故，人民為減輕或隱
匿稅銀起見，遂不恤立此不完全之契約，如至無可避免、必
須投稅之時，始將其契價空格任意減價補填。如年、月亦曾
空出，並即補填年、月。相沿莫改，視為故常，誠陋俗
也。[53]

　　贛南一帶所立買賣契據，多係依照慣例，記載頗欠明
了，殊堪注意，茲略舉如下：（一）出賣田產，如將附近山
岡並賣在內，其契上慣例，僅載「隨田山岡」字樣。隨田山
岡云者，即附近於田之山岡一並出賣之意。至山之名稱及其
四至，類多略而不載。然內容不詳，日後有因此起爭端者。
（二）出賣田山，如有並賣莊居者，其契內只載莊居一所，

53　《民事習慣調查報告錄》下冊，第三編《債權習慣》第十章《江西
　　省關於債權習慣之報告》第九節，上猶、安遠等縣習慣・買賣不動
　　產契價空格不填。

至莊居之間數及坐落地點四至等，均不載明，亦難免不生爭執。（三）田租契內只載某處田幾擔，每年計租（即骨租）若干字樣，至該地之丘數、四至並不載明，而管骨者又非自行耕種，歷年既久，管皮者欺其不知詳情，往往於輾轉賣皮時，有隱瞞骨租之弊，管骨者雖執有契據，每苦於不知田丘究在何地，無從追償。（四）出賣墳山者，如有祖墳留存該山，其四面出賣之空地，並不詳載於賣契，嗣經買主於該墳附近地方築造墳墓，賣主恐其有礙祖墳風水，致與買主爭執界至，因而釀成刑事者不少。（五）出賣共有塘，契內所載水分，通例只有依照古額字，並不載明幾分之幾。[54]

另外，在贛南地區，土地買賣交易過程中還存在著許多獨特習俗，如贛縣、南康等地存在的「典利穀」習俗，即出典人將土地出典後，和承典人簽訂契約可以繼續耕其田，每年按約向其支付一定的米穀；賣主在典賣土地時，可以和買主簽訂合約，約定在一定期限內可以將其買回；於都縣在買賣田屋過程中，必須有「退賣契」和「找絕契」，才能將產權變更；買賣遵循著「親屬優先」的原則，即親屬有優先購買權；買賣分為「活賣」（即可回買）和「絕賣」（即賣出所有權）；等等。

54　《民事習慣調查報告錄》下冊，第三編《債權習慣》第十章《江西省關於債權習慣之報告》第一節，贛南各縣習慣·第十一，不動產契約之記載慣例。

（贛縣及南康等處）凡以田出典與人者，大都由出典人向承典人立一借耕字，其田仍歸出典人耕作，約定每年繳納利穀若干擔於承典人，名曰典利穀。故在出典人，每有謂利既清繳，田仍我有，而久不取贖者。相沿既久，遂成慣例矣。[55]

凡不動產之賣主，於出賣時與買主訂有買回之特約者，其約定之期間，雖久暫不一，然期間經過後，若賣主請求買回，買主亦不拒絕。亦有約定買回而不拘期間者，則契內寫明「錢便回贖」字樣。所謂錢便回贖者，即謂將來賣主有錢，隨時可以回贖營業也。[56]

雩都縣俗例，凡買賣田土、房屋等不動產，非訂立一契即能確定。必須先立退賣契，以便物權之移轉，然後再立找絕契，使其不動產之所有權移轉確定，故俗稱之曰「一退一找買賣確定」。[57]

贛南各縣，凡出賣不動產者，其賣契內載有「先盡親房人等、俱各不受」等語，是從表面上觀之，幾似親房人等有優先承買權，然實際則皆以出價之高低而定，且亦不先盡親

55　《民事習慣調查報告錄》下冊，第三編《債權習慣》第十章《江西省關於債權習慣之報告》第十一節，贛縣及南康縣習慣・典田借耕。

56　《民事習慣調查報告錄》下冊，第三編《債權習慣》第十章《江西省關於債權習慣之報告》第一節，贛南各縣習慣・第二，買回期間。

57　《民事習慣調查報告錄》下冊，第三編《債權習慣》第十章《江西省關於債權習慣之報告》第二十九節，雩都縣習慣・第一，一退一找買賣確定。

房人等也。蓋在昔有此優先權，現僅成為契約上之一種具文而已。[58]

　　不動產賣買契約，通常皆用書面，然遠年祖業並無契據，但憑族譜或產業簿記載，或並此項而俱無者，所在皆是。不動產契據漏稅者十恆七、八，又大半不交上手老契，其一業中割賣一部者，亦不批載老契，辨別真偽時形困難。不動產賣買成交後，買主必要求賣主書立足收字，有另紙書者，亦有附於契尾者。足收字之外，尚有找不敷字，此由賣主於成交後，以為價尚未足，請求買主補找若干，憑中立字為證。有一找再找者，亦有預於契內批明不敷在內者。田土契據，通常書賣、或永賣、或絕賣字樣，其有書退字、或永退、或杜退、或交回工本等字樣者，概屬租田（亦曰管皮），蓋租田含有永佃性質，故不曰賣而曰退，然有一部所有權（即皮），故形式上為退，而實質上仍無異於賣。其有將皮退並於管骨者，謂之交回工本；或將骨賣並於管皮者，謂之華利，與普通糧田無異，若管皮者出退於他人，必於退字上載明納某姓（即管骨人）租若干。[59]

58　《民事習慣調查報告錄》下冊，第三編《債權習慣》第十章《江西省關於債權習慣之報告》第一節，贛南各縣習慣‧第四，不動產賣契先盡親房，俱各不受字樣。

59　《民事習慣調查報告錄》下冊，第三編《債權習慣》第十章《江西省關於債權習慣之報告》第二節，寧都、贛縣、大庾、定南等縣習慣‧不動產之契約。

在契約簽訂的過程中，一般會請中間人和代筆人，用以作為
買賣交易的見證人和記錄人，因此買賣方需要向他們支付一定的
費用，如果中間人又是代筆人，則他既可收取中間費又可收取代
筆費，具體數額及劃分並無確定。在贛縣，民眾出賣物產時，必
須將屋內祖牌堂匾等移出後，買主才能遷入，而這一般需要買主
另支付一定費用給賣方。

> 不動產買賣之中人費用，由買賣當事人分別擔負，如價
> 洋一百元，中人費五元，則買者擔負五分之三，賣者擔負五
> 分之二。[60]

> 凡契約書件，除係本人自作署名畫押外，均由代筆人代
> 為具名，由本人畫押。唯作書件之代筆人，每又為說合之中
> 人，故有一人而具二名，如作書件之名為趙甲，而作中人之
> 名則為趙乙。其所以具二名者，蓋以中人之名義得一中人
> 費，以代筆之名義得一代筆費也。

> 凡契約當事人不能署名，僅捺指印者，不必受官署或公
> 署之認證，即作為有效。凡雙方合意或因爭執經中調處後訂
> 立之合同及言明字，則當事人均須署名畫押。其契約之為賣
> 買者，則僅由出賣人及中人具名畫押。又，賣買不動產契
> 據，每有僅填年月日三字，而某年某月某日則不為填明

---

60 《民事習慣調查報告錄》下冊，第三編《債權習慣》第十章《江西
　　省關於債權習慣之報告》第十六節，贛縣習慣・第三，中人費用。

者。[61]

買賣房屋，有所謂出房禮，即買賣成交後，賣主不將祖牌堂匾遷移，則買主不敢擅動，必經中調處，再由買主出費若干，始允遷出，雖契內載明出房禮一並在正價內，然仍不免於爭執。不動產買賣成交後，買主於其標的物上釘牌通告，則移轉手續即為完成。[62]

在贛縣一帶，民間還存在著物產交換的習俗：

贛縣風習，各業主因便宜上，可將其田房各產互相掉換。例如，甲、乙兩人各有田地或房屋，為謀使用上之便利而互相掉換者，均以書立字據而發生效力，其字據則必書掉換契二紙（亦稱為合同），由兩造各執一紙，以免日後爭議。[63]

另外，贛南地區還存在著田地、房產贈與的情形，一般在贈

61　《民事習慣調查報告錄》下冊，第三編《債權習慣》第十章《江西省關於債權習慣之報告》第一節，贛南各縣習慣‧第一，契約書件。

62　《民事習慣調查報告錄》下冊，第三編《債權習慣》第十章《江西省關於債權習慣之報告》第十六節，贛縣習慣‧第二，出房禮及釘牌通告。

63　《民事習慣調查報告錄》下冊，第三編《債權習慣》第十章《江西省關於債權習慣之報告》第十六節，贛縣習慣‧第六，田地房屋之掉換。

方與受贈方會簽訂贈與合約，為此形成一些相關習俗。

　　贛南民俗，贈與雖不以書據為要式行為，而以不動產為贈與之目的物者，則往往書立字據，以資遵守，名曰「撥約」或稱「言明合同字」。至贈與之原因，雖不一端，而其大要則不外下列三種：（一）因與受贈者有親屬關係，（二）因受贈者家資難以度日，（三）因平日曾蒙受贈者照顧家務，是以前二者純係親親或恤貧之美意，後者則含有酬勞之觀念。至贈（與）之性質，亦各有不同，有單純贈與，有條件附贈與。所謂單純贈與者，一經書立字據，引渡產業，自不發生何種問題。惟條件附贈與，其性質較為複雜，例如，約定受贈者死亡之日為止，或言明受贈者對於所贈之物不能典賣，或言賣價仍應歸贈與者取得之類，在此場合，一有不慎，即易啟爭端矣。[64]

　　在土地、房產買賣交易過程中，買賣雙方由於各自原因而往往會出現違約情況，江西各地區民間對這種違約情形形成了相關的習俗，如預先由買主支付一定的違約金由中間人作證給賣主，或簽訂違約協議，買賣雙方各執一份，再或者將違約款額寫入買

64　《民事習慣調查報告錄》下冊，第三編《債權習慣》第十章《江西省關於債權習慣之報告》第一節，贛南各縣習慣・第五，贈與之撥約。

賣契約內容之尾，等等。另外，買賣過程中如果出現糾紛，一般到宗族組織處理，請中間人作證等。民國時期，贛南地區買賣糾紛翻供情形較為常見。違約金的確定，也給買賣雙方毀約提供了合法依據，在交納違約金後可以自由毀約，這也是導致糾紛頻發的原因之一。

違約金通常稱為罰金，其數額多預定於議字之中。在事實上，買主一方先提供違約金，交由中人轉給賣主，而買主一方收執議字為據，故議字上雖間有雙方署名，而買主一方不以畫押為必要。又，議字有交由中人收執者，或由雙方（分）當事人各執一紙者，在此情形，買主一方即不能缺署名、畫押之條件，然此種習慣在事實上亦不多見。又有將違約金載入正契（即暫契典契）中者，在此情形，多渾言中人酒席等費，且其性質，亦僅約束立契者一方而已。[65]

凡不動產之買賣，在議賣之初，立契以前，必須由賣主與買主立一議賣之草約（俗稱議字），載明某種不動產及賣價，並如有翻悔則罰洋若干等字樣。按：此等罰款數目之多寡隨賣價而殊，但其性質實與違約金無異。[66]

65　《民事習慣調查報告錄》下冊，第三編《債權習慣》第十章《江西省關於債權習慣之報告》第一節，贛南各縣習慣‧第六，違約金。

66　《民事習慣調查報告錄》下冊，第三編《債權習慣》第十章《江西省關於債權習慣之報告》第三節，贛縣、雩都、信豐等縣習慣‧買賣預約。

贛南各處鄉民，凡因權利爭執，往往投請中族處理，書立合同字據（有稱為勸釋字、言明字或判明字），由雙方代表在場畫押，息事完案，彼此遵守，認為絕對有效，法至良、意至美也。乃近日刁狡成風，如因解釋互異，或發現合同內有不利益之處，即另遣不在場畫押之人，再行出名翻控，或竟不承認有立合同之事，此亦足見其健訟之一斑也。[67]

贛省南豐、樂安、貴溪、安義、靖安等縣，凡田土房屋買賣契約，多載有此係二家情願，永無反悔，悔者甘罰契價銀之半數給不悔者用等語。此所謂甘罰價銀者，表面上似係一種違約金，可使契約確實穩固，其實有時可使該契約不能十分確定。蓋契約既定，如所有權亦經轉移，當然不能反悔，今載明悔者甘罰價銀之半，則彼甘罰者可任意反悔矣。此雖事實上所罕見，然此種習慣實未有盡善也。[68]

在贛東、中部地區的金溪、吉水、樂安等地，土地、房屋等不動產的買賣也存在著由原業主代納糧、新買主交錢與之的習俗。

67 《民事習慣調查報告錄》下冊，第三編《債權習慣》第十章《江西省關於債權習慣之報告》第一節，贛南各縣習慣·第八，言明合同字。

68 《民事習慣調查報告錄》下冊，第三編《債權習慣》第十章《江西省關於債權習慣之報告》第十二節，南豐、樂安、貴溪、安義、靖安等縣習慣·不動產賣契載二家不許反悔，悔者甘罰價洋之半。

　　金溪、吉水等縣慣例，民間凡買不動產者，多不隨時收糧過戶，仍由原業主完糧，由買主歲給錢若干與之，金溪人謂之抱糧費，吉水人謂之幫糧錢。究其起因，蓋由買主避戶有之名，免過割之累，故願多給若干，使之自納，且賣主每有以為奇貨，不肯過割，藉為重索抱糧費之地步。[69]

　　（樂安）凡將田產出典與人者，其應完糧稅仍歸原業主完納，典戶得享有收租之權利，而並無賦稅之義務。至典當契約之內容，無論曾否有此記載，業主不能要求典戶補償糧銀。[70]

　　在萍鄉地區，土地、物產買賣交易也形成了具有地域特色的習俗。祖先遺留的土地和房產，買賣時要遵循同一族房人員優先的原則，即使其購買價格低於外人也需如此。當地在清代之時解運軍糧之差的軍戶較多，軍戶所擁有的土地在出賣時，則遵循軍戶優先購買的原則，必須廣告知於他們，得到確立不買後才能賣之於其他民眾。在買賣過程中，如果出現田產涉及第三方而引起的糾紛，則規定由賣方負責，實行「買賣不清，賣業人理落」的原則。此外，對於山林財產的買賣，當地也有「頂契」的習俗，

69　《民事習慣調查報告錄》下冊，第三編《債權習慣》，第十章《江西省關於債權習慣之報告》第八節，金溪、吉水等縣習慣‧買賣不動產之抱糧費。

70　《民事習慣調查報告錄》下冊，第三編《債權習慣》第十章《江西省關於債權習慣之報告》第十七節，樂安縣習慣‧第一，典田原業主負完糧之義務。

即規定山林使用可以連續轉賣，但所有權不發生變化，轉買人支付一定的費用，類似於「租佃」的性質。而在蓮花縣，土地買賣則分為賣租、賣耕兩種，體現出不同的內容。

> 萍鄉風俗，凡屬土地房屋田業，係祖先遺管而欲出售者，須先向親房人等召賣，必親房人等無資認買，方可聽業主另賣於他人；若親房人有承買者，即其價額雖較廉於他人，業主不能以有出高價者為理由而對抗之，必賣與親房人，方無異議，故俗謂之「業不出戶」。此較他處視契載先盡親房字樣為具文者不同。[71]
>
> 萍邑多軍家（前清曾充解運軍糧之差者，謂之軍家），其充差所管領之田，或因故出售時，習慣上必須賣與其同差之軍籍者，方無異議，否則，不但第三人不敢承買，即有隱瞞朦賣之事，一經其同籍人查覺，必群起反對，非至取銷其買賣契約，不肯甘休。蓋謂此項軍業原為解軍糧而設，軍糧雖已停運，軍籍依然存在，倘此項業產歸他人收買，則是放棄權利，故同籍者有田產出賣，必須仍賣於軍家，此慣例也。現在此項軍田已收歸國有，由官廳作主發賣，然按畝估值，仍係發賣於軍家，以示體恤云。[72]

71 《民事習慣調查報告錄》下冊，第三編《債權習慣》第十章《江西省關於債權習慣之報告》第二十節，萍鄉縣習慣・第二，業不出戶。

72 《民事習慣調查報告錄》下冊，第三編《債權習慣》第十章《江西省關於債權習慣之報告》第二十節，萍鄉縣習慣・第三，軍田賣於

　　凡買賣行為，契約既經成立，一方出價，一方移轉管轄，原無所謂不清業也。惟所賣之業，不無典當抵押未贖，或與賣業者之族人有利害關係，未曾交涉清楚，買主若偶有疏忽，不及調查明晰，一旦發生糾葛，受害不可預計。故習慣上，買主必責令賣業人負清業之責，將來倘有不清之事發生，歸賣業人自行理落，不干買主之事。即或成交之後，因退佃發生霸耕情事，經界爭議及資補等事，均應由賣業人料理，此俗所謂「買賣不清，賣業人理落」是也。[73]

　　萍鄉風俗，山業讓渡，有不用杜賣契，而用頂契者，此項頂契所載關於上下左右之界至，及「一頂千休，永無回贖異言」等字樣，與杜賣契並無所異，而其效力亦與之相似。其不同之點，在杜賣契之承買人不出租錢，而頂契之承頂者每年必出山租錢若干，繳與原始出頂之業主而已（此項頂業可以輾轉移頂，故承頂人之山租必須繳與原始出頂者）。推原其故，因歷代換朝之時，人民遷徙，無主山地所在皆是，凡未遷或最先徙居者，遂自由占領，原始取得所有權，俗謂之世管。後因占領廣闊，力難盡辟，乃將所占有之地出頂與後之徙居者為之種植，得管山皮，凡樹木栽種在山上之收益、使用、處分，均可自由或轉頂他人，惟須納額定山租

軍家。

73　《民事習慣調查報告錄》下冊，第三編《債權習慣》第十章《江西省關於債權習慣之報告》第二十節，萍鄉縣習慣・第四，買賣不清，賣業人理落。

錢，每年若干，交與原始出頂之人，該出頂人除得收租錢外，關於山面上之一切權利，皆不能過問，故此項頂契與杜賣契之效力相似。相沿至今，山業讓渡遂多用頂契矣，但其山骨仍系原出頂人所有。故凡在山地內葬墳、取礦，或賣墳基，或賣礦物，承頂人不能干涉，承頂人如欲為此，尚須備價向出頂人買得後，方可處分也。[74]

　　贛省蓮花縣，買賣田畝，向分賣租、賣耕兩種。賣租者，如甲有田十畝出賣與乙，訂明每年納乙租穀若干擔，而田仍由甲自己耕作，不移轉於乙。其僅賣耕者，如甲有田十畝，租已出賣於乙，又將耕作權出賣於丙，該田即歸丙耕作，由丙分租於乙是也。[75]

在贛東、東北的上饒一帶地區，民間買賣田地、山塘等，買賣雙方需要先到地方管理都圖甲糧書處所核對，進行改戶手續。在玉山縣，民眾買賣房屋，一般賣方須將屋內供奉的祖先牌位移出後，買主才能遷入，而這需要買主另支付一定費用給賣方才可，當地稱為「出屋禮」；而買賣田地時，一般以官府推收過戶之紅收單為依據，憑此可以看到該田地有無涉及第三方，使之買賣過程中不出現糾紛。在萬年縣，民間典賣不動產有大典與典兩

74　《民事習慣調查報告錄》下冊，第三編《債權習慣》第十章《江西省關於債權習慣之報告》第二十節，萍鄉縣習慣・第五，山業頂契。

75　《民事習慣調查報告錄》下冊，第三編《債權習慣》第十章《江西省關於債權習慣之報告》第十八節，蓮花縣習慣・賣租賣耕。

種形式，其中典主要是一年之內的典當物產，大典則典當年限較典要長，由雙方約定。民眾如果借貸，可以其所有的不動產作抵押，稱為「當契」。

上饒縣民間，買賣田地山塘，必先由出業人開明土名、區號、畝分、四至，交與承買人持赴該管都圖甲之糧書處，查對黃冊庫圖，如果相符，即請糧書改填承買人新立名戶，俗謂之「收稅過戶」。至有無老契，不計也，故凡係爭田地山塘，每視黃冊庫圖為最有力之證據。[76]

凡房屋店鋪業經出賣者，賣主自有交付之義務，此通例也。乃玉山習慣，賣主當交付賣業期內，將交付之實行日任意濡滯，或家用器皿全行搬移而仍置其平日供奉之祖先牌位延不搬出，必須索得買主相當之禮金，始自移去，名為「出屋禮」。而買主則因創辦世業，不惜小費，急於修飾，無暇糾纏，恆多不甚計較，慨然與之。此風相沿日久，遂成慣例也。[77]

玉山風俗，買賣田地，常以官廳推收過戶之紅收單為憑，凡借用款項，恆以此為抵押品。往日押借債務，僅須此

---

76 《民事習慣調查報告錄》下冊，第三編《債權習慣》第十章《江西省關於債權習慣之報告》第十九節，上饒縣習慣·買賣田地山塘先查黃冊庫圖。

77 《民事習慣調查報告錄》下冊第三編《債券習慣》第十章《江西省關於債權習慣之報告》第二十二節，玉山縣習慣·第一，出屋禮。

單一紙，即可取得債權人之同意，嗣以該項紅收單，雖為債權人收執，然對於戶總冊內，仍為原戶田地，債務人尚得將其田地另向他人出賣，同至戶總處推收過戶管業，致該原紅收單等於一紙空文，故債權人遂視此項收單，為無足重輕之品。於是，凡以紅收單押借洋款者，必須先至戶總處照單所載，將該田之號畝吊出原戶，然亦不登人債權人之本戶，惟冀使其與債務人脫離關係，以防制其盜賣，俗稱之曰「吊號」。蓋凡田地既經吊號，戶總處已剔除原戶之記載，原主即不能任意指業出賣，日後，倘因抵押而轉入買賣問題，戶總仍須依據該吊號單，並買賣間所立官紙契約，始允推除舊戶，登入新戶管業。又或業經清償債務，收歸所有時，戶總亦須依據該吊號單，仍將該號吊回，歸入原本戶管業。[78]

萬年縣，民間，典當不動產有大典與典之別。大典者，將不動產移轉於典戶，俟屆契書一定之年限滿後，即行贖回；所謂典者，雖亦須移轉不動產，但其年限，僅以一年為度耳。至所謂當契，則由借錢人將所有不動產，另書一紙杜賣契約，給與貸主收執，以擔保所貸之款，但該不動產並不移轉管業，所借之金仍行給息，若屆期不給息，或不還款，則貸主可執契主張管有其不動產。此等習慣在萬邑實為通行

---

78 《民事習慣調查報告錄》下冊，第三編《債權習慣》第十章《江西省關於債權習慣之報告》第二十二節，玉山縣習慣・第九，吊號。

而公認者也。[79]

　　在贛北的九江地區，民眾典賣田產簽訂的契約中，一般會加上違約條款，規定今後買賣雙方若發生違約行為的處理措施。在都昌縣，一般買賣田地需要過糧，由新業主交納糧稅，而典當田地則不需要過糧，由原業主交納糧稅。在彭澤縣，民間業產分為民、屯兩種，民產可以自由買賣，而屯產屬於國有，不能自由買賣。另外，民間對買賣契約需要添改也有相應的規定，遵循一定的習慣進行。

　　彭澤民間，業產向分民、屯兩種。關於民業移轉之契約，為杜賣字；關於屯業移轉之契約，則為推字（推糧之意）。蓋以屯業原屬國有，民間不能私相買賣；至占領之屯戶，若正丁逃亡，絕其屯業，即由該業所在地之承辦義圖者管理、收租、完糧。又，凡繕寫契約時，其契內有添注、塗改字樣者，必另行批明，如外批「添注某字幾個，照；塗改某字幾個，照」之類。[80]

　　都昌各縣典押契約，多有寫賣契頭、典契尾者，其正文

79　《民事習慣調查報告錄》下冊，第三編《債權習慣》第十章《江西省關於債權習慣之報告》第二十七節，萬年縣習慣・當契及大典與典之別。

80　《民事習慣調查報告錄》下冊，第三編《債權習慣》第十章《江西省關於債權習慣之報告》第二十四節，彭澤縣習慣・第一，杜賣字及推字。

實與賣契無異，惟於年月外，另書或黏浮簽載明「實押錢若干，不拘遠近年月，照原價取贖」字樣。如出典人拖欠租息，則將年月外所批者或浮簽裁去，然後投稅，自成為一種賣契。此種辦法係防出典人拖欠租息或另行典押，每至年月久遠，發生典賣糾葛。惟本縣習慣，賣田過糧，典田則不過糧，查其歸戶糧冊有無收付糧米，即可以分別真偽。[81]

在贛西北的靖安縣，民間典賣數家或家族共有的不動產，往往在簽訂契約時不以個人名義簽名，而是以家族或集體名義落款。

靖安縣民間習慣，凡數人共有之堂產，如有出賣，或典當情事，其所訂契約，僅署某某堂名，其共有人並不分別署名簽押，買、典各主以舊例相沿，亦不苟求。然各共有人究竟是否皆能同意，殊難證明，事後每有以未經某房某人之同意為詞，遂至涉訟者。[82]

（2）田地、屋產租賃習俗。除了買賣之外，土地、房產之

81　《民事習慣調查報告錄》下冊，第三編《債權習慣》第十章《江西省關於債權習慣之報告》第二十八節，都昌縣習慣·賣契頭、典契尾。

82　《民事習慣調查報告錄》下冊，第三編《債權習慣》第十章《江西省關於債權習慣之報告》第二十六節，靖安縣習慣·第二，共有之堂產以堂名典賣。

間的租佃和租賃也在許多地區較為普及，並在社會長期發展過程中形成了許多相關租賃習俗。各地民間租佃田地、物產存在著轉佃的習俗，即從土地、物產所有者那裡租佃後可以轉租給別人，於是便出現「二房東」、「二佃東」稱呼的現象。

　　贛省民間承種田畝，有轉佃之習慣，例如，甲承佃乙田十畝，每年應納租穀二十石，而甲又將該田轉佃於丙，丙對於甲年納租穀二十五石，甲對於乙仍年納租穀二十石。斯時，乙為佃東，甲則稱為二佃東，與二房東之例相同。[83]

　　凡承租房屋者，如租約內並未載明不得轉租、轉頂字樣，則可將該屋轉租與他人，俗稱之曰二房東。新房客對彼（二房東）立約交租，房東亦依舊向彼收租；房東如欲清業，亦必須與彼交涉清楚，方能發生效力，此贛省之通例也。[84]

　　（寧都）骨租、皮租之分，始於田主寬貸佃戶。欲令佃戶歲獲多谷，則己易於徵租，分五十畝之田，骨租從未有過五十石以外者，或四十五石，或四十石，謂之九收、八收，少至七收、六收，則佃人所獲愈多。然田主所獲既少，又輸賦在其中，初不以為不均者。蓋交納骨租時，主、佃皆恪

83　《民事習慣調查報告錄》下冊，第三編《債權習慣》第十章《江西省關於債權習慣之報告》第五節，江西各縣習慣・第一，二佃東。

84　《民事習慣調查報告錄》下冊，第三編《債權習慣》第十章《江西省關於債權習慣之報告》第五節，江西各縣習慣・第二，二房東。

守豐欠兩無加減之議。而佃人則有送河交斛、送倉交斛之鄉例也。故州屬主、佃控案，較他處不分皮、骨之田，微有不同。[85]

在南昌地區，商業租賃房屋存在著「裝修頂角碼頭」的習俗，即租賃者為適應需要對房屋進行裝飾、購買家具等行為以及轉租第三方所存在的習俗，具體如下：

江西各城，商務繁盛，市肆櫛比。其店之輾轉租賃，前租主與後租主移轉權利，每有裝修頂腳碼頭等名目，而業主方面則多隱飾否認，情形複雜，糾葛紛起……

一、裝修頂腳碼頭，是否贛省向來有此慣例，抑係現在租主作如此主張。查裝修頂腳名目，發生較早，碼頭之稱，發生最近，租主主張此項權利，已成慣例，不自今日始。

二、裝修頂腳碼頭之名詞，各如何成立，各項權利如何行使。查裝修頂腳碼頭之名詞，究係如何意義，詢諸多數人士，證以現進種種事實，可得近理之解釋，大凡本省，租人鋪戶營業之戶，或以所租鋪戶對於該項營業不甚合用，於是有以自己費用加以種種修飾者，如添置窗格板壁，或變更鋪面及鋪房內間數。或就該鋪房加以油漆裝潢等類，皆是，此項裝飾，習慣上謂之「裝修」，蓋凡就鋪房上加以有固定情

85　道光《寧都直隸州志》卷十一《風俗志》，道光四年副本。

質之修飾者，概得謂之裝修，此其大較也。至於頂腳，則為前租主與後租主間發生之關係，凡一種營業，另一種特別設備者居多數，此種特別設備，有可動者，有固定不可動者，有雖可移動必需過分之費用者，若一旦停止營業，則所有設備，除可動者外，均必置無用之地，則不如待有同種營業之人，將所有裝修設備家具（櫥架器具等）以及售余之貨品等項（貨品亦有另行售賣者）一並賣與其人，其人以營業係屬同種，可以繼續使用，亦自樂於買受，此種買賣，俗謂之「頂買」，賣之代價，謂之「頂腳」，出頂腳之前租主，謂之出頂人，受頂腳之後租主，謂之承頂人，此據出頂承頂立有字據，謂之頂約，（或稱頂字），此項頂約，係出頂人書具，由承頂人收執，頂腳名詞成立之由來，大致如是，若夫碼頭名詞，本省社會上習用最久，然其始不過指船艦停泊之處所而言，因船艦停泊之所多屬商業繁盛之區，遂將碼頭名詞，漸漸應用於商店營業之上，如云（現在商業上習慣用語）某街是某種營業碼頭，某巷是某種營業碼頭，某甲店坐落某街某巷，確是某種營業碼頭，某乙店坐落某街某巷，確非某種營業碼頭，是其顯例，大約碼頭兩字，即係營業適宜處所之代名詞，然此種名詞，後時尚不過用於區別鋪房之孰為優劣，其與所謂裝修頂腳，初無何等牽連關係也，迨近年乃有對於業主或後租主於收受裝修頂腳之代價外，並主張該鋪房是某種營業碼頭，要求添加代價者，此項主張，迄今不過二三十年前，彼時對於此種事件，有竟拒絕要求，不再添加代價者，有為圖免糾纏計，略加代價，自是以後，業主方面為

免糾葛起見，對於無裝修頂腳之鋪房，往往於租字內載明並無裝修頂腳外，並連類載明並無碼頭字樣，調查年代較遠之頂字，只有載明並無裝修頂腳字樣者，至連類載明並無碼頭字樣者，這近二十年前後之事，可見碼頭問題，發生實為較近，是以近來有頂腳裝修之鋪房，其碼頭名議當然包括在內，無裝修頂腳之鋪房，當然無碼頭，至於裝修頂腳而主張碼頭者，為最近發生之事，此碼頭名詞之起源變遷及與裝修頂腳之關係之大概情形也。至於裝修頂腳碼頭三項，既如上述，有互相牽連不可分離之關係，故習慣上行使此項權利概係連類同時行使，並無分別異時行使之事，是以出頂者但言甘願出頂，承頂者但言甘願承頂，在習慣上概認為裝修頂腳碼頭三項，當然完全包括在頂字之內，至於頂之手續，大概由出頂之租主於鋪門上黏一紙條，上書召頂字樣，有需要者，見黏有紙條之鋪房，即可向期接洽磋議頂價，如已妥協，則由承頂人就該鋪門上亦黏一紙條，上書某某承頂字樣，但需要人欲承頂某處鋪房，必須先向該鋪房之業主接洽承租，將租價議妥之後，方能向出頂人實行承頂，故承頂人於承頂紙條上，多並書承租字樣，此種手續，為習慣上一般所公認，蓋以業主與租主之關係若何，與夫業主個人之意思若何，均難臆測，誠恐一旦貿然頂去，在業主一方或至不肯出租，則所費之頂腳錢文，勢將化為烏有，否則必大費周折，故欲承頂者，必先承租，至若租主召頂之情狀，亦有不同，有停業召頂者，有一面經營，一面召頂者，唯無論何種情狀，在召頂期內，租主對於業主，應納之租金，仍分文不

得延欠，如有延欠，則可請求清業，萬一有特別情形，至於延欠，並未實行清業時，業主對於承頂人所出頂價內，有優先取償權。

三、三項是否關聯，有無有裝修而無碼頭，抑有碼頭而無裝修者，其主張是否租主有裝修者始可主張碼頭權利，抑並無裝修者亦可主張碼頭權利。參觀第二條之說明，可知三項名目雖然係各別，而行使權利並不分離，且以碼頭本係無體物，故事實上有裝修頂腳者，恆連類而及於碼頭，若並無裝修頂腳之鋪戶，則無單獨主張碼頭權利之例。

四、現在租折租約，關於此項記載，凡有幾種，有記明有裝修頂腳碼頭者否，有記明並無裝修碼頭頂腳或並無記載者否，若全不記載，或記明並無裝修碼頭頂腳之時，實際上是否仍均有裝修碼頭頂腳。查現在租字關於此項記載，甚不一致，約分言之。（一）有記明有裝修頂腳碼頭或並聲明權利之誰屬，及將來如何處分者。（二）有記明並無裝修頂腳碼頭者。（三）有全無記載者其第一種記載明晰，依約解決，自無問題，其最易發生疑問者，則為第二種情形，次之則為第三種情形之鋪房，關於裝修頂腳碼頭有有者，有無者，業主與租主間均無意思疑表示，苟租主能提出所執頂字以證明其確有裝修頂腳碼頭，則糾紛立解，至第二種情形則不然，租字上雖已載明並無裝修碼頭頂腳，在租主一方，多有以出過頂費，提出頂字，出而主張裝修頂腳碼頭之權利者，是租字所載確有與實際上不符情形。

五、現在租折租約，多有載入並無裝修頂腳碼頭字樣，

而實際有不符者，究竟此項記載，是何用意，亦有名實相符者否，抑已全成具文，若已全成具文，而實無裝修頂腳碼頭者，又如何記載以別於一般之具文，租折租約上載無裝修頂腳碼頭，而實際上仍有者，租主有無他項憑證。查租字上載明並無裝修頂腳碼頭，而實際上間有不相符合者，已如前述，惟查此種情形，因業主一方，恐租主歇業，或遷移時藉口頂腳（凡稱頂腳則裝修頂腳碼頭皆包在內，下倣此）久占，房屋，延欠租金，故於出租時，必使租主承認，不得轉頂，並於租字內記明並無裝修頂腳碼頭等字樣，其在租主一方，則有兩種情形（一）有真實並未出過頂腳錢文者（二）亦有費去若干頂腳錢文者，第（一）種情形與約載適相符合，自無何等問題，其最為現時發生疑問者，只與約載不相符之第（二）種情形而已，此咱情形蓋起於繁盛街市之鋪房，供給者有限，需要者日多，於是有花費錢文，買求現且主退租出業，以便達到自己承租營業之目的者，此種行為，多係雙方議妥，一面由承頂人向業主承租，一面由出頂人書立頂字，此時在業主方面，只知有新租主承租，且舊租主退租等關係，其他事實蓋非所知，而新租主以營業上獲利為重，對於頂腳費用，姑不計較，故於租字內仍肯記明並無裝修頂腳碼頭不得轉頂等字樣，此租字與實際不相符合之現象所由來也，夫租字所載既確有與實際不相符合之現象，是以租主與業主之爭執，日益糾紛，在租主以實際出過頂費，立意轉頂，在業主以為甘使鋪戶受頂腳之限制，執租字以相駁詰，此咱糾葛，發生之後，業主鑑於舊式記載方法，恆惹起

艱於區別之困難，有於租字內持為較詳之記載者（參觀毛敬業堂租字抄件第十一條）然較之舊式記載，不過詳略之分，並非性質之異，究竟果否足以斷絕名實不符之弊，尚屬疑問也，至於證明實決上有無頂腳之方法，一般均以頂字為強有力之證據。

六、租主對於前租主出過此項錢文者，於歇業或遷移時，多主張此項權利，若從前未經出過此項錢文，亦主張此項權利，習慣上是否認為當然。查從前未經出過頂腳錢文者，即所謂並無頂腳之鋪房，如租主欲將此項鋪戶出頂，須得業主之認可，方免發生糾葛，唯現時租主與業主之爭執甚烈，詢之租主，則多謂原未出過頂腳錢文者，亦可主張此項權利，詢之業主，則極端否認，謂習慣上無此成例，似此主張互異，孰實孰虛，固難憑信，然即此以謂現在尚無劃一之習慣，實可斷言。

七、因裝修而出頂腳尚有實物可指，若碼頭一項，乃無體物，即租主轉頂時，取得一筆競租之錢文，此種權利，是否租賃多年始可享有，抑租賃未久，且未出過碼頭頂腳者，亦認其享有此權。查碼頭一項，係因裝修頂腳連類而及，並非可以獨立主張者，已於第二條詳細敘明，則碼頭問題與租賃之久暫，似不可何等影響，然查本省習慣上有一常用之語，即所謂店未開許久，還有什麼碼頭可言云云，又似與租賃之久暫，略有關係，然租賃之年代，至何程度，方可謂之久，不及若干年月，即可謂之暫，又屬茫然，無論質諸何人，皆無以應，可知碼頭名詞，實為租主方面主張之一種權

利，總之碼頭一項，既不能獨立主張，則租賃未久且未出過碼頭頂腳者，似難認其享有此權。

八、裝修頂腳碼頭，於轉頂時，始可取得錢文，租主有此項權利者，是否絕不許業主有始頂之權，若業主欲自行收回，有無辦法。查有頂腳炎鋪房，其召頂權屬之租主，而業主無召頂之權，若業主欲收回鋪房，可向租主出價頂回，倘因議價未成，中業主不願花費此項頂錢文者，雖欲收回，亦無具體之辦法。

九、按召租似係業主之行為，召機似係商店之行為，凡商店歇業或遷移，是否均貼條召頂，若均係由租主貼條召頂則租折租約所載不許轉租轉頂，又成具文，是否一般習慣所同認。查商店歇業或遷移，均係由租主貼條召頂，倘業主對於承頂人不肯出租，則糾紛莫解，習慣上亦無確當之辦法。

十、有碼頭頂腳之租主，轉頂時，頂給何人，是否要得業主同意，如未得同意，業主能否拒絕承租。已承頂之新租主，於該業租金是否當然繼續前租約之數目，抑業主於換約時可隨時增租。查欲承頂者，必先向業主承租，已於第二條之後半詳細說明，其頂給何人，須得業主同意，否則業主可以拒絕承租，應間有租未妥協，即先承頂者，在習慣上不能不認為手續之不合也，至掉換租約時，業主得酌加租金，為一般所公認。

十一、城關內外各街道，何處商店有裝修頂腳碼頭者為多，何處全有，何處全無，何種商業有裝修頂腳碼頭者為

多，何種全有，何種全無。查有頂腳之鋪房，大概繁盛之街市為多，冷淡之街市為少，全有全無之街市，尚未發現，至於以商業為標準，區別孰多孰少，或全有全無，亦難調查明確。

十二、此項如認為已成一般習慣，主租固利益，就業主方面輿論是否認為尚無重大窒礙，亦有利益之處否，詢諸輿論，業主方面多謂如認為本省所有鋪戶，一概均有裝修頂腳碼頭之權利，業主一方即受無端之損害，蓋一切鋪房，若均加以頂腳之制限，則業主所有處分使用兩權，均不得完全行使，其結果恆影響於鋪房之價格，於業主一方有窒礙而無利益，租主方面，則為有業主置造鋪房，只以取得租金為目的，若不延欠租金，則業主已得有收益權，並無妨害之處。

十三、各種租折租約，應各照抄一份，以備查考。[86]

此外，南昌也存在著「賣租」的習俗，即民眾可以將自有田地出賣，賣後再和買方業主簽訂租賃契約，仍舊耕種這塊田地，如果賣主要贖回田地，則需付還買主稅契、過糧等各項費用。另外，租賃房屋時，需要簽訂租賃契約，到期後租賃者可以有五到十日不等時間作為考慮是否續租與否的時間，在此期限內不需交納房租。租房可以分為押租、大租、小租等類型。

86 吳桂辰等編：《中國商業習慣大全》第六類《商店租屋之習慣》，周東白校訂，世界書局 1923 年版。

如甲將其所有田產，憑中訂立絕賣文契，交付與乙，得受乙價錢若干，即立租賃字一紙，載明每年交租穀若干，隨契繳交與乙存據，田仍由甲管理耕種，由是逐年所交租穀即以之與契價息金互相抵消。如契內載有贖回期限者，則依期付還契價，取回賣契與租賃字，以消滅債務；其有不載贖回期限者，賣主錢便贖回，如不贖回，則永遠賣業留佃。但無論定有贖回期限與否，如贖回時，賣主均須付還買主稅契過糧各項費用。此種買賣僅交租而不交田，故俗謂「賣租」。[87]

　　凡租賃房屋，立約交租，本有一定之規定，到期不得欠少分文，惟至房客退租時，則預在租約內載明「月不過十」，蓋即交清上月額租以後，十日之內，不再取租，以為搬移房屋之猶豫期間也。十日以後，如不搬移，則須續交租金一月，交租後仍有十日之展限。又有他人在原房客名下分租數間居住者，謂之二房客，則有「月不過五」之規定，蓋以五日為二房客之猶豫期間也。[88]

　　南昌省城租屋習慣，向有押租、大租、小租之別。押租者，租屋時，先給租金一月，如房客欠租，即將押租扣除，否則，清業時照數退還。大租，即租金每月交納之期不得過

87　《民事習慣調查報告錄》下冊，第三編《債權習慣》第十章《江西省關於債權習慣之報告》第十三節，南昌縣習慣・第二，賣租。

88　《民事習慣調查報告錄》下冊，第三編《債權習慣》第十章《江西省關於債權習慣之報告》第十三節，南昌縣習慣・第四，月不過十及月不過五。

十（初十日）；小租由收租人取得，月照大租三分計算，例如，大租每月銀二十元，小租則每月六角。[89]

在安義縣，田地租佃的過程中，如果租佃人租金不足，或人力有限，可以找合伙者共同租佃，租金按照協議進行分攤。大家合議只是以口頭協議為依據，並不簽訂契約，只是請鄰居等人到現場作證，講明合作事宜，發起者為此常會置酒，稱之為「吃合食」。此後，合伙者則不能推翻前議，如有反悔也只能到年終時聲明解約。

凡承租他人之田地以耕作者，如因自己人力有限，或資本不足，於是自行招人合伙共同耕作，其取得之果實，即以各人所出之人力，或資本為比例而分配之，或各半，或四六，或三七，均以雙方當事人之協議定之。惟此項協議因當事人目不識丁，且合伙耕作者，必係平素性情相投之人，故並不設立何項書據，只以當事人彼此口頭說明，即屬已足。惟既無書據，事後或恐發生爭執，於是當事人又有置酒，公請地鄰到場作證之舉，將合伙耕作及協議各事當眾聲明，以免爭端，俗稱之曰「吃合食」。白吃合食之後，當事人不得

89　《民事習慣調查報告錄》下冊，第三編《債權習慣》第十章《江西省關於債權習慣之報告》第四節，省城習慣・第一，押租、大租、小租。

再翻前議，即有意見不合，亦須俟年終聲明解約。如有爭執，一以到場地鄰之言為憑。此項習慣在農圃之家，業已相習成風，實為一種最有力之口頭契約也。[90]

在新建縣，出租者將田地出租給承租者，在簽訂契約時往往會要求承租方交納一定的押金，以防止承租者逃租或損壞業主財產，如果其後沒有欠租或毀壞財物行為，則在退佃時退回給佃戶。

新建縣，山嶺中之田地距業主寫遠，常為耳目所不及，故召佃戶耕種時，虞佃戶潛逃及損壞建築物之事，當訂立佃約時，佃戶須繳納押金，俗謂之「押腳」。其繳納之額數，有恰如納租之額數者，亦有超過納租之額數者，嗣後若無欠租情形，即不能增租奪佃，如佃戶聲請退佃時，仍將押金原數退還佃戶。[91]

在贛南地區，田地租佃合約上都規定有承佃者每年需交納租穀數量，但實際上大都是按照契約上的七、八折進行交納，而且

---

90 《民事習慣調查報告錄》下冊，第三編《債權習慣》第十章《江西省關於債權習慣之報告》第二十一節，安義縣習慣・第二，吃合食。

91 《民事習慣調查報告錄》下冊，第三編《債權習慣》第十章《江西省關於債權習慣之報告》第十五節，新建縣習慣・第一，佃戶繳納押金。

每年可以分為早、晚稻收割後兩次交納租穀，由於交納租穀時一般不會簽訂相關憑據，因而雙方之間常會發生糾紛。

　　贛南民間，凡向人借田承耕者，所立借耕字，雖載有每年實納租穀若干字樣，然習慣上鮮有照約履行者（大約僅納七折、八折不等）。又借字內雖載明租穀於新出時一次交清，然贛南一帶，田畝每年可蒔早、晚禾各一次，於早禾收獲時先納租穀一半，至晚禾登場再還一半，田東亦不否認之。至租借後，因租穀及田丘而起爭端者，實居多數，蓋佃人交納租穀，田東多未出立收字，而佃人亦每苦於不識字，多未自記於賬簿，嗣因爭執數額涉訟者，佃人方面固無何等證據提出以為證明，而田東方面所提出之簿據記載，亦多係不實，致判案時形困難。至借耕字內並不載明穀田擔數（贛南田畝多以出穀擔數計算），亦不記明四至，僅載某某地方田若干丘字樣，佃人之狡黠者，承耕日久，將所借之田隱瞞一、二丘，占為已有，其餘田丘任意改變，以符借耕字內之數，事實上數見不鮮，此二者或因手續不清，或因記載不詳，爭端時起，蓋有由焉。[92]

　　（贛縣）凡佃戶應納業主之租穀，其賃耕字內往往載明「繳納足租穀若干擔，不得短少顆粒」等語，而實際上則均

92　《民事習慣調查報告錄》下冊，第三編《債權習慣》第十章《江西省關於債權習慣之報告》第一節，贛南各縣習慣·第九，借耕田土。

有折扣，或七折或八折不一。是字據之記載與實際所履行者顯有差異，若僅憑字據以為斷，鮮有克臻妥於協者。[93]

在贛縣，房租租賃的租金交納也有相關的習俗，在租賃期間承租方需交納一定的押金，作為預防其拖欠租金或毀壞財產的違約金。出租的房屋改為出典第三方時，承租者可以居住至三個月後搬移，而如果是出賣，則期限是四個月，因而有「典三賣四」之俗。房屋的修理費用，租佃雙方在租佃契約中常會進行規定。

贛縣租賃房屋，其租金多以月計，故應按月繳納；又有月不過十，過十即應繳全月租金之慣例。如房客於月之初十日以外，始行出屋者，即應繳是月全數之租金。間有以年計者，則或分為三節繳納，或由年終繳納，亦無一定。至於租賃之期間，除有約定者外，如房客不欠租金，則房東不得無故不租。其有因出典而不租者，則須於三月後出屋，因出賣而不租者，則須於四月後出屋，俗謂之「典三賣四」，此三月或四月均免算租金。

房屋修理費大率由房客於租金內，年扣若干為普通小修費用，若係大修，則須通知房主，即由房主負擔費用，皆於約內聲明。亦有僅約內聲明，如有破爛歸房東修理或載東工

93　《民事習慣調查報告錄》下冊，第三編《債權習慣》第十章《江西省關於債權習慣之報告》第十六節，贛縣習慣・第七，租穀之折扣。

佃食者。若有倒塌，須興工修復，則雖無約定，當然由房東負擔。**94**

在龍南縣，田地租佃過程中常有退耕契約一項，由佃人出資承佃，業主寫立退耕契約，規定今後該田地沒有得到佃人允許則不能轉佃他人，於是租佃人常利用這一地位私下將田地轉租給他人，從中獲益。

龍南田畝有退耕紙一項，俗稱「工本紙」，與他處佃耕通例相違。其事由佃人出貲承貼，業主寫立退耕字據，此後，田非得佃人許可，不能另易新佃。推其由來，厥有數端：一曰佃人減租。佃人耕田，每向田主請求減租，租額年年遞減，於是，曩日納租一石者，甚或減至四、五斗，田腴租寡，利益可知。此佃設急需時，將此田招人頂耕，頂耕者貪其租寡利多，願出少許脫耕糞草費於前佃，前佃遂立一退耕字於新佃，而田主實未之知。迨新佃招人頂耕，索費如前。此退耕之緣起於佃人者也。二曰田地屬於公產者（如關於社倉神會祭祀等產），經理收租舞弊也。該收租人為圖私利起見，每暗中向佃人商量，允為酌減租穀若干，索貲為

94　《民事習慣調查報告錄》下冊，第三編《債權習慣》第十章《江西省關於債權習慣之報告》第十六節，贛縣習慣・第四，房租計算及修理費之擔負。

酬，從此租少田多，他人若欲頂耕，原佃亦必索相當之貲彌
補，仍寫一工本紙與新佃人收執。此退耕之緣起於收租人者
也。三曰管理疏忽，父兄之田，子弟惟知納租，不問田之膏
腴，由經理歷次更換，不識田之坐落，刁佃年久因而作弊，
私造工本，無而為有，非多索金不肯讓人耕作。此退耕之緣
起於管理疏忽者也。以上慣例，實與土地所有權妨礙，且與
永佃權不合，近日有欲革除斯弊者，令佃人寫租字時，首標
明白手借耕（「白手」云者，言無工本退耕之錢也），然究
未能清其源也。[95]

在永新縣，租賃屋產從事商業經營中存在著一種「頂碼頭」
的習俗，即租戶租賃業主屋產，在租金按時交納的情況下業主不
能解租，如果原租戶同意退租，新租戶要向原租戶交納一筆費
用。

商家習慣，凡租賃他人店屋營業，自訂立租約後，如果
租戶並不短少租金，業主即永遠不能令其清業。緣商行大都
各有碼頭，不能任意遷移，致令營業大受影響。即使租戶停
止營業，自願退租，業主雖得自由轉租別人，然新租戶尚須

95　《民事習慣調查報告錄》下冊，第三編《債權習慣》第十章《江西
　　省關於債權習慣之報告》第三十節，龍南縣習慣・退耕紙。

出錢與舊租戶，謂之「頂碼頭」。[96]

　　在萍鄉地區，租佃方在租佃時需交納一年租金數額的押金給出租方，如果租期內有拖欠，則出租方將押金進行抵扣，並有權收回轉租他人，無拖欠情況則在退租時返還給租佃者。租金交納一般以端午、中秋和年底三個時期為準，平時出租方不能向租佃者收租，遇有特殊情形則由雙方商討時期。

　　萍鄉批租產業，佃戶須繳押金若干，至少必以足抵一年租金為度，俗謂之「押規錢」。其錢交業主收受後，在租佃期內，業主不必交息；不租之日，業退，原規交還。至所以須繳押規者，原以防租戶之欠租金也，倘一年之內租金不清，即將押規扣抵，將業收回，另行出租，故批約內通常須載明「倘租不清，照規扣除」云云。[97]

　　萍邑房店租金，大抵分三比交納。所謂三比者，端陽、中秋、年底三節為一比，以結算賬目是也。蓋全年租金若干，以三比分攤交納，至三比應交之期，賃戶不能推諉；平時業主亦不能催討，即或業主有向賃戶預支者，此係業主與

96　吳桂辰等編：《中國商業習慣大全》第六類《商店租屋之習慣》。

97　《民事習慣調查報告錄》下冊，第三編《債權習慣》第十章《江西省關於債權習慣之報告》第二十節，萍鄉縣習慣・第七，租金不清，照規扣除。

賃戶之通融辦法，非當然之權利也。**98**

　　在樂安縣，民眾租佃山林，每年向業主交納山租，山上一切林木都歸承租人所有，如果退租，山上林木則由雙方共同協商估價補還給承租人，或者由其砍伐變賣，靖安縣也有類似習俗。民眾租佃房屋，租金數額、期限及修繕費用由雙方議定，如果出現拖欠租金情形，則出租方可以清退原租者，轉租給他人。民眾租佃田地，存在轉租的情況，轉租人每年向租耕者收取一定數量的租穀，按契約向業主交納租穀，餘下的歸自己所有，因而出現了「大業」和「小業」之分，金溪縣也有類似情況。租佃數額、租佃與否由雙方協商，較為自由。

　　　租山承蓄各種植物者，承租人每年交山租若干，山上種植竹木茶梓雜樹，均歸承租人收益，租賃期限載明批字內，亦有不載明者。若雙方願意退租，則山上所種樹木估價給還，亦有剗削光山還原業主者。租田耕種者，佃人每年繳納原業主租穀若干，謂之大業，自己分穀若干，謂之小業，其額數依田則上下而分多少，立頂耕字以作憑證，若退租不耕，又立退字，一任雙方意思，不得強制。

98　《民事習慣調查報告錄》下冊，第三編《債權習慣》第十章《江西省關於債權習慣之報告》第二十節，萍鄉縣習慣・第六，租賃房店三比交租。

　　租屋居住或租店貿易者，均立租帖、租約，其租金數目、租賃期限由雙方議妥訂立。若欠租不繳，原業主得令租戶退租，謂之清業。修繕費用亦由雙方議妥履行。承租人亦可轉租於第三者，惟不得與原租抵觸。[99]

　　樂安縣，凡以田地出租與人耕種者，所立之契約曰安耕字；承受他人之田耕種者，所立之契約曰承耕字，皆載明「田內之穀，每年熟時議定，四六成或平均分收，豐歉無怨」等語，故樂邑租額並無一定數量可言，須臨時妥議分配方法以定之，此乃從來之慣例也。[100]

　　金溪風俗，凡業主與佃戶間收納田租之關係，每有大業、小業之分。佃戶直接對於原業主納租者，自可不生問題，有時承佃人不能耕種，將佃權轉賣於第三者，在此場合，最後承佃人，除間接納原業主額租若干外，並另訂明對轉賣者每年納租穀若干，故對於前者稱為「大業」，後者稱為「小業」。[101]

99　《民事習慣調查報告錄》下冊，第三編《債權習慣》第十章《江西省關於債權習慣之報告》第十七節，樂安縣習慣‧第二，不動產契約之慣例。

100　《民事習慣調查報告錄》下冊，第三編《債權習慣》第十章《江西省關於債權習慣之報告》第十七節，樂安縣習慣‧第四，安耕字與承耕字。

101　《民事習慣調查報告錄》下冊，第三編《債權習慣》第十章《江西省關於債權習慣之報告》，第二十五節，金溪縣習慣‧第一，田租分大業、小業。

在玉山縣，民眾租佃田地過程中如果發生拖欠租金的情形，則業主可以收回土地轉租他人，一般是在秋收後至冬至節期間招租，在來春後由於原承租人已播種花料或肥料因而一般不能再轉租。於是在租穀較多人家（超過五石），為了討好業主不會因自己拖欠租穀而將田地轉租他人，往往會向業主交納飼雞一隻，在民國時期演變成為一項常規，不論田租多少、拖欠與否，都要交納，並寫進租佃契約內，成為一項田租。民眾租佃房屋過程中，遇有修繕，則修繕材料、工費由業主支付，而工匠每日餐飯則由住者負擔。民眾日常利用水碓碾米磨麥，需要向碓主交納一定數額的費用，水碓修繕費用由碓主承擔。

玉山縣鄉間俗例，凡以己田租於佃戶耕種，遇有該佃積欠租穀等情，當然可以起耕另佃。唯起耕日期，習慣上，須在本年秋收之後，舊曆冬至節左右，田主以竹片書就「起耕另佃」字樣，扞置田畔，招得新佃戶耕種，始為有效。如延至次年春間，佃戶業經插種花利，或該田已使用肥料，則必與盡力抵抗，不允退耕，故起耕須有一定之時期。又田主因恐佃戶將來或有不允退耕之虞，對於積欠租穀者，恆預令其書立退耕字為憑，以免臨時之糾葛。[102]

---

102 《民事習慣調查報告錄》下冊，第三編《債權習慣》第十章《江西省關於債權習慣之報告》第二十二節，玉山縣習慣‧第五，起耕另佃有一定時期。

　　玉山縣風俗，凡承佃他人之田，其租額在五石以上者，每年除交納額租外，須另交所養之雞一隻，名之曰「田雞」。蓋向來佃戶租額，每年恆不能如數交清，然又恐觸犯田主之怒，來年起耕另佃，故格外奉送養雞一隻，聲稱此雞係在主人田傍採取野食生養長大，不敢私有，應並交於主人，欲以小惠結其大歡，而田主家屬每多酷愛飼雞，公然收受，遂沿習為例。嗣後，田主對於佃戶均各援引，索交此項田雞，不稍放棄。迨後每況愈下，甚有租額不及三石者，亦要約交田雞一隻，而佃戶拒不承認，後來遂規定租額在五石或四石以上者，議交田雞一隻，並於租字上批明為據。現在，田主對於佃戶應納之田雞視為與田租相等，倘延期不交，即須專人索取，毫不相讓，而佃戶亦以此項田雞批明租約，無可異議，間有以錢折抵雞價，或以其他雜糧代替田雞者，一般佃戶共認為應盡之義務。[103]

　　玉山習慣，凡租借房屋居住，或開設商號，除普通訂立租批字據、交納相當租金外，倘遇該屋上漏下濕，必須興工修理時，其磚瓦木石材料及匠人工資，乃歸房東辦理，而其木石工匠每日所需飯餐，則必歸租戶供應，現已成為慣例。凡賃租店房，於其租批字據內多有載明「倘遇有上漏下濕，應須修理，其木料工資房東自理，住屋者認供飯食」等字

---

103 《民事習慣調查報告錄》下冊，第三編《債權習慣》第十章《江西省關於債權習慣之報告》，第二十二節，玉山縣習慣·第七，田雞。

樣。查修理工程，繁簡不定，然不拘工程多少，此項匠人飯食均由租戶供應，所費雖屬不貲，而歷來並未發生異議。[104]

玉山縣，水碓為碾米磨麥所必需，其設置必依傍水濱，藉水力以自作用，碓主即貸貸主設定常規，每碾米一石，須納米若干，磨麥一石，納麥若干，名曰「碓稅」。凡在該碓碾米或磨麥者即貸借主，依該碓主所定常規量納米麥，又名曰「打碓稅」。此係普通慣例，並不書立契約，歷來無異。所有水碓房屋及一切用具，全由碓主設置，並修理、補葺，亦不涉貸借主之事。至若貸借期間，則以其所應碾磨之米麥完竣為度，不加限制。[105]

在贛北的九江地區，民眾租賃房屋的租金主要按端午、中秋和年底三期分次交納，如果業主將房屋轉典或出賣他人時，原租賃方可免費多住三個月和四個月，稱之為「典三賣四」。民眾租佃田地時，租金分為納稞（即交錢）和納租（即交穀）兩種，後者一般視穀物收成好壞，由雙方臨時確定數額，一般有「（主佃）四六分」、「三七分」之定。

---

104 《民事習慣調查報告錄》下冊，第三編《債權習慣》第十章《江西省關於債權習慣之報告》第二十二節，玉山縣習慣·第六，租戶分任修理房屋之責任。

105 《民事習慣調查報告錄》下冊，第三編《債權習慣》第十章《江西省關於債權習慣之報告》第二十二節，玉山縣習慣·第二，碓稅。

九江賃屋分季納租，一年分端節、中秋節、年節三季，亦有不論季節計滿四個月為一季者。惟房主將屋出典與他人，向賃戶退租時，賃戶可多住三個月，出賣與他人時，可多住四個月，例不納租，名曰「典三賣四」。[106]

九江民間賃借田地，有納稞、納租。納稞者，即每畝納錢若干。納租者，於收獲時，由賃借主先期邀請賃貸主到場，分取籽粒，賃貸主得四成，賃借主得六成。名曰「東四佃六。」[107]

（彭澤）凡租戶承種他人之田地，不先立契約，只於田穀將熟時，由業主就地查看。如與租戶立約，租額通常每畝田完鄉間通行之八折桶穀二石。查看時，視田穀之優劣，雙方訂明折扣。至收割後，照訂定之數完納，如訂定九折，則每畝田即納穀一石八斗。明年以後，亦如之，間亦有完納全租者。[108]

在靖安縣，民眾租佃山林，每年向業主交納山租外，在承租

106 《民事習慣調查報告錄》下冊，第三編《債權習慣》，第十章《江西省關於債權習慣之報告》第十四節，九江縣習慣·第一，賃借房屋。

107 《民事習慣調查報告錄》下冊，第三編《債權習慣》第十章《江西省關於債權習慣之報告》第十四節，九江縣習慣·第二，賃借耕作地。

108 《民事習慣調查報告錄》下冊，第三編《債權習慣》第十章《江西省關於債權習慣之報告》第二十四節，彭澤縣習慣·第二，租額由業主查看田穀後訂定。

開始還需向業主交納批金，由此取得砍伐權，其後山上一切林木都歸承租人所有，承租人可以轉租，業主不得干涉。

　　靖邑習慣，凡佃戶向業主租山種樹者，除立租約按年交租外，開始佃戶應先交批金一次，另由業主付與批約，載明「任憑砍伐無阻」字樣。嗣後，該山地面之利益，均歸佃戶永遠收管，且可轉批於他人，業主不得干涉，除欠租外，不得令其退佃。此係民間相沿之習慣，尚無異議者。[109]

　　2. 外出經商貿易習俗。除了土地、房屋等不動產的買賣、租賃交易外，江西各地區民眾外出經商貿易現象較為普及，形成了一系列的經商貿易習俗。

　　（1）經商資本的主要來源。江西商人的從商資本主要來源於以下幾類：

　　一是商業借貸，主要見下文「借貸習俗」所示。

　　二是通過農業耕作致富積累轉化為商業資本。不僅包括眾多的經營性地主，也有不少善於經營的農民，他們稍獲有「千金、數百金之產，輒張一肆以逐什一之利焉」[110]。

109　《民事習慣調查報告錄》下冊，第三編《債權習慣》第十章《江西省關於債權習慣之報告》第二十六節，靖安縣習慣・第一，山佃批金及永遠管業。

110　（清）魯仕驥：《山木居士外集》卷三《送邑侯李任庭先生序》，載天津圖書館編《天津圖書館珍藏清人別集善本叢刊》第 15 冊，天津古籍出版社 2009 年版。

（會昌）蕭敏紀，勤種植，得資貿易蜀中，自是資漸饒。[111]

（瑞昌）陳秀元，初力農，一切家事，經紀有方，日漸豐厚，由是貿易陝西，腰纏萬貫。[112]

（清江）楊余盛，棄舉業，偕兄泰臣、弟體臣經營日用，勤苦市廛，稍得贏餘，遨遊三楚間，逆赤壁之雄風，弔江上之丈人，氣概所感，幾於蒸雲夢而撼岳陽，間或沿江而下，過彭蠡，登匡阜，又往往從襟江帶湖中得力爭上游之勢，以故胸次開拓，人棄我取，有古鴟夷子皮風，家道漸隆起。[113]

三是傭工於大戶富室積累資金。這類商人往往也是困於家計、不得不傭工於富家大戶，稍獲微資，即轉而自謀生理。

（金溪）黃應龍，書券傭身於富室，弟應鳳乃得遠客滇黔。[114]

（金溪）李先誠，幼傭工於同邑周進上家伴讀，稍長辭周，賈於陝西漢中、西安、華陽等地。

（樂安）龔濱七，傭工郡城茶肆，積有餘財，背腐營

111　（清）王驥《蕭理行翁行述》，同治《會昌縣志》卷三一《藝文》。

112　同治《九江府志》卷三八《孝友》。

113　《清江楊氏五修族譜》下卷，《敬庵公墓志銘》。

114　光緒《撫州府志》卷六三《孝友》。

生，往來撫郡貿易[115]。

四是從事「小買賣而至大開張」[116]。江西地區的商業活動，很大程度上是建立在當地農副產品商品化的基礎上的。不少商人通過對本地出產的手工業品、糧食、土特產和雜貨等小商品販負經銷、小販小賣，通過其積累資財，轉而「至大開張」。

> （瑞昌）董伯益，以漁樵為業，家萬金，遠商吳、楚間。[117]
>
> （玉山）王允聰，弱冠負販營生。及壯，與兄商開宏盛煙作，貿易姑蘇，累貨巨萬。[118]
>
> （豐城）呂仕麟，負販自給，既豐於財，乃作遠行計[119]。
>
> （崇仁）謝廷思，學書算，負販於蜀，資財既裕，乃通貨閩廣……不二十年，資累巨萬」[120]。

清末徐珂《清稗類鈔》中記載了一位商人的發家經過則更為典型：

---

115 光緒《撫州府志》卷六八《善士》
116 同治《萬安縣志》卷一《方輿志·風俗》。
117 同治《九江府志》卷三十《善士》。
118 同治《玉山縣志》卷八《善士》。
119 道光《豐城縣志》卷十七《善士》。
120 光緒《撫州府志》卷六八《善士》。

南昌有布肆，號一文錢。聞其創始之初至貧，惟餘錢一文。乃以購麵粉，拾破紙雞毛於市，范土為兒童所玩之雞狗等售之。久之，積錢漸多，乃漸作小本經紀，勤苦儲蓄。遂設布肆，以資財雄於會城矣。[121]

五是繼承家庭、家族資產。如金溪縣王嵩一，「祖舊賈貴陽，嵩一承家業，以例貢生，服賈居滇十餘載，積數千金，旋復賈漢口」[122]；等等。

六是通過教書積累資金，轉而從事商業經營。

（南城）單章，少讀書，設教鄉里，家給耗繁，計非寸管所克支，遂以上舍生涉賈，累金萬鎰。[123]

（臨川）李宜民，幼孤露，依外氏。長，學賈楚中，不利，之桂林，傭書自給，積有餘貲，偕五人往（雲南）太平土司販。[124]

（新建）夏德潤，孤而傭書，將所積館穀金遙寄堂叔之在豫省。[125]

（湖口）蔡潮，不屑俗事，專意授徒，卻以所入予其兄

121 徐珂：《清稗類鈔》第 5 冊《農商類·商賈》，中華書局 1984 年版。
122 光緒《撫州府志》卷六八《善士》。
123 同治《南城縣志》卷八之五《義善》。
124 同治《臨川縣志》卷四六《善士》。
125 同治《南昌府志》卷四八《國朝孝友》。

經紀，販賣致富。[126]

（2）經商的主要方式。由於江西商人多為因家境所迫而外出謀生的小商人，因而江西商人中最為常見的主要經營方式是個體經營，此外還有家庭分工協作經營、結幫經營以及同本集資經營等不同形式。

在許多地區，存在著丈夫常年經營在外，妻子居家侍父母、撫孤幼的事例。

（南昌）黃庭繼，客遊南畿，家徒壁立。（妻）陳（氏）宵分紡織以供薪水。[127]

（南城）夏曦遠，商於粵，每寒暑，（妻）蘭（氏）手製衣服寄舅姑。[128]

（玉山）徐一鴻，依內兄客遊杭州，妻昌氏以紡織具甘旨，失織紆業，乃學糊錫箔取給升斗，自灌園蔬，買小秔饒兒女，而己食糠糜。[129]

各地還有父出經商而子輩持家的情形：

126 同治《九江府志》卷三八《孝友》。
127 光緒《江西通志》卷一七一《列女‧南昌府》。
128 光緒《江西通志》卷一七四《列女‧建昌府》。
129 同治《玉山縣志》卷八《列女》。

（崇仁）黃二嚴，父客外三十餘年，嚴事母孝，教幼弟皆成立。[130]

（廣昌）毛普聖，父客外二十年無音耗。及普聖長成，身出訪父，遍歷九江、長沙、武昌、寶慶、岳州，卒得父於旅舍。[131]

兄（或弟）經商，而弟（或兄）持家情形在各地也為常見：

（南昌）劉元成，兄客湖南衡陽，元成以館穀養父母。[132]

（金溪）李應科，父歿時，三弟皆幼，提挈之，至於成人。弟賈於外，數虧負。（應科）歲寄館穀資之，又獨力支全家十餘口，不貽弟內顧憂。[133]

（樂安）陳遵魯，兄外出經商，遵魯持家，事寡母以孝聞。[134]

另外，各地在一些勞動力較為充足的家庭中，還存在父子、兄弟分頭外出，各自經營，或者相偕外出，共同經營的情形。如

130　光緒《撫州府志》卷六三《孝友》。
131　同治《建昌府志》卷八《孝友》。
132　同治《南昌府志》卷四八《國朝孝友》。
133　光緒《撫州府志》卷六五《孝友》。
134　光緒《撫州府志》卷六五，《孝友》。

下例：

> （南豐）王仁，客吳楚，其弟則商粵西，卒死其地。[135]

> （南昌）劉善萃，服賈漢口，兄羈旅滇南久無音耗。[136]

> （瑞昌）陳秀元，隨父貿陝西，腰纏萬貫。[137]

> （臨川）余承恩，與兄服賈荊門，更替往返。[138]

> （玉山）王允聰，兄弟三，聰居幼，父母早逝，家故
> 貧。弱冠負販營生。及壯，與兄商開宏盛煙作，貿易姑蘇。
> 年餘，兩兄繼亡，聰獨自籌度，置田產，累貨巨萬。[139]

此外，在一些勞動力充裕、家產相對富有的大家庭或家族，
還在家庭內部實行較為有計劃的職業分工，派家人進行商業活
動。如會昌縣歐陽振奕，父亡後秉家政，諸弟「或士或商，各安
其業，無敢舍生以嬉者」[140]；當中以玉山縣吳氏家族最為典型：

> （吳敦朝有七子，士）發居長，次士登、士仰、士哲、
> 士勳、士沛、士昱。昱生而敦朝歿……念治家非勤莫濟，命

---

135 同治《南昌府志》卷四八，《國朝孝友》。

136 同治《九江府志》卷三八《孝友》。

137 同治《臨川府志》卷四六《善士》。

138 同治《撫州府志》卷六五《孝友》。

139 光緒《玉山縣志》卷八《善士》。

140 （清）王驥：《歐陽致和先生善行傳》，同治《會昌縣志》卷三一《藝
文》。

登、沛整理山田，仰、哲貿易姑蘇，而已親課勳、昱以學。仰、哲早世，發撫嗣孤如己子。時登、沛手植成材，發棄書，偕登售木武林，居焉。所得貲，寄歸奉母。屬勳、昱攝其總……（發歿，登理家），登年老，委家事於勳昱，食指逾千，雍睦無間。[141]

（3）親友互助幫襯的理念。在外出經商的過程中，江西商人還往往以親族、同鄉或同行業關係組成一種鬆散和臨時性的區域性商販結合體。當有人虧負或發生意外時，則眾人共同扶持幫襯。各地方志中記載了較多事例：

（德化）黃學宏，運漕北上，適同幫喬氏兄弟虧糧，宏傾囊賠補。[142]

（彭澤）張寵遇，挾貨賈於蘇北鹽城，有同縣某賈六人因事坐系，為獄卒所苦，勢將痰斃。（寵遇）百計營謀不得出。乃傾囊走百里，因同鄉官以巨金賄當路，卒免六人於難。[143]

（南昌）胡析啟，服賈寶應，貨值千金，行戶竊售，不償價。客伴慇懇控官不聽，垂囊而歸。[144]

141　同治《玉山縣志》卷八《孝友》。
142　同治《九江府志》卷三九《善士》。
143　同治《九江府志》卷三八《孝友》。
144　同治《南昌府志》卷四八《國朝孝友》。

（高安）梁懋竹，嘗偕二友貿易，舟洞庭。夜半，盜挾利刃索財甚急。（懋竹）傾囊與之。盜復向二友，竹給之曰：「此吾兄弟耳。」盜遂去。[145]

如果是同鄉、親友之間共同出資（即「同本」）外出經商，則互助幫襯的觀念更為明確，相互之間一般要承擔經濟上和道義上的責任。這種形式下，雙方所處的關係也較為融洽。茲舉數例如下：

（南昌）雷可權，嘗與黃文魁同本貿易。甫二年，而文魁病故。可權經理醫藥埋葬，每歲必贍其孤，且延師教之。比長，仍給二百銀助其生息[146]。

（大余）劉永慶，崇禎時與同邑易明宇往來貿易吳越間，頗相友善。歲壬午，明宇病篤，以妻子相付憑。永慶曰：「是吾分也。微子言，吾將恝然耶？」已而明宇死，值丙午（1666 年）兵變，明宇家產焚蕩殆盡，永慶為其贍妻子。己丑（1709 年），易妻死，殯葬之。其子若女婚嫁……皆竭力畢之。復分己產並僮僕給與，為終身計。[147]

---

145 同治《瑞州府志》卷一五《懿行》。
146 同治《南昌府志》卷四八，《國朝孝友》。
147 同治《南安府志補正》卷五《質行》。

還有的以民間自發集資的方式，即「繳會」方式，作為解決生產、生活中經費困難的互助辦法：

> 按入股實物，有錢會、穀會；按會期時間，有月會、年會。發起人多是資金急需者，是為頭家。經事先物色入會對象，議定入股資金或實物數量、交替周期、利息計率、違約罰錢（物）等內容，然後頭家設宴款待與會者，謂之「領會」。會上頭家收取入股資金或實物，同時進行抽籤，以決定今後接會順序，此後依次按期由當年（月）人「領會」，接納入股資金及累計應得利息。至今民間仍在沿用。**148**

當然，江西商人在出外經商中，對同鄉、親友之間也存在一些坑害、欺騙甚至損人性命的情形，對本地區商人的形象造成嚴重不利影響，明人王士性在《廣志繹》中曾記載了一個江西商人在雲南謀殺同鄉敲詐當地土人的案例，當為其中的典型：

> 滇雲地曠人稀，非江右商賈僑居之，則不成其地，然為土人之累，亦非鮮也。余讞囚閱一牘，甲老而流落，乙同鄉壯年，憐而收之，與同行賈，甲喜得所。一日，乙偵土人丙富，欲賺之，與甲以雜貨入其家，婦女爭售。乙故爭端與丙

---

148 《東鄉縣志》第二十三編《風俗志》第一章《習俗》第四節，生產習俗，江西人民出版 1989 年版。

競相推毆，歸則致甲死，而送其家，嚇以二百金，則焚之以滅跡，不則訟之官。土僰人性畏官，傾家得百五十金遺之，是夜將焚矣。一親知稍慧，為擊鼓而訟之，得大辟。視其籍，撫人也。及偵之，其事同，其騙同，其籍貫同，但發與未發，結與未結，或無辜而死，或幸而脫，亡慮數十家。蓋客人訟主人，如百足蟲不勝不休，故借貸求息者，常子大於母，不則亦本息等，無錙銖敢逋也。獨余官瀾滄兩年，稔知其弊，於撫州客狀，一詞不理。[149]

（二）借貸習俗

江西各地民間借貸現象普遍，形成了許多約定成俗的慣習，具有共同性和地區性的雙重特點。一般來說，各地發生借貸時，借貸雙方要簽訂借貸契約，都會邀請第三方作中間人進行見證，其中又分為在場人和見借人兩種，前者為見證的身分，後者則為介紹人身分，在契約中充當保人性質，如果今後借方拖欠還款，則出借方一般會找見借人索要。

> 江西各縣習慣，借錢字據多載有在場人與見借人等名稱，其不同之點，即在擔保力之強弱。在場人不過於雙方借貸契約成立時，目見其借貸事實，如日後有拖欠，或狡騙情

149　（明）王士性：《廣志繹》卷五《西南諸省·雲南》，呂景琳點校，第122頁。

事涉訟後，僅有證明義務而已。見借人則不然，雙方契約之成立，多由見借人介紹，幾與保人性質相同，日後發生他故，債務人如不肯償還，債權人往往向見借人索償，反置債務人於不問。[150]

贛南地區的民間借貸在利息種類、利率、還貸期限等方面形成了一系列習俗，如利息種類上主要分為銀錢利、穀利和油利三種，即利息以銀洋、錢幣、穀物和茶油等種類進行計算；在利率上，從一分至三分分為不同檔次，有些借貸在借款時出借人會先行將期限內的利息扣除，如有介紹人的，借款人還要支付介紹費，借款一般遵循「複利息」原則，舊稱之為「繁利息」，即當年未還清利息計入下年本金進行生息。民間普通人家放債的利息一般要比商家較重。

　　贛南利息以按月計算者，居多數。而按年計算者則甚寥寥，其利息自一分二釐起至三分不等，大約三分者十之二，自二分至二分五者有十之七，不及二分者僅十之一。亦有預扣利息者，例如，原本一百元，每月三分，則先扣一年利息三十六元，實付只有六十四元，而六十四元之中，尚有扣介

---

150 《民事習慣調查報告錄》下冊，第三編《債券習慣》第十章《江西省關於債權習慣之報告》第五節，江西各縣習慣‧第三，在場人與見借人擔保力之不同。

紹費二、三元者，但此等習慣尚居少數。又有滾利作本者，例如，本年息金至年終尚未清償，即滾入次年母本計算，通常稱為繁利息（即複利息）。又有以穀或油為利息者，即以收穀、收油之時，為清償利息之期，既約定穀或油之數額，即不再問其價格之漲落。[151]

　　贛南利息約分三種：（甲）種，利錢或利洋。例如，所借之本為錢，即其所算之利，亦以錢為限，又所借之本如為銀洋，則其所算之息亦以銀洋為限。質言之，即利與本同一種類也。（乙）種，穀利。無論其所借之本為銅錢，抑為銀幣，而借字內載明以田作抵者，則其利息往往約定為穀。（丙）種，油利。亦無論其所借之本系何種類，而借票內言明以梓山作押者，其利息又往往約定為油（即木梓油、茶油）。惟（甲）種利息，其清償之期或按月給付者，或照三節給付者，或扣至半年給付者，或扣滿一年給付者，均以契約為準（如約內言明每月幾分即須按月給付，如言明長年幾分，即扣滿一年之類是）。至（乙）、（丙）兩種利息，則以收穀、油之時為清償之期，既約定穀或油之數額，即不問其價格之漲落。如債務人用金錢代替之時，亦須按照油、穀之時價給付。故（甲）種利息謂為普通利息，（乙）、（丙）兩

151　《民事習慣調查報告錄》下冊，第三編《債權習慣》第十章《江西省關於債權習慣之報告》第一節，贛南各縣習慣・第三，利息。

種又謂為特定利息。[152]

　　普通人家放債，利息較商家為重，約自一分五釐起至三分不等，大略統計，二分或二分五者十之六，不及二分者十之二，滿三分者亦十之二。復有預扣利息者。又普通人家之放債，亦有如商家之滾利作本者，例如，利息約定半年一結，倘債務人屆期不付，則其所欠之利，即滾入母本內計算，但商家之利率輕，普通人家之利率重。若再滾利作本，則不滿二、三年，其利即可超過於本，故俗名為「繁息利」。[153]

　　而在贛南地區的布行業，民間借貸還存在著一種特別的習俗，還款期限一般為兩個月，之內不計算利息，如果借方在此期限內還款，則布行要按提前的天數計算利息補回給借方，如果借方超出期限還款，則布行按照延滯的天數向借方收取利息。

　　贛南布行，其計算利息慣例，與別種商業不同，賒買客（指布店言）之布，以六十天為收賬之期，期內不起利息，如買客到五十天償款，則布行應以每日行息六釐算給買客十

152　《民事習慣調查報告錄》下冊，第三編《債權習慣》第十章《江西省關於債權習慣之報告》第一節，贛南各縣習慣‧第十，利息種類。

153　《民事習慣調查報告錄》下冊，第三編《債權習慣》第十章《江西省關於債權習慣之報告》第六節，贛縣、南康、寧都等縣習慣‧利率。

天利息，如買客到四十天償款，則應算息二十天，餘可類推，如過六十天償款，亦以每日六釐起息算給布行，算至清償日為止。[154]

在於都縣，民間借貸還有一種形式，當借方在契約規定的時期內不能還清借款時，可以找人出面與出借方進行調停，由其代替原借方還款，得到出借方同意後，出借方與原借方簽訂款項還清契約，中間人分別與出借方、原借方簽訂新的借貸契約，確立其對於出借方的借貸人身分和對於原借方的出借人身分。這種形式在九江地區也為常見。

> 雩都縣民間慣例，凡借貸票據訂立以後，若債務者不能如期履行，則另挽第三者從中調停，名曰「承耽人」。例如，甲為債權者，乙為債務者，後乙不能履行債務，即挽丙向甲展緩，若甲允諾，則甲、乙間之權利義務，於表面上如若解除，由丙書立借票與甲，甲即書立收清字據與乙，乙與甲之借票，甲即轉付與丙。蓋丙之性質，對甲則立於債務者之地位，對乙則立於債權者之地位。此雩邑從來之習慣，鮮有異議者。[155]

---

154 吳桂辰等編：《中國商業習慣大全》第十二類《商事利類》。
155 《民事習慣調查報告錄》下冊，第三編《債權習慣》第十章《江西省關於債權習慣之報告》第二十九節，雩都縣習慣‧第二，承耽人之性質。

九江城鄉通行一種手票，為無記名債券之一，可以輾轉讓渡。例如，某甲對於某乙應給付金錢若干，因□時不能履行，即由某甲一方面出名，向某乙書立手票一紙，載明應給付之金錢額數及履行期間，並附記有無利息，交與債權人收執，手票上不列債權人之姓字名號，得以讓渡於第三者任意行使，此為九江城鄉習慣上最有信用力之票據。[156]

在南昌，民間借貸常以典鋪利息為準，因而在契約上常會書寫「照典行息」字樣，典鋪的利息基本是按月二分為率。另外，借方常需要以自有的不動產進行抵押，並在契約上注明，一般所抵押資產與所借貸數額相等，如果借方到期不能償還，則貸方有權對所抵押財產進行處置。

省垣各典鋪，其計算利息，概以按月二分為率，故民間錢債借貸，其借約上每書「照典行息」字樣，實即按月二分之意也。[157]

南昌鄉間習慣，如需銀錢應用，向人借貸，往往書立借約之外，另將所有不動產書立絕賣文契一紙為擔保，其賣契

---

156 《民事習慣調查報告錄》下冊，第三編《債權習慣》第十章《江西省關於債權習慣之報告》第十四節，九江縣習慣‧第三，手票得讓渡於第三者。

157 《民事習慣調查報告錄》下冊，第三編《債權習慣》第十章《江西省關於債權習慣之報告》第四節，省城習慣‧第三，照典行息。

與尋常所立之賣契無異，而所載價值亦與借貸之數目相符，惟於契尾月日之後，批有「此業口押，契賣以後，如拖欠借項，任憑押主裁契管業」等字樣。其不動產仍由原業主管有，至債務能依期清償，即將借約及賣契收回；倘有拖延情事，即由債權人裁去年月日後所批之字，認為完全賣契，實行管業。其間或有借貸數目與契價不符者，仍得由債務者請憑中證人估找價值。[158]

另外，在南昌，民國時期金融業成立了匯劃公所，對借貸事項進行了統一規劃，如規定每月還款分為兩次，一次為上半月的十五日，一次為下半月的月底（29日或30日）；民眾所借款項到期時必須還清，才能續借；利息計算主要以每千元為單位核算，利率以借款之日為準，期後不論利率是否變化均不變。

> 江西錢業各號，公同集合設立匯劃公所，訂立章程，凡各錢商之借款、放款者，皆入其團體，以圖活動。該公所逐日審視金融之盈絀，議定行情之高下，而其比息及日息等項，尤為銀根寬緊之關鍵，本會有鑑於此，特托劉會員向該公所調查，茲將該員調查關於比息之問答詳列於後。

158 《民事習慣調查報告錄》下冊，第三編《債權習慣》第十章《江西省關於債權習慣之報告》第十三節，南昌縣習慣‧第三，賣頭押尾之擔保契約。

第三章‧商業組織與商事習俗

問：比息是否不論何日，借款總以月之十五日及三十日為一定結算之期。例如初三日借款及十一日借款，是否皆須於月之十五日結賬，又過月之十五日無力清償，可否續借。

答：查比息結算，概照舊曆每月兩比，上半月以十五日為比期，下半月以月底比期，如大建月為三十日，小建月則為二十九日，無論何日借款，到比期均須照數清償，並無推諉，以重信用，至續借與否，則係另一問題，不得藉詞無力勉強續借。

問：每日公布之比息日息行情，其算法是否以本金一千元為單位，例如今日比息五角，日息二角，是否皆係指本金一千元言。

答：每日公布之比息日息行情，向來規定，均係以本金千元為標準，從無更易，例如比息五角，拆借二千元者，即須扣息一元，又如比息四元，拆借五百元者，只須扣息二元。蓋均以本金一千元為標準而計算也。

問：比息行情每日高低不同，是否以借貸日之一日行情推算，至結賬日為止，例如初六日借款，當日比息行情，係一元九角，初七日後，行情逐日不同，則結賬時，是否凡借款一千元者，加利一元九角，抑或將初六至十五日每日行情平均計算。

答：比息行情以借貸之日所公布者為定，不必逐日照加，亦無待平均計算，例如初六日借款，當日比息行情為一元九角，放款一千元者，只須交出九百九十八元一角，而借款者至月之十五日，即須還款一千元整，又如初六日比息行

情為一元九角，則其時距十五日之比期共有九日，以一元九角作為九日分拆，則日息當然即這二角一分零。

問：日息是否係每日當日結算，歸還本息，如不歸還，延至四五日後方歸者，其利息如何算法。

答：匯劃公所交易，每月均以兩比期為匯，並無借款一日二日者，如十三日借款，至十五日清償，或二十六日借款，至三十日清償，均係按照本比期比息結算，其所以逐日發公布日息之行情者，原係為對於各往來計算利率起見，即以備月終結算扯合月息之標準，至日息與比息或有高下，則全視市面銀根鬆緊為轉移。

在進賢縣，民間借貸較為流行的習俗是借貸雙方簽訂一份欠款票據，票據上注明還款期限和本息金額數，借方簽字畫押後交與出借方，到期時由其憑條收款，如果借方延期還款，不用支付違約金。

鄉民貸借金錢，往往不立債券，僅書包息憑票一紙。例如，甲向乙稱貸二百元，議息二分，償期一年，即連息預寫二百四十元，憑票載明到期年月，並自己署名簽押，交債權人收執。倘延不償，債權人執票訴追，如額即止，亦不另索違約金，或遲延利息也。[159]

在贛西北的萍鄉地區，民間借貸所簽訂的票據中記載的借款數額並不是如幾千幾百的金額數字，而是以幾掛幾比數字，一般一掛為八百文、一比為八十文。另外，契約票據用紙有白紙和紅紙兩種，其中紅紙一般是親朋好友之間的借貸，並無一定的償還期限，多用於求學、應試之費用。

自來借貸錢文，書立字據，其數目多用幾千幾百名稱，大抵皆然。而萍鄉縣鄉間習慣，凡書立借貸錢文字樣，往往用幾掛幾比，其數系以八成扣算，譬如，借錢十掛零五比，實則借八千四百文，餘可類推。[160]

萍鄉民間，普通債務者，對於債權人所書立之票據，均用白紙作成，其償還亦有一定期限。唯以紅紙作成之票據，情形與普通者不同，大約紅紙票之債權人，皆係債務者之至親好友，當告借之時，先已言明用途，並告以如達到該用途之目的，方可清償。其清償期間並無一定，而債權人亦明知其能否清償，尚在不可知之數，以礙於情面，不能拒絕，遂不得不受其紅紙票，以俟其或能償還之機會。此種債務人多係學界中之寒士，或因求學而籌學費，或因應試而缺川資，

省關於債權習慣之報告》第二十三節，進賢縣習慣·第二，包息憑票。

160 《民事習慣調查報告錄》下冊，第三編《債權習慣》第十章《江西省關於債權習慣之報告》第二十節，萍鄉縣習慣·第一，借約上千百二字改用掛比字樣。

遂不得不向親友處作是舉耳。[161]

在贛東的玉山縣，有一種借貸票據稱之為「興隆票」，指的是借款人對所借款短期內無力償還而與出租方所簽訂的一種契約，規定其有能力支付時再予償還，但並不加款，由於情形較為特殊，在當地並不多見。另外，民間借貸銀洋常約定以穀物支還，稱之為「放利穀」，支付的穀物一般包含了銀洋的利息在內，大約借款一元則需還穀一石，也有五元折算四石的，在當年秋收後借款的約定至下年秋收時還，而在當年秋收前借款的則一般約定在本年秋收後支還。這種用穀物支付的借貸形式在金溪縣也為常見。

> 玉山習慣，有訂立所謂興隆票契約者，此因債務人所擔負給付之債額無力償還，債權人既不願拋棄其權利，又不使債務人即時免除義務，遂允可令債務人書立票據一紙，載明所欠之數若干，俟其財力充裕時，再行歸還等情，稱之曰「興隆票」。此項債權契約，效力雖屬久遠，然非待債務人有力充償之日，不能過問，頗足以減少訴訟上無謂之爭端。第是債務人，確係困頓無力清償，又每不易得債權人之同

161　《民事習慣調查報告錄》下冊，第三編《債權習慣》第十章《江西省關於債權習慣之報告》第二十節，萍鄉縣習慣・第八，紅紙票。

意，故玉山雖有此種習慣，尚不甚多也。[162]

　　民間借貸款項，多有約期以穀計算者，名曰「放利穀」。譬如，某甲向某乙商借洋元，言明每借得大洋一元，將來交納乾穀一石，當某乙交款之日，某甲即須書立票據一紙（票之方式，如憑票，即付乾穀若乾石正，於明年秋收之日，交至某姓倉前過收，不得有誤。此據。某年月日，立票人某某押），並不計及利息，蓋以本息合並，估作穀價，以為標準也。論穀價一石，固不止值洋一元，而此一元之本，自借貸之日起，至清算之日止，並計利息，當為一元有奇。往日秋收時，市價每洋一元可購得乾穀八、九斗不等，故此種借款，恆以洋一元放利穀一石為標準。近日穀價較漲，不無變更，每以洋五元放利穀四石，或有以洋四元、三元放三石、二石者，內容雖有參差，均出兩相情願，然欲如往日之以洋一元放利穀一石，則不可得矣。又此項借債，多發生於本年秋收之後、年節之前，間亦有在本年春夏之交、麥秋之前者。在秋收後者，票據則書：於明年秋收之日交穀；其在麥秋前者，票據則書：於本年秋收之日交穀。債權人對於此項債務，不曰該款，而曰該利穀，其借貸不曰貸款，而曰放利穀。[163]

162　《民事習慣調查報告錄》下冊，第三編《債權習慣》第十章《江西省關於債權習慣之報告》第二十二節，玉山縣習慣・第三，興隆票。

163　《民事習慣調查報告錄》下冊，第三編《債權習慣》第十章《江西省關於債權習慣之報告》第二十二節，玉山縣習慣・第八，放利穀。

金溪係產穀區，民間借貸款項，往往由借戶向貸主領取金錢若乾，議明每年納穀若乾，並不如買賣田畝者之指定丘數分釐，只定納穀之石斗而已。此種情形，實與贛南習慣所謂化利穀、玉山習慣所謂放利穀者大致相同。[164]

在樂安縣，商店銷售商品發生的借貸，一般以年終為支付期間，如果借方在年終不能支付而延至第二年甚至數年支還的，在延滯期內不計算利息，即以原所欠款額為準。如果店主將店轉給他人，一般需要打折計算，但是賒賬人所欠的款項不能打折，仍以原來所欠款額支還。

　　凡向商店買貨賒賬，多以年終結算為清償期間，至年終不能清償，而延至次年或二三年後始行清償者，不能加算利息。若原商店主人將營業及外欠舊賬頂讓他人，只可作二三成或四五成折頂，而欠戶對於後之頂店人，亦須如數償還原欠，不能以頂賬折成數與頂受人對抗，但欠戶仍不負算償利息之責任也。[165]

江西各地方志中記載了許多商人借貸的情形，如新城縣饒大

164 《民事習慣調查報告錄》下冊，第三編《債權習慣》第十章《江西省關於債權習慣之報告》第二十五節，金溪縣習慣·第二，貸錢納穀。

165 吳桂辰等編：《中國商業習慣大全》第十類《商業賬簿》。

俊因賈致富，曾貸給某布行「金數百」[166]，同邑鄧兆齡貸給同鄉黃某三百緡，「越歲，信杳。他日，遇之途，稔知為舟覆資傾狀。復予以金。不數月，（黃）獲利倍息而歸」[167]；南昌縣萬維佐「少貧讀書，無以資館穀。乃棄去，入市肆，從人假百金貿易」[168]，贛縣郭廷佐向親戚借得白金五十兩，購貨貿易。[169]其甚者如奉新岳正光，父母雙亡，家貧「至不能舉火，乃棄舉業，向筆肆貸筆十管，售錢數十文」，從此開始了他的經商生涯。

除了江西各地的民間借貸習俗外，隨著江西商人經商全國各地，也在不同地區形成了相關的借貸習俗。

如在雲南地區，明成化初期該省姚安府有江西安福、浙江龍游等地客商不下三五萬人，遍於城市鄉村。這些商人進行了大量的借貸活動，其中尤以高利貸借貸最為盛行。史載：「遍處城市、鄉村、屯堡安歇，生放錢債，利上生利。收債米穀，賤買貴賣」[170]。時人艾南英曾對此進行了詳細記載：

其放也，每一金輕三、四分；其收也，每一金昂三、四分，其放以晦日，即以晦日為一月；其收以朔日，即以朔日為一月，其受當也，首飾衣物直一金者，止當五錢。當十月

166　同治《建昌府志》卷八《善士》。
167　同治《新城縣志》卷十《善士》。
168　同治《南昌府志》卷四十八《國朝孝友》。
169　同治《贛州府志》卷五十六《善行》。
170　（明）戴金編：《皇明條法事類纂》卷十二《雲南按察司查究江西等處客人朵住地方生事例》，科學出版社 2004 年版。

不贖，即取原物毀賣，是以十月而收合倍之息矣。其書質券也，雖重錦例書破舊，雖赤金例書低淡。即於書券之時，預付將來毀賣，以杜其人告官之端。[171]

鄧州名士李賢曾對江西商人在當地放債的情況感嘆說：

> 吾鄉地廣土肥，民亦竭力其中，而卒無千石之富者，何也？豈上之人侵漁，或下之俗侈靡邪？已而覘之，蓋非二者之弊，乃賈人斂之耳。吾鄉之民，朴純少慮，善農而不善賈，唯不善賈而四方之賈人歸焉，西江來者尤眾。豈自徒善賈，譎而且智。於是，吾人為其勞力而不知也。方春之初，則曉於眾曰：吾有新麥之錢，用者，於我平取之。方夏之初，則白於市曰：吾有新穀之錢，乏者，於我平取之。凡地之所種者，賈人莫不預時而散息錢，其為利也，不啻倍蓰。奈何，吾人略不計焉。一有婚喪慶會之用，輒因其便而取之，逮乎西成，未及入囷，賈人已如數而斂之。由是，終歲勤動，其所獲者，盡為賈人所有矣。」[172]

江西商人在湖北地區也活動頻繁，借貸活動較為常見：

171 （明）艾南英：《天傭子集》卷六《三上蔡太尊論戰守事宜書》。

172 （明）李賢：《古穰集》卷九《說‧吾鄉說》，轉引自（日）藤井宏《新安商人的研究》，《東洋學報》1953-1954 年第 36 卷第 1-4 期。

地多異省之民，而江右為最。商游工作者，賃田以耕，傭居以居，歲久漸為土著，而土著小民恆以賦役繁重，為之稱貸倍息以償之，質以田宅，久即為其所有。[173]

江西商人的高利貸活動遍及西南地區和廣東等地，且利息較大，成為商業資本的主要來源之一。如崇仁縣商人謝廷思經商於蜀、楚、閩、廣間，二十年中資累巨萬，「捐貲四千緡以貸商，約三歲，息千緡」[174]。明人王士性記載說：「滇雲地曠人稀，非江右商賈僑居之則不成其地」[175]，而又以江西撫州商人為最多，其「借貸求息者，常子大於母，不則亦本息等，無錙銖敢通也」[176]。

在廣東地區，江西商人也挾資而入，以放貸為生，其中以吉安人為多。

豫章人挾子母錢，入虔入粵，逐什一之利，趾相錯也。[177]

吉郡土薄齒繁，慮走四方為生，然多下賈……吳公香山則計然之遺焉……代父收債於粵……君之金錢布嶺海間矣。

---

173 萬曆《承天府志》卷六《風俗志·鐘祥縣》。
174 同治《撫州府志》卷六十八《善士》。
175 （明）王士性《廣志繹》卷五《西南諸省》，第112頁。
176 （明）李維楨《劉處士墓志銘》，《大泌山房集》卷八十七《四庫全書存目叢書·集部一五三》，齊魯書社1997年版。
177 （明）郭子章《郭青螺遺書》卷十二《山溪白溪石塘三橋碑記》。

歸則以其術施之家，施之鄉。[178]

　　總之，江西民間借貸情況體現出以下幾個特徵：第一，借貸主要在同鄉、族鄰及親友間進行。一般家族有「公置產業」，儲備「生息資」，專門貸予族內子弟，利息則用於修葺祖塋宗祠、興辦族塾、撰修族譜等。如瑞金縣「每姓必建立祠堂，以安先祖。每祠必公置產業，以供祭祀，名曰公堂。其公堂，合族公舉一、二人司其出入，四時祭祀外，有贏餘則惠及族之鰥寡孤獨，量給養贍，子姓有登科甲入鄉校者，給與花紅赴試，助以資斧，略仿范文正（仲淹）公義田之意」[179]。南昌劉起教家「本巨族，族有生息資，為建支祖祠計」[180]。

　　第二，民間借貸發生時一般立有文契，並有中人作證和抵押財產等，講究借貸信譽，到期還本付息。還貸時須交驗勘合雙方文契，如有逾期違契拖欠者，則收取違約金，可告官追繳。如萬安戴承霖「自蜀扶父柩歸，過武昌，聞故友楊越芳負商銀數百兩，官追嚴急，即傾父遺財代還」[181]。關於江西商人借貸活動的法律保護問題，《皇明條法事類纂》卷三十八《聽訟回避》有一則材料頗為典型：

178　（明）羅大紘：《紫原文集》卷五《序·吳香山姻丈七十序》，《四庫禁毀書叢刊》集部139，北京出版社2000年版。

179　同治《南昌府志》卷四十八《國朝孝友》。

180　道光《瑞金縣志》卷一《風俗》。

181　同治《萬安縣志》卷一十四《善行》。

天順二年（1458），刑部奏准「今後江西客人在湖廣等處買賣生理，有因負久錢債等情應許告理者，止於所在官司陳告，即與准理。若不候歸結，輒便赴上司及來京訴告者，一體依律問罪。重則照依見行所告詞訟，不問虛實，俱各立案不行……若有倚勢刁潑，添捏重情並不干己事，募越赴京奏有，一體依律問罪，斷發原籍當差，所告情詞，不問虛實，俱各照例立案不行」。[182]

第三，民間借貸利息計算分為複利息和單利息兩種，前者也稱之為「字母錢」、「繁利息」等，利息較高，屬於高利貸性質。除此外，借貸年息一般不超過百分之十，貸息較輕。

三、商業行規與禁忌

在長期的發展過程中，江西各地區的不同商業之間形成了風格各異的商業習俗。這些商業習俗既保護了商家的利益，也維護了市場秩序，成為限制和規範商業發展的非制度性因素。

（一）商業行規

行規是舊時行幫根據各自的需要而訂出的規矩。行幫既多，各行各業的規約也就多。有些規約有文字記載，有的則屬口頭商定，約定成俗。

182　（明）戴金編：《皇明條法事類纂》卷三十八《聽訟回避》。

行規中有的是同一行業內的限定，有的是同行之間以及此行與彼行的限定。其目的都是各行幫為保護自身利益，維護市場秩序，保證公平競爭等。各地區各商行形成了眾多的商業行規。

　　如在贛縣，商業當中曾經形成了一系列的習俗：

　　　　贛縣商業，頗稱繁盛。凡開同樣之商店，或經營同類之工商業者，即引為同幫，又稱為同行，每行必有行規，且同一行中，店主（即老板）與工作（即司務）又微有不同，故於同行之中，復分為某某社，每社又另有行規，然究其所以立行規之本意，無非約束本行同志，不許與他行自由買賣，則權利可以壟斷，或排擠外行之人，使不得經營同行事業，則生意可以把持而已，自中外通商以來，贛縣雖深居腹地，而貿易自由之風日盛，於是內行與外行爭，彼行與此行爭，甚至同一行中，甲社與乙社爭，一社中甲派與乙派爭，而昔日所議之行規，逐不克維持之矣。**183**

　　江西製瓷業以景德鎮最為典型，當地行規眾多，形式複雜，在不同的環節有所不同。這些行規，不僅從側面反映了景德鎮瓷器業生產和貿易的發展過程，而且也是江西製瓷行業中商業行規的最有力體現。隨著各種行規日趨完善，它已成為調整、管理瓷業行會內部事物的習慣法，成為維護團體共同利益的一種機制。

同業之商店或經營同樣之商業，都必須有同行公議之行規約束之。瓷商行業的行規，則主要是關於同業關係、銷售限制和經營管理以及開設鋪坊地點等方面的規定。

> 凡屬同業之商店或經營同樣之商業，苟無同行公議之行規以拘束之，勢必擾亂營業，使多數人受少數人之影響。但議定行規，必須持以正義，關於商人之道德、商人之信用等，加以保障。至壟斷市面、排擠外幫，大可不必。蓋營業全在經營之人，憑道德信用去做，營業自然發達，反此，縱有把持之行規，亦屬無濟於事。行規之訂立，所以使同行有所遵守，其訂立及修改，依習慣上應呈報該管官廳備案，萬一同行違背行規，生訟事，法庭始可依據行規為之裁判。[184]

在江西藥業中，以樟樹、建昌藥業為代表，當地藥幫中存在著許多行規。首先是用人的幫規。樟幫各藥材行、號、店、莊都不准招收非臨（江）、豐（城）籍的人做學徒，也不准雇請非臨、豐籍的人做伙計。

其次是對樟幫成員約束的幫規。在樟幫內部，無論先生、伙計、徒弟，都不准賭博、嫖妓、偷盜、抽鴉片，不准挪用客款、挪售客貨，不准攜帶家眷（清末以後漸鬆），不准與當地婦女結

184　《中國商業習慣大全·商人通例》，第一章《商人》，第十三類·同行營業之限制，民國三年三月三日。

婚。如有不良行為，即行扣押被服行李，經公議後予以開除，並通報全行業，永不錄用。

還有藥材交易上的幫規。樟幫講究信譽，在交易上不瞞秤、不吃價，不短斤少兩，也不貼秤、貼價、貼行傭。他們曾盟誓：「公平交易，遠近無欺；如有瞞秤、吃價，永世不昌。」交易上的幫規還有一條：不論品種，不論數量，凡藥材成交，必得通過藥行。傭金只收賣主一方，買方不負擔任何手續費。違者，與買賣雙方斷絕交易關係。

最後是藥幫帶徒弟的幫規。由於樟幫收帶學徒不帶外人，所以學徒與老板（師父）之間大多沾親帶故。儘管如此，幫規依然很嚴。學徒一般要三年出師，不滿三年不准回家。在學徒契約中明文規定：「如有走南逃北，與店無涉；如有虧空，薦主負責。」學徒期間，師父提供食宿，每年還付給學徒三吊零花錢。學徒須做到三穩：身穩、手穩、口穩，即不嫖不賭、不偷不盜、不多嘴多舌。學徒工作繁重，除洗藥、切藥、收、曬藥材外，還需做大量家務勞動，如上、下店門、挑水、掃地、磨刀、幫廚等，晚上還得打紙媒（備吸煙點火之用）、去麥冬芯（用牙齒或工具抽去麥冬內芯）。舊時藥店多敬奉財神趙公元帥、藥王孫真人、觀音大士等三尊菩薩，徒弟須每日早晚裝香敬神。師父告誡學徒：「清晨早起要思量，爽快穿衣急下床，抹鍋洗灶宜潔淨，洗面裝香敬藥王。」

學徒也需背讀《藥性賦》、《湯頭口訣》，兼習珠算。更多的藥行知識，多為實踐經驗，由師父口傳心授。炮製中藥時，徒弟動手，師父指導。學徒滿三年後，一般還須「謝師」一年，繼續

幫助師父處理藥務，工資由師父定。一年之後，學徒方可自行開業。

上述幫規，執行時極其嚴格，有如藥幫的法規；若想吃穩「藥飯」，必須遵守幫規。即使是家財萬貫的老板，如有違犯幫規之處，也將遭到攻擊和懲處，並被同行人鄙之為「賣飯碗」。[185]二〇〇八年六月，樟樹藥俗被列入第一批國家非物質文化遺產擴展項目名錄。

建昌藥界的幫規戒律，雖不見文字，但幾百年來自成規矩。如帶徒只帶南城籍（新中國成立後廢止），如有違背，立受排擠，落到「買不到藥賣不出藥」的困境，直到破產或倒閉。在外遇到落難或無業同鄉，店號均有招待三天吃住、給工作或介紹工作的規矩，離店時還給些盤纏（路費）。師帶徒一律口傳心授，無本本相傳，以防洩密。一些有特色的飲片的炮製（如煨附子等），視為幫內絕技，僅在南城、南豐少數幾個地方製作，直至新中國成立後才逐步公開。各類人員按等級分工，職責明確，不得隨便越級幹活，連棧、店內各級人員座椅的擺放、用膳座位次序都有一定布置，不得隨便亂搬亂坐。各店徒工不得互相串門，見面也不得洩漏技術經濟秘密。每年正月初三謝年時，老板請酒，總結上年工作，布置新的一年業務，席間排座次的方法顯示人員的去留。被排上座的即是新的一年要解雇的。學徒有「三年

---

185 余悅、吳麗躍主編：《江西民俗文化敘論》，第五章《樟樹藥俗：民族醫藥輝煌史》，第 174-189 頁。

徒弟，一年幫做」的規矩，出師後命薪留店工作一年之後，去留聽便。這些幫規戒律，在一定程度上阻礙了藥業的擴大和藥技交流，但又使建昌幫藥界一直保留了濃厚的南方藥幫特色，並在流傳地域內一直處壟斷地位。

江西製茶業中也存在著許多行規，一九九一年在著名的茶葉製作地——婺源縣清華鎮洪村發現了一塊鑲嵌在該村祠堂牆中的清代道光四年（1824）所刻立的「公議茶規」石碑，碑長一三〇釐米，寬六十釐米，碑文記載了當時全村茶農就茶葉流通所制定的村規民約，原文如下：

> 同村公議，演戲勒石，釘公秤兩把，硬釘貳拾兩。凡買松蘿茶客入村，任客投主入祠校秤，一字平稱，貨價高低公品公賣，務要前後如一。凡主家買賣客，毋得私情背賣。如有背賣，查出罰通宵戲一台，銀五兩入祠，決不徇情輕貸，倘有強橫不遵者，仍要倍罰無異。買茶客入村後，銀色言明，開秤無論好歹，俱要掃收，不能蒂存。[186]

這種村規民約，反映了當時的婺源茶葉貿易中對誠信經營、以義為利的追求，在當時的條件下促進了茶葉的買賣，推動了當地茶葉貿易的發展。

此外，各地民間商品買賣交易過程中也存在著一些規定習

---

186 陳愛中：《清代婺源茶商管窺》，《農業考古》1994年第4期。

俗。如廣昌、東鄉縣自明清以來，當地豬牛牙行或商號、手工業作坊逐步形成不成文的行規、店規，沿用至民國末年。

（廣昌）豬牛牙行是牲畜市場交易中介。牲畜買賣成交後，買方若對牲畜健康狀況不放心，可要求實行「保六畜」。牙行居中調停，登記備案。六天之內，若牲畜發病，可隨時退還賣主；如果六天中牲畜健康無恙，買方應在第七天內付清價款，彼此恪守信用。民間通過「保六畜」杜絕不法商人出售病畜坑害顧客的惡劣行為，控制畜疫傳播。

農民賣牲畜不賣韁繩，縱然是親友之間交易也不願以繩相贈。故買牛馬者要自備韁繩。[187]

（東鄉）買賣耕牛，舊俗頗有講求。買牛戶選中膘肥體壯的牛以後，必用紅布或紅頭繩繫在牛角上，中間扣上一枚「大通元寶」，以祈吉祥。賣牛戶將牛賣出後，絕不連同牛繩交付買方，以示自家續養耕牛興旺發達。

買賣生豬，俗有生豬上市出售，賣主要對買主包墟的習慣，即這一墟到下墟的三天時間內，生豬發病甚至死亡，經及時通報，賣主負責退回全部貨款。[188]

187　《廣昌縣志》卷三十二《宗教、風俗》，第十章《其他風俗》第一節，行（店）規，上海社會科學院出版社 1994 年版。

188　《東鄉縣志》第二十三編《風俗志》第一章《習俗》第四節，生產習俗。

在贛縣，清代民間布衣行業較為發達，為了維護本行業市場秩序，曾先後在咸豐四年由錦衣行和光緒三十二年由錦認行頒布實施了一系列行規，具體如下：

　　錦衣行公議（咸豐四年三月）：一、公議各店出貨，務明目標價，不得私行加貫，互相攙掇，如源泰永泰二店，私將宏泰店所出南康益典之貨，原已定價，未曾出完者，不顧同行，私行加貫，今已罰出錢陸拾千文，演戲敬神，餘存本行生息。二、公議大小各典出貨之事，以本行如不合意者，另召別店，原店各分一半，務須問明上手，照原價讓加一貫，方可交易，決不寬饒，各宜遵守毋違。[189]

　　錦認行重整條規（光緒三十二年三月）：一、公議各店出貨與大小質鋪，向有賓主交易，同行不准攙掇，因光緒初年亂章，行中逐年受累，近年又有鹵莽之徒，強爭蝸角，雖以解釋，累及同行，茲特邀同儕公行議允，重整舊規，自今以後，守望相助，協力相扶，互相遵守，不准私行加貫，如敢故違，一經查出，每出大小典貨，罰錢三六拾吊文，至少者將貨充公，存公敬神，罰後其貨仍歸原賓主所出，無得爭論。二、公議同分典貨者，其字號貫利，務須公定，不准私談，違者罰錢參拾吊文。三、公議質鋪往來賓主，倘有嫌隙

---

189 《中國商業習慣大全・商人通例》第一章《商人》第十四類・商業行規，民國三年三月三日。

不合者，其字號定出別家，然誼屬同行，何忍坐觀成敗，勢必照原盤減讓，加一貫利，至少五釐，方右承受，原店仍要均分，違者公罰。四、公議同行存貨多，不能暢銷者，其字號分讓別家，然需貨務須問明上手向來章程，方可得受，否則照依私自加貫者，一律公罰。五、公議櫃而攜來之貨，以及往來客商公館鋪戶，有貨批賣者，務須問明上手來歷清白，方可承買，無論先後看過，願者一律均分。六、公議新開大小典鋪之貨，滿牌後先盡未有典貨者，議價，限三個月內議定，如過不妥，任憑別家互相交易，不得爭論，亦不准私行押櫃，違者重罰。七、公議各號貨少者，向本社內貨多者現錢分銷，無拘大小典之貨，除費用照本貫前半年外加紅利五釐，後半年加紅息一分，始終如一，無論每月，盡可將衣包貫分，違者公罰。八、公議向出大典者，原以大貨為主，然其中兼出小押者，乃系賓主相契，不忍遽捐，茲擬將小押貨貫與同社未出小押者分勻售銷，俾免同行有貨有餘不足之嘆，所有分貨章程，照原本貫另加五釐，其字號有無賬期數家合貫者，照期宜立聯號票據，至期一家欠多少聯票者，眾賠，自後無得爭論，違者分罰。九、公議同出大小典之貨，無拘現盤賬期，數家同分，誠恐有一誤期欠少勢必填補質鋪，該號周年本息，歸清數家，其貨照原分配，無得爭論，違者分罰。[190]

190 《中國商業習慣大全·商人通例》第一章《商人》第十四類·商業

在江西牙行業中也存在著一系列的行規：

（進賢）進邑牙行有公私之別，公牙領帖設行，代過客買賣貨物，抽取傭錢，本屬商業之一種，私牙則人皆可充，既不遵繳帖費，亦無一定營業地點，日持度量，蹀躞市廛，以供鄉人交易之媒介，雖斗米尺布之微，亦必居間博取蠅利，迭經官廳嚴密限締，而行之者，仍自若也。

（贛縣）牙行代客賣買，應代付貨價，即買主無力償還時，牙行亦應負完全責任，緣賣客只知將交行，行中賣給於何人，賣客均不過問，是以應歸牙行負責，其有出賣時，經牙行向賣客說明買主姓名或牌號，得賣客允可以後交貨者，日後買主不償貨價，則牙行僅負幫同催討之責，不能為之代償也。[191]

在萍鄉等地，商品買賣發生後，在貨物未交給買主前，賣主負有保管責任：

萍鄉商家，凡買賣貨物者，其未交付貨物之前，所有保管責任均由賣主負之，例如張甲向李乙買若干貨物，議定價

行規，民國三年三月三日。

[191] 《中國商業習慣大全・商人通例》第一章《商人》第十七類・牙行業之習慣，民國三年三月三日。

目，由李乙書立議單，交與張甲收執，張甲即將價銀交付，然後無論何時起貨，李乙應負責保管貨物之完全責任，又如買牲畜小物或落簿或交定錢，議定後賣主即代為保管。[192]

（二）商業信仰與禁忌

在長期的社會發展過程中，江西地區商品經濟不斷得到發展，人們的商品經濟觀念、商業活動及商業組織也從人們信仰的角度體現出來。在各地區，與財富相關的信仰禁忌風俗和各類商業神的崇拜活動比較盛行。

1. 商業信仰。江西各地區的商業信仰內容豐富，類型多樣，對本地區商業的發展產生了重要影響。不同行業的人們存在著相同性的信仰習俗，但更多的是體現出行業性差異。

（1）財神信仰。民間存在著許多奉祭財神的活動，主要是在年節時期進行。在吉安等地，古時將正月十六到二月初一稱為「下元宵」，人們在這些日子裡會繼續舉行「元宵」期間的一些活動儀式，稱為「鬧下元宵」。鄉村多有賽神會宴，裡人用彩色畫紙船，請道士晝夜唱禳災納福之詞。日午，抬著福主、財神菩薩，舉著彩旗，敲鑼打鼓，走村遊街；晚上，點鱉魚燈，至月終才結束。在貴溪等地，過去店鋪都立有「財神爺」神位，每逢初一、十五上香拜祭。

192　《中國商業習慣大全·商人通例》第一章《商人》第二十二類·雜俎，民國三年三月三日。

（吉安）「元宵」，城內外張燈作樂，無甚麗巧。十六日後，賽神會宴，彩色畫紙船，里中人晝夜唱禳災集福之詞。日午，舁裡神揚旗搊鼓遊於街衢。夜則有鰲燈，剪彩鏤刻，頗工致。燈火燭天，月盡乃止，然有以此爭毆致訟者。明正德時，王守仁知廬陵，約法盡戢，百姓安堵。[193]

（貴溪）舊時開設店鋪經商，店戶立有「財神爺」神位，逢初一、十五上香膜拜，祈求「招財進寶，生意興隆」。新店擇日開業，稱「開張」，店門掛「開張大吉」橫幅，點紅燭、放鞭炮以示吉祥；商友、親戚送禮慶賀，店主設宴招待，並有開張後三天內降價賣貨之俗。[194]

（2）行業神信仰。行業神崇拜是神靈崇拜隨著社會分工和行業的發生、發展，以及行業觀在人們頭腦中確立而出現的。每個行業都有自己的祖師或行業神。

（修水）縣城主要手工業行會有：金、銀、銅、鐵、錫的老君會，石、木、泥、礱、篾、機的魯班會，縫紉、紡織、彈花編紮的軒轅會，還有鞋業孫祖會，理髮業羅祖會，刊刻業文昌會、裝裱業黎祖會、柴香業福主會，油漆業漆寶

---

193 民國《廬陵縣志》卷四《疆域志·風俗》，民國九年（1920）刊本。
194 《貴溪縣志》卷二十八《風俗》第四章《生產習俗》，中國科學技術出版社 1996 年版。

會，度量衡三皇會等。[195]

其中老君、魯班、軒轅、孫祖、羅祖、文昌、黎祖、福主、漆寶、三皇均為不同行業的祖先。

（廣昌）清代，各行業於夏曆每月朔望之日祭祀祖師、趙公明元帥，祭畢分吃「祭肉」，名曰「打牙祭」。[196]

（贛縣）舊曆正月初二日，商人必殺雞祭神廟，曰「起牙」。此後，初二、十六兩日，號為「牙祭」。店主應具酒肉，以勞店員。故正月初二日曰「起牙」，一歲牙祭之始也。十二月十六日曰「圓牙」，一歲牙祭之終也。[197]

在江西商業領域中，對許遜的崇拜是最為普遍的行業信仰，並通過萬壽宮廟宇系統表現。

萬壽宮最初是中國道教重要分支——淨明道教的主要活動場所，為紀念江西的地方保護神——俗稱「福主」的許真君而建。許真君，原名許遜，字敬元。東漢末，其父許蕭從河南避亂來南昌。許遜精通天文、曆算、陰陽之學，尤其愛好神仙修煉之術，

195　《修水縣志》卷三十四《風俗習慣》第一章《生產習俗》，第三節，手工業生產習俗，深圳海天出版社 1991 年版。

196　《廣昌縣志》卷三十二《宗教風俗》第十章《其他習俗》第一節《行（店）規》。

197　民國《贛縣新志稿》，民國二十八年（1939）刊本。

曾任東晉四川旌陽（今德陽）縣令，為官清廉，深受百姓愛戴。晚年後棄官回到西山，正值江西洪水泛濫，百姓深受其苦。許遜不顧高齡，毅然帶領百姓抵抗洪災，治理洪水，於是被民眾奉祀為法力無邊的治水神仙，各地也流傳著許多真君治水的神話故事。為了感謝許真君的恩德，當地鄉鄰和他的族孫在西山和南昌城區分別建「許仙祠」和「旌陽祠」紀念，後來演變成「西山萬壽宮」和「南昌萬壽宮」。

明清時期，隨著商品經濟的發展，在江西形成了依托贛江水系，輻射全國的商業網絡，江右商幫「北賈汝、宛、徐、邠、鄂，西賈韶、夏、夔、巫、黔、沔，南賈蒼梧、桂林、柳州」。所至之處，修建萬壽宮，祈求真君庇護。萬壽宮就逐漸成為江西人朝拜、集會和活動的場所。南昌鐵柱萬壽宮演變而成宮觀加會館的結合物，成為「遍中國十八省」上千所會館性質的「萬壽宮」的總部。[198]

江西贛南地區是淨明道教傳播信仰的重要地域之一。萬壽宮在贛南各縣有廣泛分布，承載著客家人對許遜真君的信仰與敬奉，其中最為著名的是位於於都縣葛坳鎮大田村的黃屋乾萬壽宮，史料記載：

　　　　該宮始建年代不詳，清康熙、咸豐年間兩次重修，坐南

198　王東林：《「鐵柱」、「玉隆」關係考辨——談鐵柱萬壽宮的祖庭地位》，《江西社會科學》2001 年第 5 期。

朝北，石門樓呈八字形，用紅麻石石條拼砌而成，為三間四柱二簷建築形式，寬六米，高七點一米。頂部裝飾有正獸和兩個龍首魚尾正吻。門面以許真君智擒孽龍為主要題材，組畫人物、花卉、盆景等浮雕圖案，匾額萬壽宮和楹聯均係陰刻正楷。整個浮雕刻工精細，刀筆流暢，線條紋飾清晰分明，人物刻畫栩栩如生，在全縣古建築中別具一格。[199]

除本省各地區外，江西商幫的足跡還遍及雲南、貴州、廣東、四川、江蘇、浙江、北京、河北等地。以貴州為例，石阡地區是江西商幫到達的最為普及地。石阡處於烏江和沅江兩大水系之間，明清時期「南通巴蜀，北接荊楚江南」，是全國商道要津。江右商幫就是在這種大的歷史背景下進入石阡的，他們中的許多人在石阡定居下來繁衍生息。據學者對石阡縣域內的踏訪，有七成以上的石阡人均自稱來自江西。[200]

石阡縣保存著明代時期修建的全國現存規模最大的萬壽宮古建築群，現為全國重點文物保護單位。石阡萬壽宮始建於明萬曆十六年（1588），時稱「水府閣」，至康熙年間更名為萬壽宮，稱為「豫章合省會館」；乾隆三十二年（1767），由江西茶商左成憲捐資重修，一直延承至今。該宮建築宏偉，大門內配牌樓式

199　於都縣志委員會編：《於都縣志》卷二十一《文物勝跡》第一章《文物》第五節，革命舊址，北京新華出版社 1991 年版。

200　陳廷龍：《茶商左成憲與「國保」石阡萬壽宮》，《茶世界》2009 年第 11 期。

小殿，小殿左接戲樓左翼長廊；右接三宮——聖帝宮、正殿、紫雲宮。戲樓正面立柱二根，含隸書對聯：「束帶整裝，儼然君臣父子；停鑼息鼓，准是兒女夫妻」；兩側配柱亦具對聯一副，曰：「從南撫臨瑞吉以來遊萃五府於茲為盛；合生旦淨末丑而作戲少一個便不足觀」。[201]從中不僅反映了明清時期江西南昌、撫州、臨江、瑞州、吉安五府民眾遷居當地的狀況，而且也展示出萬壽宮已成為聯繫江西商人的精神紐帶。

> 萬壽宮在城北門外。明末建。清乾隆三年，知府杜裡重修。先是雍正十三年，知府趙之坦庀材興工，閱四載乃告竣。按：萬壽宮規模閣大，由舉人左維祥之父成憲，前販四川，再往江南，數年致大富。歸籌巨款生息，諒可大加振興。復往江南繪圖，以曾見江南會館之壯麗也。後依圖改修，數年監視，辛苦聿觀厥成。耳目一新，人皆稱羨，遂遺留至今。此彼館中最不可忘者也。[202]

江西商人宗教文化中最突出的就是「朝拜」真君活動，萬壽宮定期舉行「朝拜」（也稱祭神）活動，「朝拜」活動儘管因地區差別有所不同，有的是由當地最大的萬壽宮統一舉辦，也有各

---

201 陳政：《府城石阡萬壽宮》，《貴州文史叢刊》2004 年第 2 期。
202 民國《石阡縣志》，轉引自陳廷龍《茶商左成憲與「國保」石阡萬壽宮》，《茶世界》2009 年第 11 期。

行業、各姓氏分別舉辦，但在時間上是一致的，是在農曆八月初一至十五。「朝拜」活動是每個萬壽宮在一年中最大也是最隆重的一次活動。「朝拜」真君期間，各地江右商人都會以萬壽宮為舞台，捐款集資，迎請戲班子來萬壽宮進行匯演，農曆八月正是秋高氣爽的季節，農民們的農活也告一段落了，在最為熱鬧的商業街演出農民們喜愛觀看的戲劇，而且是免費的，當地的老百姓紛紛前來觀看。年年如此，已經形成了江右商人所在地萬壽宮的一大特色。

　　除舉行「朝拜」活動外，還有另外一些祭神祭祖活動也在萬壽宮內進行，如清明節的燒紙義祭，中元節（習稱七月半）的「打醮度孤」，冬至和過年的祭祖等。萬壽宮定期舉行同鄉認可的祭祀活動。活動的時間和唱戲等安排都由萬壽宮的會首和當地江右商董事們共同商量決定，活動地點一般都在萬壽宮進行。如每年正月二十八真君誕辰日、每年按期祀奉許真君之外，農曆二月十九日觀音菩薩生日、六月十九日觀音菩薩成道日、八月初一至十五的「朝拜」真君儀式，九月十九日觀音菩薩出家日等時間都有活動安排。[203]

　　民間信仰的神靈被作為商業組織正常運作的一個保障機制，具有諸多功能。江西商人的萬壽宮許真君崇拜具有維護社會經濟秩序的功能。如修水、新城的萬壽宮就是如此：

203　陳立立：《江右商與萬壽宮》，《江西科技師範學院學報》2005 年第 2 期。

（修水）萬壽宮，在崇鄉大石口西港街。因嘉慶戊午剿平匪教，仗神默佑，事聞於郡，給銀建廟。[204]

（新城）萬壽宮，一在四十八都西成橋。乾隆五十九年，監生楊先同鄧、楊、薛、朱、包、郭等姓捐建。嘉慶二十三年，復於殿隅添建文昌閣。向有射利之徒，以故貼冒充，私索買賣糧食行稅。先等較准公門，用鐵索鎖於殿外柱上，令買賣糧食均於此處印用，不得妄取分毫。經同安司呈詳，請縣憲徐頒示勒碑存案，其弊乃息。[205]

由於許真君崇拜在江西民眾當中具有普遍影響和權威，因而對江西商業組織和個體商人都具有一定的精神控制力。於是商業組織日常事務中便包括在神前議論行規、處理商務事宜；在神前獎懲以及演戲敬神等等。另外，也可通過利用神靈的「信」、「義」來淨化商人的財德觀念。傳統時期，商人力量薄弱，沒有形成一股獨立的力量登上歷史舞台，和其他階層一樣受制於傳統習俗的倫理規約控制，或者說無法擺脫對聖賢聖哲的崇敬，並且以此來教化商人個體的行為、思想。商民虔祀神靈，處處供奉，以保證生產、生活順利進行和持續發展。

除了本地神許真君崇拜外，江西商人中還存在著一些其他神靈信仰崇拜，如關公神信仰等，各地不僅修建了大量的關帝廟，

---

204 同治《義寧州志》卷二《建置·祠祀》。
205 同治《新城縣志》卷二《建置·壇廟》。

而且在萬壽宮中也有關帝神像。商人們通過對關帝的信義和神武加以崇拜，以保證商務的順利進行。

2. 商業禁忌。忌諱是各地因風俗習慣，或個人因某種原因，對日常言語或舉動有所顧忌，相延成為禁忌。商業禁忌則是商業界在長期經商活動中形成的一些旨在避凶趨吉的禁忌習俗。商業中人希望能通過實施這些禁忌獲得財運亨通。

商業以營利為目的，生意人的一切行為旨在一個「財」字。只要一開市，就希望在錢上有個好兆頭。因此凡是與經商主旨相違背的言語、行為都是禁忌。

三六〇行各有各的禁忌，但有其共同的特點。商人多敬財神，故首先忌諱褻瀆神靈，不得直呼財神名諱，如管利市財神叫關羽，管增福財神叫比干等均為犯忌。商人必須尊敬本行業的祖師爺，亦不得直呼其名諱。

舊式香蠟鋪賣財神像，包括其他神像，忌諱說賣，必須說「請」，否則便視為對神不敬，營業必賠無疑。

所謂財神並非單指財神龕、神像、神位，而是引申到各種象徵財神化身的東西。例如店鋪招幌、標記就是「招財進寶」的象徵，在商人心目中最為神聖。每天掛幌子，必須說「請幌子」，忌諱說「掛」，忌諱掛不牢而墜地，倘有伙友不慎將店幌失落於地，便視為得罪了財神，立即解雇。

商店忌諱伙友坐臥或躺睡於賑桌、貨櫃、錢櫃上，說是會壓了櫃上的財，賺不到錢。甚至忌諱睡在待客的條凳上，說這會壓了顧客——財神爺，明天登門的顧客必要減少。重大節日，如春節、祖師聖誕、祭財神之日，忌說不吉利的話，尤忌話語中帶著

與「賠」諧音的字眼。過去有則笑話，說有一家店鋪在大年夜，掌櫃的與伙友們一起吃五更餃子，讓一位姓裴的伙友掌灶。這位伙友見鍋內有露餡的餃子，就向掌櫃的說：「您看，這回可砸鍋了，破了不少。」掌櫃的聽了很不高興，說：「學了這麼多年買賣，連行規都不懂？！大年禧的，怎能說『破』呢，得說『掙』了。」這位伙友為了往回找找面子，剛煮上二鍋，就連忙下保證，說：「老掌櫃的，您放心吧，這回有我老裴在這裡，保險一個也掙不了。」老掌櫃居然討出個「倒口彩」，氣惱之下，就將這位伙友解僱了。 笑話雖為杜撰，但確也反映出舊式店鋪的禁忌。其實，大多數商業禁忌純屬自設禁區，造成心理上的負擔，於經營並無積極意義。隨著時代的變化，人們的思想認識相應提高，近半個世紀以來，商業禁忌由多變少，以至全部消失。除店規、守則、公約之外，一切屬於心理上的禁忌都已經不復存在了。

（上栗）農村和生意人一般早晨起來不許說「蛇」（「蛇」與「賒」諧音）、稱「蛇」為「溜光子」或「青龍子」，不說「血」（「血」與「失」諧音），稱「血」叫「旺子」。「芹菜」叫「富菜」（「芹」與「窮」諧音）。凡諧音不吉利的東西都得分喚別名。如：豬的「耳朵」叫「順風」，「舌頭」叫「賺頭」，「帽子」叫「有子」，「滾水」叫「開水」等。[206]

（安源）出行做生意或探親訪友，每月有三個忌日，即農曆初五、十四、二十三。[207]

（分宜）生意人忌稱「豬耳」、「舌頭」、「骨頭」，要稱「順風」、「賺頭」、「利錢」以示信息靈通，生意興隆，一本萬利。船工忌稱「沉」，與沉諧音的都念作「泡」（浮）。挖煤的忌稱「火」、「傘」，改稱「曉」、「遮蓋」。婦女忌進煤井窯山，怕窯塌井崩。[208]

（崇仁）屠商忌說「舌頭」（怕蝕本），改稱「招財」，豬頭改稱「圓寶」。[209]

（宜黃）行船時，忌談論有關翻船故事，忌說「翻」、「久」等言語，翻過來稱為「順過來」，韭菜稱為「快菜」（韭與久諧音）。船上的鍋盆碗瓢杓等用具，均應口朝上放，不可底朝天。[210]

（修水）舊時船民吃、住均在船上。只有修造船只時，才繫篷移居河岸。船民長期從事水上作業，大都水性很好，七八歲能漂游江面，十餘歲即能撐篙、搖櫓、掌舵、收起風

民間禁忌，方志出版社 2005 年版。

[207] 《安源區志》第三十三卷《民俗、宗教》第四章《生產習俗》第二節，工商習俗，方志出版社 2006 年版。

[208] 《分宜縣志》第二十九篇《民俗、宗教》第一章《民俗》，檔案出版社 1993 年版。

[209] 《崇仁縣志》第六篇《社會》第四章《風俗習慣》第六節，禁忌，江西人民出版社 1990 年版。

[210] 《宜黃縣志》卷三十六《習俗風尚》第四章《生產習俗》，北京新華出版社 1993 年版。

篷，而且善觀天氣變化。「行船走水三分險」。船民懾於自然界千變萬化，多迷信鬼神。開船前，要去龍王廟內燒香許願。途經白馬廟、吳灘和到達終點，都需祭奠河神。船民禁忌頗多，行船時，如遇大風浪忌高聲大叫，不准到船頭探望，怕招風惹怪。平時忌說翻、滾、破、爛之類字眼。吃飯時，湯匙要仰放，飯要平盛。[211]

211 《修水縣志》卷三十四《風俗習慣》第一章《生產習俗》第四節，其他生產習俗，海天出版社 1991 年版。

第三章・商業組織與商事習俗

江西文庫 A0701B33

贛文化通典（民俗卷）　第一冊

主　　編	鄭克強
版權策畫	李　鋒
責任編輯	楊家瑜
發 行 人	陳滿銘
總 經 理	梁錦興
總 編 輯	陳滿銘
副總編輯	張晏瑞
編 輯 所	萬卷樓圖書股份有限公司
排　　版	菩薩蠻數位文化有限公司
印　　刷	維中科技有限公司
封面設計	菩薩蠻數位文化有限公司

出　　版　昌明文化有限公司

桃園市龜山區中原街 32 號

電話 (02)23216565

發　　行　萬卷樓圖書股份有限公司

臺北市羅斯福路二段 41 號 6 樓之 3

電話 (02)23216565

傳真 (02)23218698

電郵 SERVICE@WANJUAN.COM.TW

大陸經銷　廈門外圖臺灣書店有限公司

　　電郵 JKB188@188.COM

ISBN 978-986-496-235-8

2018 年 1 月初版

定價：新臺幣 380 元

如何購買本書：

1. 轉帳購書，請透過以下帳戶

　合作金庫銀行　古亭分行

　戶名：萬卷樓圖書股份有限公司

　帳號：0877717092596

2. 網路購書，請透過萬卷樓網站

　網址 WWW.WANJUAN.COM.TW

大量購書，請直接聯繫我們，將有專人為您

服務。客服：(02)23216565 分機 610

如有缺頁、破損或裝訂錯誤，請寄回更換

國家圖書館出版品預行編目資料

贛文化通典. 民俗卷 / 鄭克強主編.-- 初版.
-- 桃園市：昌明文化出版；臺北市：萬卷
樓發行, 2018.01

　　冊；　公分

ISBN 978-986-496-235-8(第一冊 ：平裝). --

1.民俗 2.江西省

672.408　　　　　　　　　　107002014

本著作物經廈門墨客知識產權代理有限公司代理，由江西人民出版社授權萬卷樓圖書
股份有限公司出版、發行中文繁體字版版權。

本書為金門大學華語文學系產學合作成果。　　　　校對：邱淳榆